Maria Coffey studierte Geografie und Anglistik in Liverpool und verbrachte danach ein Jahr als Lehrerin in Peru. Zurück in England, arbeitete sie mit vietnamesischen Flüchtlingen, bevor sie 1985 als Austauschlehrerin nach Kanada ging – wo sie hängen geblieben ist.
Mit ihrem Mann, dem Tierarzt und Fotografen Dag Goering, lebt sie in British Columbia auf einer kleinen Insel in der Nähe von Vancouver und schreibt Bücher und Reportagen für bekannte Zeitungen und Zeitschriften über ihre abenteuerlichen Reisen.
In der Reihe NATIONAL GEOGRAPHIC ADVENTURE PRESS ist bereits ihr Titel »Mond über Vietnam« erschienen.

www.hiddenplaces.net

MARIA COFFEY

WEISSE LÄMMER, GRÜNES LAND

Mit einem Tierarzt in Irland

*Aus dem Englischen
von Andrea O'Brien*

*Mit Fotos
von Dag Goering*

NATIONAL GEOGRAPHIC

*Ein Buch der Partner
Goldmann und National Geographic Deutschland*

Die kanadische Originalausgabe erschien 2000 unter dem Titel
»A Lambing Season in Ireland. Tales of a Vet's Wife«
bei McArthur & Company, Toronto.

Sämtliche Fotografien stammen
von Dag Goering und Maria Coffey.

SO SPANNEND WIE DIE WELT.

Dieses Werk erscheint in der Taschenbuchreihe
National Geographic Adventure Press
im Goldmann Verlag, München.

1. Auflage April 2003, deutsche Erstausgabe

Lektorat: Angela Wagner, München
Umschlaggestaltung: Atelier Seidel, Neuötting
Herstellung: Sebastian Strohmaier, München
Satz: DTP im Verlag
Druck und Bindung: Clausen & Bosse, Leck
ISBN 3-442-71204-1
www.goldmann-verlag.de
Printed in Germany

Das Papier wurde aus chlorfrei gebleichtem Zellstoff hergestellt.

Für meine Mutter Bee
und zum Andenken an meinen Vater Tom.
Danke für eure Liebe und dieses Leben.

Anmerkung der Autorin

In der Hoffnung, die Privatsphäre zu schützen und die Anonymität zu wahren, wo dies angebracht erschien, habe ich die Namen vieler Personen, aller in dieser Geschichte vorkommenden Ortschaften und in einigen Fällen die geografische Lage von Höfen sowie die chronologische Abfolge der Ereignisse geändert.

Eins

Bei unserer Ankunft in Kerry weideten die Schafe noch auf den höheren Berghängen. Es war Mitte Februar, noch zu früh für die Schäfer und ihre Hunde, die trächtigen Mutterschafe auf die weiter unten gelegenen, fruchtbareren Weiden zu treiben, wo sie ihre Lämmer zur Welt bringen konnten. Auf unserem Weg entlang der kurvenreichen Straße rund um die Halbinsel Iveragh konnten wir sie über uns erspähen: winzige weiße Sprenkel auf einem wild gemusterten Landschaftsteppich, gewebt in Braun, Violett und Gold, unterbrochen von zickzackförmig verlaufenden Steinmauern und durchwirkt mit den glänzenden Fäden der Bäche und Wasserfälle.

»Wie finden die Schäfer da oben bloß immer all ihre Schafe?«, fragte ich Dag.

»Sie wissen, wo sie suchen müssen.«

Schafe prägten sich das Berggelände ein, erklärte er mir, und sie hätten Lieblingsplätze, an denen sie Zuflucht vor Wind und Regen suchten. Sie spürten es, wenn sich das Wetter änderte, und bereits lange vor einem Sturm suchten sie sich geschützte Orte. Mutterschafe gäben dieses Wissen an ihre Lämmer weiter. Sämtliche Mitglieder einer Schaffamilie weideten Generation für Generation immer in derselben Gegend.

Wir überquerten den *Fingras River*, bogen scharf ab und folgten dann dem Flusstal. Vor uns, auf einem kleinen Hügel, ragten vier riesige Steinquader in den Himmel. Die verwitterten Kanten waren mit blassgrünen Moosflecken bedeckt. Sie standen nebeneinander aufgereiht und wirkten mit ihrer leichten Schlagseite wie betrunkene Wächter. Seit dreitausend Jahren standen sie hier, seit der Bronzezeit. Unsere Fahrt ging weiter und unter meinem Blick schienen die Steine immer kleiner zu werden, um schließlich mit der Landschaft zu verschmelzen.

»Meinst du, die Menschen, die diese Steine aufstellten, hatten bereits Schafe?«

Dag lachte.

»Mich darfst du das nicht fragen. Ich bin Tierarzt und kein Historiker.«

Immer wieder hob er seinen Blick kurz von der Straße und ließ ihn über die diesige Landschaft wandern: Tiefe Täler, von Gletschern während der Eiszeit in die Berge gefurcht, wichen einsamen, weiten Mooren. Vor der Küste mit ihren steilen Klippen lagen zerklüftete Inseln, dem ständigen Ansturm der windgepeitschten, silbrig glänzenden See ausgesetzt. Von den fünf Halbinseln, die wie lange Finger von Irlands Südwesten aus in den Atlantik reichen, ist Iveragh die größte, höchste, abgelegenste und am dichtesten mit Schafen besiedelte. Wir befanden uns auf dem Weg nach Cahersiveen im Norden der Halbinsel, wo Dag die nächsten paar Monate in O'Learys Tierarztpraxis aushelfen sollte. Die Kühe kalbten bereits und die Lammungszeit stand kurz bevor. Im ländlichen Irland begann jetzt die hektischste Zeit des Jahres.

Die Straße führte durch einige reizvolle, kleine Weiler. An den Häusern prangten Schilder, die *Bed and Breakfast* versprachen. Über Kenmare mit seinen überwiegend in bezaubernden, alten Gebäuden angesiedelten Kunstgewerbeläden und teuren Restaurants lag eine Atmosphäre des Wohlstands. Sneem, das sich auf einem Schild stolz als Gewinner des Wettbewerbs *Ireland's Tidy Town Award* auswies, machte dem Preis mit seinen farbenfroh gestrichenen Häusern und gepflegten Gärten alle Ehre. In Castle Cove und Caherdaniel gab es gemütliche historische Pubs und Waterville nannte einen langen Kieselstrand und weite Ausblicke auf das Meer sein Eigen. Doch nach Waterville änderte sich die Landschaft. Die Berge traten zurück und über eine Strecke von ungefähr sechzehn Kilometern wirkte alles monoton und bedrückend.

Uralte Steinwächter.

Schlammfarbene Kühe grasten auf ungepflegten, sumpfigen Weiden. Schmucklose Bungalows sprossen aus dem Boden, die großen rechteckigen Fenster erinnerten an seelenlose Augen. Hinter einem Maschendrahtzaun erstreckte sich ein kleines Industriegebiet, Reklametafeln verkündeten stolz den Namen einer Fabrik für Socken und Sweatshirts. Auf dem Dach einer quaderförmigen Wetterstation drängten sich Unmengen von Antennen und Satellitenschüsseln, im Hintergrund erkannte man einen ausgedehnten, grauen Krankenhauskomplex und ein hässliches, pinkfarbenes Hotel.

»Das muss Cahersiveen sein«, sagte ich leise.

Das leichte Nieseln hatte sich in dichten Regen verwandelt und durch das Hin und Her der Scheibenwischer blickten wir auf das vor uns liegende Städtchen. Düstere Reihenhäuser säumten die schmale Straße, der Rauch hing tief über den Schornsteinen. Zu beiden Straßenseiten parkten Autos und ließen gerade eine Fahrspur frei, ein langsam dahintuckernder Traktor hielt den Verkehr auf. Ich bemerkte verlassene Geschäfte, die Schaufensterscheiben waren weiß gestrichen, die Farbe blätterte von den Wänden. Vor einem Haushaltswarengeschäft standen Schubkarren, Schaufeln und Säcke mit Dünger zum Verkauf auf dem Gehsteig. Ein paar Jugendliche in grauen Schuluniformen drängten sich mit Donuts und Eis bewaffnet im Eingang eines kleinen Supermarkts.

»Wenigstens ist es keine Touristenfalle«, sagte Dag und versuchte fröhlich zu wirken. »Ich finde, es ist …«

Er zuckte mit den Schultern, suchte nach dem passenden Wort. Ein Jack-Russell-Terrier rannte auf die Straße und entkam unseren Reifen nur um Haaresbreite. Er lief zum Metzger hinüber, hob sein Bein und erleichterte sich am Rahmen der geöffneten Tür.

»Es ist ziemlich unverfälscht«, befand Dag schließlich wenig überzeugend, dann fielen wir beide in Schweigen.

Zwei

»Sie sind aber auf Zack, so früh schon unterwegs«, sagte der Postbeamte und unterdrückte ein Gähnen. Mit diesen Worten schob er mir ein Briefmarkenheftchen über den Tresen. »Sie wären 'ne richtig gute Postbotin.«

Es war halb zehn, aber die Hauptstraße von Cahersiveen war fast menschenleer und die ausgebleichten Jalousien in den Schaufenstern der meisten Geschäfte waren noch heruntergezogen. Ich kam gerade aus dem *Sive Hostel*, wo Dag und ich ein paar Tage übernachten würden, bis wir ein Haus zur Miete gefunden hätten. Wir waren zum Mittagessen verabredet und ein langer Vormittag lag vor mir.

Planlos schlenderte ich auf eine graue Kirche zu, die mit ihren gewaltigen Ausmaßen das Dorfbild beherrschte. Die Morgenandacht war gerade vorüber, und die ersten Kirchgänger traten durch das mächtige Portal ins Freie. Im kalten Wind schlugen die Männer ihre Jackenkragen hoch und rückten die Hüte gerade, die Frauen banden ihre Kopftücher unter dem Kinn fest. Als ich an einem Metzgerladen vorbeikam, der im Neonlicht erstrahlte, winkte mir der Verkäufer von innen freundlich zu und bedeutete mir einzutreten. Nach kurzem Zögern ging ich hinein. Eine Ladenglocke ertönte und sofort schlug mir ein beklemmend starker Blutgeruch entgegen. Hinter Glas lagen säuberlich aufgereiht lilafarbene Ochsenzungen neben fahlen, nacktgerupften Hühnern, dicken, glitschigen Leberscheiben und fetten rosa Würstchenringen aus eigener Herstellung. Auf der Theke standen neben einer Keramikschale mit Eiern mehrere Sammelboxen verschiedener Wohltätigkeitsorganisationen. Auf den Schachteln prangten dunkelhäutige Grinsegesichter, die um Spenden für die seelenrettenden Bemühungen der *Missionary Sisters of the Sacred Heart* in Papua-Neuguinea, der *Holy Ghost Missionaries* in Nigeria oder der Missionare von *Saint Anthony's* in Cork baten.

Der Metzger, ein junger Mann mit stoppelkurz geschnittenem Haar, stand hinter einem Holzklotz. Darauf lag ein Hühnchen, dem er mit einer solchen Wucht zu Leibe rückte, dass die Fleischfetzen nur so durch die Luft flogen.

»Stammen Ihre Eier von Freilandhühnern?«, erkundigte ich mich.

»Meinen Sie die, die frei in der Gegend herumlaufen dürfen? Aber klar doch! Dieser Vogel hier war auch mal ein Freilandhuhn, keins von diesen furchtbaren, ausgemergelten Viechern, die man drüben im Supermarkt in Plastik eingeschweißt kaufen kann. Wollen Sie ein Dutzend Eier? Heute ist Markttag, um 11 Uhr wird bei mir alles ausverkauft sein.«

Er wischte sich die Hände an seinem weißen Kittel ab und legte vorsichtig einige Eier aus der Schüssel in einen Karton.

»Kommen Sie aus England und machen hier Urlaub?«

»Ich bin aus Kanada. Mein Mann wird ein paar Monate bei den O'Learys arbeiten.«

»Der neue Tierarzt? Ja, von dem hab ich schon gehört.« Er warf mir einen verschmitzten Blick zu. »Wir müssen hier in Irland ja ziemlich fortschrittliche Methoden anwenden, dass Sie einen derart weiten Weg zurücklegen, nur um ein paar Monate mitzuarbeiten.«

Hinter dieser Aussage verbarg sich eine Frage. Ich erzählte ihm, dass Dag gerne in kleinen Dörfern auf dem Land arbeitete, wo die Menschen noch eng mit ihren Tieren verbunden seien. Am liebsten kümmerte er sich um Schafe, Bergschafe, zähe kleine Viecher, die die meiste Zeit des Jahres fast wie in freier Wildbahn lebten. Geld hatte jedenfalls keine Rolle bei seiner Entscheidung für Cahersiveen gespielt.

Der Metzger starrte mich an, die kräftigen Finger seiner Hand um ein zerbrechliches Ei gelegt.

»Sie wollen mir doch nicht weismachen«, sagte er mit ungläubigem Tonfall, »dass er den ganzen weiten Weg nur wegen der *Schafe* gemacht hat?«

Die Ladenglocke klingelte und herein kam eine junge Frau mit dunklen Augen, die einen Buggy samt Baby hinter sich herzog.

»Hast du schon auf, Michael?«

»Hab ich, Mary. Stehe gleich zur Verfügung.«

Er reichte mir den Karton Eier und nahm das Geld.

»Schönen Urlaub!«, rief er mir hinterher.

Durch die Glasscheibe eines Cafés sah ich drei Männer, die sich über Teller mit Speck, Spiegeleiern, Würstchen, Blutwurst, gebackenen Bohnen, gebratenen Tomaten und Sodabrot hermachten. Ich ging hinein und bestellte Kaffee und einen warmen Scone, eine Art Milchbrötchen. Als ich mich an den Tisch direkt neben sie setzte, bedachten die Männer mich mit Seitenblicken. Ich lehnte mich zu ihnen hinüber und fragte, ob ich mir die Zeitungen leihen könnte, die auf einem leeren Stuhl lagen.

»Lesen Sie ruhig«, erwiderte einer freigiebig, »aber da steht nichts Lesenswertes drin.«

»Perverser wegen Missbrauchs an Tochter zu fünf Jahren Haft verurteilt«, schrie eine Schlagzeile der Lokalzeitung *The Kerryman*. Auf den nächsten Seiten stand etwas über einen Skandal in der Verwaltungsbehörde einer nahe gelegenen Gemeinde, ein Bericht über eine kürzlich in dem rosafarbenen Hotel am Ortsrand von Cahersiveen abgehaltene Modenschau und detaillierte Informationen über die Fortschritte der Schulfußballmannschaften in Kerry. Die Zeitung *The Irish Independent* ließ sich in reißerischer Weise über eine Gerichtsverhandlung aus, in der ein Priester des Analverkehrs bezichtigt wurde, und widmete dem brutalen Mord an einer Frau aus West Cork gleich mehrere Spalten. Ich überflog die Zeitungen, faltete sie zusammen und übergab sie wieder ihrem Besitzer.

»Sie hatten Recht«, sagte ich zu ihm.

»Is' wirklich schlimm, was so in der Welt los ist«, sagte er. »Die Leute haben überhaupt keine Moral mehr.«

Schwermütig zupfte ich an meinem Scone herum. Es war Dags Idee gewesen, nach Irland zu gehen, und er hatte viel Überzeugungsarbeit leisten müssen, bis ich letztendlich unter großen Vorbehalten zugestimmt hatte. Für mein Gefühl kannte ich Irland nur zu gut, schließlich war es das Land meiner Kindheit. Ich war in einer verschworenen irisch-katholischen Gemeinde in Mittelengland aufgewachsen. Irland bedeutete für meine Eltern und deren Freunde »Heimat«, sie klammerten sich mit der ganzen Kraft frisch Emigrierter an ihre Kultur und Religion. Ich hatte eine behütete und glückliche Kindheit, aber als Teenager litt ich gleichermaßen unter der Enge des Dorflebens wie unter dem Dogma der katholischen Kirche. Kaum hatte ich das richtige Alter erreicht, machte ich mich flugs davon, den Rest der Welt zu erkunden. Aber seinem Schicksal kann man wohl nicht entkommen. Als ich nach Kanada auswanderte, verliebte ich mich in einen Tierarzt, der davon träumte, in Irland zu leben und zu arbeiten. Durch unsere Hochzeit erhielt er ein Anrecht auf die irische Staatsbürgerschaft, konnte seinen Traum verwirklichen und mich wieder dahin zurückbringen, wo ich begonnen hatte: in eine kleine Dorfgemeinschaft im Schatten einer großen Kirche.

Ich aß meinen Scone auf, und während ich die Johannisbeeren und Krümel auf meinem Teller umherschob, fragte ich mich, ob es mir ein zweites Mal gelingen würde, dem allem zu entkommen.

Eine plötzliche Unruhe riss mich aus meinen Gedanken. Lieferwagen fuhren vor und parkten in zweiter Reihe, stämmige Männer sprangen heraus, öffneten die Rücktüren und trugen Tapeziertische und hell gestreifte Planen heraus. Als ich meine zweite Tasse Kaffee getrunken hatte, herrschte bereits reges Markttreiben. Ich zahlte und ging hinaus, um einen Blick auf die Stände zu werfen. Auf dem Markt wurden allerlei Waren angeboten: Arbeitsoveralls, Blecheimer, Wachsjacken, Handtücher, Laken, Bettbezüge, Frauen- und Kinderkleidung, Nachthemden, Schlafanzüge, Unterwäsche, Topfpflanzen, Kohlpflänzlinge, säckeweise Kartoffeln, Bezüge für Toilettendeckel, Läufer und Teppiche. Frauen in flachem, praktischem Schuhwerk standen dicht gedrängt beieinander und tauschten den neuesten Dorftratsch aus. Die Männer saßen auf Vorsprüngen vor den Schaufenstern der Geschäfte, rauchten Zigaretten und kniffen beim Inhalieren die Augen zu schmalen Schlitzen zusammen. An einem Stand mit Schuhen und Stiefeln blieb ich stehen. Hinter dem Stand parkte ein Lieferwagen mit der Aufschrift *Coffey's*. Ein Mann mit verwittertem Gesicht lehnte sich an den Tisch und starrte Löcher in die Luft.

»Sind Sie einer von den Coffeys?«, fragte ich ihn in der Hoffnung auf ein Gespräch.

Er beäugte mich misstrauisch.

»Bin ich wohl, ja.«

»Ich heiße auch Coffey.«

Markttag in Kerry.

»Ach, tatsächlich?«, gab er mit offensichtlichem Desinteresse zurück.

Ich betrachtete die grünen Gummistiefel, die er zum Verkauf anbot.

»Zwölf Euro ist mein allerletztes Angebot«, warnte er mich, während ich nach meiner Größe suchte. »Billiger kann ich sie Ihnen nicht verkaufen.«

Mit meinem gefüllten Eierkarton und einem Paar nagelneuer Gummistiefel bewaffnet ging ich hinüber zur Stadtbücherei auf der anderen Straßenseite, einem cremefarbenen Flachdachbau mit braunen Schnörkeln. Auf dem Platz davor stand eine Büste des verstorbenen Autors und Dichters Clifford Sigerson, der von hier stammte. Daneben ragte die Bronzestatue eines bewaffneten Soldaten auf. Die Liste auf dem Sockel führte die Namen all derer auf, die im Kampf um die Freiheit der Iren ihr Leben gelassen hatten. Bedeutungsschwanger prangte dort, wo das Enddatum stehen sollte, nur eine leere Stelle: »1916 bis 19 - «.

Die Bibliothek bestand aus einem einzigen großen Raum, die Wände standen voller Regale und überall verstreut am Boden lagen Bücherstapel. Am Eingang saß eine Bibliothekarin hinter einem dreieckigen Tresen. Sie blickte vom Sortieren der Karten auf, doch da klingelte ihr Telefon.

»Einen Moment bitte«, sagte sie mit einem Griff zum Hörer.

Hinter ihrem Schreibtisch, am anderen Ende des Raums, befand sich die Kinderbuchabteilung. Eine Frau las einigen lebhaften Vorschulkindern eine Geschichte vor. Mitten im Zimmer saß auf einem der niedrigen Stühle, die sich um einen Tisch gruppierten, ein schlafender Mann.

»Ja, Martina, ich hab gehört, dass sie jetzt einen Termin haben«, sagte die Bibliothekarin. »350 Gäste haben sie eingeladen. Aber nein, hier gibt es keinen Raum, der groß genug wäre für eine solche Feier. Ich glaub, die machen das in Tralee oder Killarney. Wart mal einen Augenblick, Martina, hier will mich jemand sprechen.«

Sie schenkte mir ein weiteres Lächeln.

»Kann ich Ihnen helfen?«

Ich zuckte mit den Schultern und schaute mich um. Eigentlich suchte ich nichts Bestimmtes. »Die meisten Touristen interessieren sich für die Geschichte der Region«, schlug sie vor.

Sie bugsierte mich an dem schlafenden Mann vorbei zu einem Regal mit der Rubrik Geschichte und kehrte wieder zu ihrer Unterhaltung zurück.

»Nee, Martina, die haben genug Geld. Ich würde sagen, das spielt keine Rolle.«

Ich machte es mir auf einem der niedrigen Stühle bequem und blätterte *Discovering Kerry* von T.J. Barrington durch. Bis ins kleinste Detail schilderte der Autor, welches Leid die englische Besatzungsmacht der irischen Bevölkerung zugefügt hat: Feudalismus im 13. Jahrhundert, vollständige Eroberung im 16. Jahrhundert, Landenteignung unter Cromwell und Ansiedlung von Plantagenbesitzern, religiöse Verfolgung während der Zeit der englischen Strafgesetze, Hungersnot um 1840 und der noch immer andauernde Unabhängigkeitskampf.

Das Buch lieferte schwer verdauliche Kost. Besonders die Passagen, die sich mit den Unabhängigkeitskriegen beschäftigten, eigneten sich nicht zur vergnüglichen Lektüre: Con Keating aus Cahersiveen starb bei den Osteraufständen im Jahre 1916. Thomas Ashe, auch aus Kerry, trat in den Hungerstreik und starb wegen unterlassener Hilfeleistung in britischem Gewahrsam. Am 12. März 1923 schossen während des Bürgerkriegs in der Gegend stationierte Truppen fünf Männern aus der Region in die Beine, banden sie an eine Landmine und sprengten sie anschließend in die Luft. *Discovering Kerry* lieferte einen schonungslosen Abriss der leidvollen Geschichte Irlands.

Laut diskutierend betrat ein älteres Ehepaar die Bibliothek. Die Frau trug einen Regenmantel mit Gürtel und hatte ihr baumwollenes Kopftuch unter dem Kinn zusammengeknotet. Mehrere prall gefüllte Einkaufstaschen schlenkerten um ihre Beine.

»Ich war bei seiner Geburt dabei, Dan«, sagte sie und bewegte sich auf die Stühle zu.

»Seine Mutter war eine wunderbare Frau, Gott sei ihrer Seele gnädig.«

»Wie wahr, Mary«, stimmte der Mann zu und trottete hinter ihr her. »Sie war eine nette Frau, wirklich, das war sie.«

»Die würde glatt durchdrehen, wenn sie wüsste, was jetzt los ist.« Sie ließ sich auf einen der Stühle neben mir fallen.

»Bei Gott, das würde sie allerdings.«

»War sie nicht eine Tante von Johnnie Hegan?«

»Himmel, da könntest du Recht haben.«

»Die hatte immer einen Scherz auf Lager.«

»Ja, genau, das hatte sie immer, Gott hab sie selig.«

An dieser Stelle ruhte die Unterhaltung eine Weile, denn die Frau durchforstete die Zeitungen auf dem Tisch.

»Jesus, Maria und Josef!« Sie starrte auf die Titelseite der Zeitung *The Kerryman.* »Wo in Gottes Namen treiben die immer diese ganzen Perversen auf? Glaubst du, es gab zu unserer Zeit auch schon so viele Perverse, Dan, und wir haben es nur nicht gewusst?«

Der Inhalt ihrer Einkaufstaschen schien Dan weitaus mehr zu interessieren als die Perversen von Kerry.

»Einen schönen Kohlkopf hast du da, Mary.«

»Ja, Dan, find ich auch. Den hab ich heute morgen von Johnny Apple gekauft. Kohl ess ich richtig gern. Dabei musste ich gestern erst so daran denken, wie unsere Mütter uns als Kinder immer zum Brennnesseln- und Löwenzahnblätterpflücken geschickt haben. Die wurden dann in einem großen Topf gekocht und wir hatten das leckerste Essen, erinnerst du dich noch, Dan?«

»Ja, ich erinnere mich noch gut, Mary. Ich hab oft im Frühling Brennnesselblüten gegessen. Aber jetzt hab ich die Nase voll davon.«

»Unser Volk hat einfach zu viele Brennnesseln essen müssen, als es nichts anderes gab. Da musste man damit vorlieb nehmen, deswegen mag sie heute niemand mehr. Dabei sind sie wirklich gesund, Dan.«

»Da hast du Recht, Mary. Vollkommen Recht.«

Dem schlafenden Mann entfuhr ein plötzlicher Schnarchlaut, sein Kopf zuckte, und er sah sich verwirrt um.

»Hast du dich selber geweckt, Paudie?«, fragte Mary.

»Ja, muss ich wohl«, murmelte er. »Wer ist denn das Mädel da bei euch?«

»Woher soll ich denn das wissen, Paudie? Ich hab dieses Mädchen noch nie gesehen.«

Sie drehte sich zu mir um. »Sind Sie neu hier in der Gegend?«

»Ich komme aus Kanada«, sagte ich.

Sie fixierte mich mit einem forschenden Blick. »Kanada? Das ist aber komisch, ich finde, Sie klingen wie jemand, der aus England stammt.«

Nur eine Woche zuvor hatten wir in Manchester meine Mutter Bee besucht. Sie war in Galway geboren und aufgewachsen und hatte Bedenken angesichts unseres Vorhabens, ein paar Monate in Kerry zu verbringen.

»Das ist eine wilde Gegend«, hatte sie uns gewarnt. »Die Leute dort haben ein gutes Gedächtnis.«

»Woran erinnern sie sich denn?«, fragte ich.

Sie ignorierte meine Frage und fuhr fort: »Wenn du in Kerry bist, erzähle auf *keinen* Fall, dass du aus England kommst. Sag den Leuten, dass du Irin bist und dass du Patricia Maria Carmel Philomena Coffey heißt. Du sagst denen, dein Vater kam aus Tipperary und deine Mutter aus Galway, und du warst in einer Klosterschule, die von den Nonnen unserer Barmherzigen Frau geleitet wurde, und du hast den Sommer immer auf dem Bauernhof deines Onkels im County Longford verbracht und …«

Mit erhobener Stimme betonte sie den Abschluss ihrer Gardinenpredigt:

»… Erzähle ihnen, dass du Unterricht in irischem Tanz hattest!«

Etwas verlegen begann ich diese Informationen nun an Mary weiterzugeben, aber glücklicherweise kam ich nicht weit, denn Dan schnitt mir das Wort ab.

»Hast du das gehört, Mary?«, rief er, als ich auf meinen Vater zu sprechen kam. »Dies Mädel hier ist auch eine Coffey aus Tipperary. Man sieht's an ihrem Gesicht. Sie hat irische Augen und Knochen.«

Mary schien wenig beeindruckt.

»Wir Coffeys stammen alle aus Tipperary. Die Engländer unter Cromwell haben uns von unserem Land gejagt und da sind wir alle Zigeuner geworden.«

»Nun erzähle ihr doch nicht so was«, sagte Dan verlegen. »Nicht jeder Coffey war ein Zigeuner.«

»Waren wir doch, Dan. Die Coffeys, die Zigeuner, so hat man uns genannt. Wir machten Töpfe und Pfannen, und nachdem man uns von unserem Land vertrieben hatte, sind wir nach Westen gezogen. So ist es überliefert und daran gibt's nichts zu rütteln.«

»Man sollte niemanden einen Zigeuner nennen, Mary. Das hat der Priester in seiner Predigt gesagt.«

»Was für ein dummes Gerede ist das nun wieder?«, erwiderte sie bissig.

»Ich hab gerade einen Coffey auf dem Markt getroffen«, warf ich mutig ein. »Diese Gummistiefel habe ich bei ihm gekauft.«

»Ach, der ist kein Zigeuner, der gehört zum fahrenden Volk«, sagte Dan. »Das ist was anderes.«

Das reizte Mary nur noch mehr.

»Da gibt es keinen Unterschied!« Sie stand auf und sammelte ihre Taschen ein. »Dieses ganze Gerede in der Kirche und in den Zeitungen, dass ›Zigeuner‹ ein schlechtes Wort ist, das ist nichts als Unsinn. Wir Coffeys brauchen keinen anderen Namen, wir sind eben Zigeuner und deswegen sollten wir uns auch nicht schämen. Kannst du dich noch an den alten Batty Coffey erinnern, Gott hab ihn selig, der am Markttag auf der Kreuzung immer Akkordeon gespielt hat? Hörst du mir überhaupt zu, Dan, kannst du dich an ihn erinnern?«

»Ja, Mary, kann ich.« Dan hatte den Kampf offensichtlich aufgegeben. Er saß in seinem Stuhl zurückgelehnt, die Hände über dem Bauch gefaltet und die Augen halb geschlossen.

»Batty schämte sich nicht, ein Zigeuner zu sein, und das sollten wir auch nicht!«

Als sie sich zu mir hinunterbeugte, schlug mir eine starke Sherryfahne entgegen.

»Wir sehen uns wieder«, flüsterte sie theatralisch. »Wir sind Coffeys, mein Mädel, und wir Zigeuner halten zusammen.«

Drei

Zur Mittagszeit spazierte ich hinauf zur Tierarztpraxis, einem kleinen Häuschen am Ende einer steilen Gasse, dessen Außenwände mit Kieseln verputzt waren. Hinter dem Haus erhob sich der mit rostbraunem Farnkraut und winterlich grauer Heide bedeckte Bentee Mountain. Um den Gipfel hingen dichte Wolken. Vor der Praxis standen mehrere Autos und Anhänger, und einige Männer lungerten vor dem Eingang herum. Sie machten Platz, um mich durchzulassen, und ich trat von der Eingangstür direkt in ein kleines, viereckiges Anmeldezimmer. Die Regale an den Wänden waren vom Boden bis zur Decke angefüllt mit Scheuerpulver, Wurmkuren, Desinfektionsbädern für Schafe, Milchersatzprodukten, Hundefutter, Katzenfutter und verschiedenen Sorten Flohpuder. An der Wand hing ein Poster, auf dem ein schwarzköpfiger Schafbock in grünseidenen Shorts und Boxhandschuhen kampfbereit auf seinen Hinterbeinen stand. Die Überschrift verkündete: »K.O. FÜR SCHMEISSFLIEGEN IN NUR 9 SEKUNDEN!«

Direkt gegenüber der Eingangstür lehnte Frank O'Leary am Tresen und unterhielt sich angeregt mit einem Bauern. Er war Anfang sechzig, gut in Form, mit silbernem Haar und freundlichen blauen Augen. Er wirkte elegant in seinen Cordhosen, zu denen er Hemd, Krawatte und einen feinen Wollpullover trug, und auch sein Benehmen gebührte eher einem Diplomaten als einem Mann, der seit dreißig Jahren eine Landtierarztpraxis in Irland betrieb. Hinter dem Tresen stand sein Sohn Mike und unterhielt sich mit Ann, die vor dem Computer saß. Als ich eintrat, begrüßten mich alle.

»Sie möchten wahrscheinlich gern Mittag essen, Marie, aber ich fürchte, Sie müssen noch ein wenig warten«, sagte Frank mit Bedauern. »Dag behandelt hinten gerade ein Kalb und die O'Sullivan-Brüder werden ihm bald schon das nächste herbringen. Am Markttag ist es immer hektisch, also muss er gleich zu Anfang richtig ran.«

Als Frank mit dem Bauern zu einem der Anhänger hinüberging, erschien Dag mit sorgenvoller Miene im Türrahmen des Hinterausgangs. Die Hemdsärmel hatte er hochgekrempelt, ein Stethoskop hing aus der ärmellosen Wachsweste und seine Wange war mit Tierkot beschmiert.

»John Falvey steht da draußen mit einem vier Tage alten Kalb, das noch nicht aufgestanden ist«, sagte er zu Mike. »Es hat keinen Saugreflex entwickelt, also hat er es mit einem Magenschlauch gefüttert. Der Nabel ist angeschwollen, seine Schleimhäute sind stark gerötet und jetzt hat es auch noch Durchfall bekommen ...«

»Es hat H.A.M.«, unterbrach Mike. »Ein Leiden, das in Irland ziemlich häufig auftritt. Haben Sie diese Krankheit nicht in der neuesten Ausgabe von *Baillieres Veterinary Dictionary* gefunden?«

Dag starrte ihn mit offensichtlicher Verblüffung an.

»H.A.M.?«, wiederholte er verlegen und lief dabei langsam rot an. »Davon hab ich noch nie gehört.«

»Nun, es handelt sich dabei um eine Abkürzung, die vielleicht in Kanada nicht so häufig gebraucht wird. Es steht für »Hat Alles Mögliche.«

Als ich durch das Fenster der Praxis hinausspähte, sah ich einen von Rost zerfressenen, mit Schlammspritzern übersäten Ford Fiesta die Straße heraufrollen, der mit stotterndem Motor schließlich vor der Praxis hielt.

»Patsy und Florence O'Sullivan sind da«, verkündete Ann.

»Die zwei sind echtes Urgestein«, fügte Mike hinzu. »Mit denen werden Sie Ihren Spaß haben.«

Die beiden Brüder trugen schwarze, fettig glänzende Anzüge, unter denen die abgewetzten Ärmel ihrer dünnen Pullover hervorlugten.

Als Dag auf sie zutrat, erkundigte sich der Schmalere von beiden mürrisch: »Wer sind Sie denn?«

»Ich bin der neue Tierarzt«, antwortete er.

Der Mann blickte ihn finster an. Sein Bruder meldete sich zu Wort: »Ein *neuer* Tierarzt, Patsy! Und so ein schöner, großer Mann noch dazu.«

»Wie dem auch sei«, Patsy zeigte mit dem Daumen über seine Schulter zum Auto. »Ich hab da ein Kalb mit schlimmem Durchfall drin.«

Auf der mit einem Haufen fleckiger Zeitungen bedeckten Rückbank lag ausgestreckt ein braunweißes Kalb. Seine Augen waren trüb und eingefallen, an seinem Schwanz klebte brauner breiiger Durchfall. Dag warf durch das Autofenster einen Blick auf das Tier, fragte dann nach seinem Alter, wie lange es bereits Durchfall habe, ob seine Mutter gesund sei, wie es den anderen Kälbern im Stall ginge und so weiter.

»Na gut, dann wollen wir uns den kleinen Kerl mal ansehen«, sagte er schließlich und öffnete die Wagentür.

Im hinteren Teil des kleinen Fahrzeugs war es für ein Kalb und einen großen Mann wie Dag recht eng. Auf praktisch die Hälfte seiner Größe zusammengekauert, quetschte er sich neben das Tier auf die Rückbank, maß dessen Rektaltemperatur, steckte einen Finger in sein Maul, um den Saugreflex zu testen, und hörte mit dem Stethoskop die Brust ab. Als er sein Gewicht etwas verlagerte, schaukelte der Wagen sachte hin und her. Die Brüder spähten vornübergebeugt in das Auto und beobachteten alles mit größter Aufmerksamkeit.

»Er ist völlig dehydriert«, teilte Dag ihnen mit, schälte sich aus dem Auto und richtete sich wieder auf. »Wir müssen ihn an den Tropf hängen, um die verlorene Flüssigkeit zu ersetzen und den Säuregehalt des Blutes wieder zu neutralisieren.«

»Dann machen Sie mal«, wies Florence ihn an.

Während Dag sich aus der Praxis die nötigen Utensilien holte, begann Florence einen harmlosen Flirt mit mir.

»Sie sind ein feines, gesundes Mädel«, sagte er und entblößte mit einem breiten Lächeln seinen zahnlosen Mund. »Bei Gott, das sind Sie wirklich. Mit einem Mädel wie Ihnen könnt ich glücklich werden. Weiß Gott, das könnte ich.«

Patsy schien sich hingegen in meiner Gegenwart nicht wohl zu fühlen, denn als ich versuchte, mit ihm ins Gespräch zu kommen, starrte er an mir vorbei ins Leere.

»Wie viele Kühe haben Sie?«

»Ich habe fünf und mein Bruder hat drei.«

»Wohnen Sie zusammen?«

»Fast. In der gleichen Ortschaft.«

»Und welche Ortschaft ist das?«

»Ballynakilly.«

»Ist das weit von hier?«

»Ziemlich.«

Dag kam mit einer großen Spritze zwischen den Zähnen wieder zurück, in den Händen trug er mehrere Flaschen, Injektionsnadeln und Kunststoffschläuche. Eingepfercht zwischen Vorder- und Rücksitz stach er mit einer langen, dicken Nadel in die Halsader des Kalbs. Blut spritzte heraus, rann durch seine Finger und über den Handrücken. Er befestigte ein Ende des Kunststoffschlauchs an der Nadel und das andere an einer Flasche mit Elektrolytlösung, reichte dann die Flasche durch das Wagenfenster und bat mich, sie hochzuhalten. Zehn Minuten später war die Lösung bereits durchgelaufen und er befestigte den Schlauch an einer weiteren Flasche. Als diese leer war, wackelte das Kalb schon wieder mit den Ohren.

Als auch die dritte Infusion durchgelaufen war und Dag seinen Rücken streckte, sagte Patsy beeindruckt: »Der kleine Kerl ist schon wieder viel munterer. Und ich dachte schon, ich müsste ihn den ganzen Weg nach Lourdes schleppen und die heilige Bernadette um ein Wunder bitten.«

Neben uns hielt ein Auto und der Fahrer, ein Mann mit Mondgesicht und Stoppelbart, kurbelte das Fenster herunter.

»Wie geht's dir, John?«, rief Patsy zur Begrüßung. »Suchst du den Tierarzt? Ich hab hier den neuen Mann erwischt und der kann gut mit Tieren.«

»Ich hab da ein Mutterschaf in den Wehen, aber das Lamm will nicht kommen«, sagte der Mann und stieg aus.

Im geöffneten Kofferraum saß ein hochträchtiges Mutterschaf der eher in Tieflagen grasenden Suffolk-Rasse, die um diese Jahreszeit bereits lammte. Es lag schwer keuchend auf der Seite und litt offensichtlich Qualen.

»Wie lange liegt es schon in den Wehen?«

»Ich würd sagen, seit dem Frühstück.«

»Armes altes Mädchen. Schaffen wir das Tier zum Hintereingang und dann schau ich's mir mal an.«

Auf dem Hof der Praxis befand sich eine kleine Rasenfläche, die auch als Operationssaal diente. An der Hausmauer stand ein Metalltisch, daneben hingen ein Wasserschlauch und mehrere Eimer. Über den Rasen verteilt lagen blutige Hautfetzen, Spuren vorangegangener Operationen an diesem Morgen. Im angrenzenden Garten hängte eine Frau Wäsche auf, den Blick unverwandt auf ihre Arbeit gerichtet.

Während Dag John dabei half, das Schaf aus dem Auto zu heben, wies er mich an, zwei Eimer warmes Wasser, etwas Seife und eine Flasche Desinfektionsmittel aus dem Hinterzimmer der Praxis zu holen.

Dieses Zimmer erfüllte mehrere Aufgaben. Es wurde als Operationssaal für die Behandlung kleinerer Tiere genutzt und diente gleichzeitig als Lagerraum für Medikamente, Kartons mit Gummihandschuhen, Operationswerkzeuge, Nahtmaterial und die Furcht einflößenden Instrumente für Geburten, Kastrationen und Enthornungen. Außerdem wurden hier Getränke aufbewahrt, und in einer Ecke traf ich auf Ann, die neben einigen gestapelten Bechern, einer Schachtel Teebeuteln und mehreren Kekspackungen auf das Sieden des Wasserkochers wartete. Sie war jung und schlank und ihr Haar war modisch kurz geschnitten. Zu einem engen Minirock und hauchdünnen Nylonstrümpfen trug sie Schuhe mit hohen Absätzen.

Als ich ein paar Eimer unter dem Waschbecken hervorzerrte, sagte sie: »Sie sind echt mutig, hier zu helfen. Ich halte mich von dem Blut lieber fern.«

»Ganz meine Meinung«, ließ ich sie wissen.

Als ich hinauseilte, rief sie mir nach: »Wenn Sie fertig sind, hab ich 'ne Tasse Tee für Sie!«

Dag tastete die inneren Unterleibsorgane des Schafs ab.

»Ihr Muttermund ist nicht geöffnet«, sagte er zu John. »Mangelhafte Zervixerweiterung … Ich massiere mal den Muttermund, damit er sich öffnet, aber der hier ist sehr fest geschlossen. Könnte ein Kaiserschnitt werden.«

Einige Minuten lang bewegte er mit einem hoch konzentrierten Gesichtsausdruck seine tief in den Unterleib des Schafs eingeführte Hand. Dann schaute er zu John auf.

»So kommen wir nicht weiter. Wir müssen sie aufschneiden.«

»Ann macht mir gerade einen Tee«, verkündete ich. »Wir sehen uns im Haus.«

»Kannst du nicht noch ein wenig hier bleiben?«, fragte Dag. »Wir brauchen vielleicht deine Hilfe.«

Nervös sah ich zu, wie er die Beine des Mutterschafs zusammenband, mit einer großen Schere ein Stück Fell von der Größe eines Tabletts aus der Flanke des Tieres schnitt und dann die Haut mit einem Rasiermesser von den restlichen Haaren befreite.

»Sie rasiere ich als Nächstes«, neckte er John.

»Und danach nehmen Ihre Frau und ich uns Ihre Barthecke vor«, gab John zurück, »aber erst werden wir Sie wohl wie das Schaf an den Füßen zusammenbinden müssen.«

Während er sprach, zwinkerte er wiederholt mit den Augen, zwischen den Sätzen schürzte er gelegentlich die Lippen und spuckte geschickt auf den Boden. Als Dag dem Schaf eine örtliche Betäubungsspritze verabreichte, verzog John das Gesicht und starrte gen Himmel.

»Ist das Wetter nicht wunderbar?«, fragte er im Plauderton. »Schade, dass schon wieder Wolken aufziehen. Die haben angesagt, dass sich das Wetter ändert, und ich hatte gehofft, dass es noch ein paar Tage trocken bleibt, weil die Feuchtigkeit nicht gut für die Lämmer ist.«

Dag drückte das Skalpell gegen die kahl geschorene Flanke des Mutterschafs und ich schloss die Augen. Als ich sie wieder öffnete, floss Blut aus dem frischen Schnitt und sammelte sich in einer Lache im Gras. Als Dag durch die Öffnung in ein Gewirr von rosa- und graufarbenen Schlingen im Körper des Tieres griff, erklang ein schmatzendes Geräusch.

»Der Uterus ist ziemlich trocken und eng«, sagte er. »Das erschwert die Sache immer ein wenig.«

Das Mutterschaf lag still und mit glasigem Blick da. John hielt seinen Kopf und streichelte mit einer Hand sein Gesicht.

»Schafe sind zähe kleine Wesen«, murmelte er, »wie die so vor sich hin leiden können.«

Der Uterus, den Dag herauszog, war ein roter, glänzender Sack, in der kalten Luft dampfte er ein wenig. Als er hineinschnitt, ergoss sich eine wässrige, mit Blut durchsetzte Flüssigkeit und eine leicht bläuliche, transparente Membran wurde sichtbar.

»Jetzt geht's ans Eingemachte«, sagte er und schnitt in die Membran. Ein blassgelbes Beinchen kam zum Vorschein. Dag packte das Lamm an den Vorderbeinen und zog es auf die Welt. Der schleimige Körper wirkte leblos, aber Dag schwang das Lämmchen wie ein Pendel unsanft an den Hinterbeinen, legte es dann ins Gras und drückte seine Schnauze zusammen, um sie von Schleim zu befreien. Das Lamm schüttelte den Kopf und schnaubte.

»Es ist ein Männchen«, verkündete Dag nach kurzer Untersuchung.

»Und er ist ein echtes Kalb von einem Lamm«, rief John glücklich.

Nach einem erfolgreichen Kaiserschnitt wird das Schaf genäht.

Doch damit war die Operation keineswegs beendet. Während John mit seinen großen, rauen Händen dafür sorgte, dass das lange Fell nicht in die Wunde geriet, nähte Dag das Mutterschaf mit einer langen, gebogenen Nadel und einigen Katgutfäden wieder zu. Zuerst kümmerte er sich um die Gebärmutter, die sich plötzlich zusammenzog und hinter die anderen Organe zurücktrat.

»Drück fest gegen ihre Flanke, Maria«, sagte Dag gepresst. »Genau auf die rasierte Stelle. Ich will, dass die ganze Flüssigkeit austritt.«

Ich drückte. Blut und Flüssigkeit traten aus der Gebärmutter in den Körper des Schafs, quollen aus dem Einschnitt und ergossen sich über meine Hände. Noch bevor ich darauf reagieren konnte, hieß Dag mich meine Hände schrubben. Unsicher, was mich als Nächstes erwarten sollte, tastete ich im Eimer mit dem Desinfektionsmittel nach einer Bürste. Als ich wieder zum Operationstisch kam, hatte er die geschrumpfte Gebärmutter ans Licht gezogen.

»Kannst du sie festhalten?«, fragte er.

Ich hatte noch nie die Innereien eines lebendigen Tieres angefasst. Als ich die glitschige Gebärmutter mit meinen Händen umklammerte, schoss mir nur ein Gedanke durch den Kopf: »Warm«. Nicht nur warm, sondern auch so lebendig, dass sie sich wie von selber wieder in den Körper zurückzuziehen schien und ich sie mit aller Kraft hier draußen festhalten musste. Als Dag die Nadel in das Fleisch stach – das lebendige Fleisch, das ich in meinen Händen hielt –, fing die Welt um mich herum an, sich leicht zu drehen. Ich schloss die Augen und atmete ein paar Mal tief durch.

»Sie ist hart im Nehmen«, hörte ich John sagen.

Ich öffnete die Augen und lächelte ihm dankbar zu, aber als er weitersprach, wurde mir klar, dass er das Schaf gemeint hatte.

»Schafe sind so. Die alten Leute sagten immer, das käme daher, weil sie so tapfer seien. Wenn man eine Kuh oder ein Schwein schlachtet, dann winselt oder schreit es. Aber ein Schaf gibt keinen Laut von sich, es zeigt dir nie seine Angst. Man könnte fast sagen, Schafe hätten Prinzipien.«

Sobald Dag die Gebärmutter wieder zusammengenäht hatte, ließ ich sie wieder in den Körper zurückgleiten. Dann widmete er sich mit Nadel und Faden den Bauchmuskeln des Schafs. Das Lamm atmete jetzt normal, und es versuchte, sich auf seinen staksigen, wackeligen Beinen aufzurichten, die immer wieder jäh unter ihm zusammenknickten. Es schüttelte den Kopf, öffnete sein Mäulchen, gab den ersten hohen genäselten Blöklaut von sich und seine Mutter, noch auf dem OP-Tisch, gab unverzüglich Antwort. Als die Operation endlich beendet war, trugen die beiden Männer das Tier zurück in den Kofferraum. John sammelte die abgeschnittenen Fellreste vom Rasen, formte daraus neben der Mutter ein Nest und legte das Lämmchen sanft darauf. Das Mutterschaf beschnüffelte ihr Junges und fing dann an, es anzustupsen und abzulecken.

»Na, also«, sagte John zu seinen Tieren. »Jetzt geht's euch beiden wieder gut.«

Dag drehte sich zu mir um. »Lust auf Mittagessen?«

Vier

Die *East End Bar,* so genannt nach ihrer geografischen Lage an der Hauptstraße, befand sich in der guten Stube eines alten Reihenhauses. Die Fenster gingen zur Straße hinaus und sowohl die Wände als auch die Zimmerdecke waren in düsteren Gelb- und Dunkelrottönen gehalten. Der schmiedeeiserne Kamin, dessen künstliche Kohlen durch ein Gasfeuer zum Leuchten gebracht wurden, konnte die feuchte, klamme Kälte nur wenig mildern. Einige Männer standen an der Theke, vor sich Pintgläser mit Stout. Sie waren frisch rasiert und herausgeputzt, die Krawatten akkurat gebunden und die Hemden frisch gebügelt. Ihre Haare hatten sie mit Brillantine glatt gestriegelt. Sie begrüßten Dag mit einem feierlichen Nicken, dann wechselten sie murmelnd ein paar Worte miteinander.

Wir waren gerade mal eine Woche in Cahersiveen, aber die Nachricht von der Ankunft des »großen Tierarztes aus Kanada« hatte sich bereits herumgesprochen. Einer der Männer setzte sein Pintglas ab, trat vor und streckte Dag die Hand entgegen. Er war klein und drahtig, seine dunklen Augen blitzten und die pomadeglänzenden Haare bildeten am Hinterkopf ein kleines Schwänzchen.

»Sie sind in diesem Pub herzlich willkommen, Sir!«, rief er.

Dann drehte er sich zu seinen Kumpeln um und verkündete: »Ihr könnt euch nicht vorstellen, was dieser Herr heute mit meinem Schaf gemacht hat!«

Dag hob seine Augenbrauen, als fürchtete er die nächsten Worte des Bauern.

»Wie er sich um den Prolaps gekümmert hat«, fuhr er fort, »das war *wunderbar*. Jetzt bin ich schon dreißig Jahre lang Bauer, aber so etwas ist mir noch nicht untergekommen.«

»Und das Kalb von meinem Bruder«, warf ein anderer, sehr viel älterer Mann ein. »Mein Gott, dem ging's richtig schlecht, aber die-ser Mann hat es in null Komma nichts wieder auf die Beine gebracht.«

Eine Mischung aus Stolz und Verlegenheit trieb Dag die Röte ins Gesicht.

»Tschuldigung, Ted, ich hab Sie zuerst gar nicht erkannt«, sagte er zu dem Mann mit dem Schwänzchen.

»Das ist doch kein Wunder, weil Sie mich ja nur als Bauer gesehen haben und in diesem Aufzug hier bin ich ein völlig anderer Mensch.«

»Ich wette, mich erkennen Sie auch nicht wieder«, mischte sich der ältere Mann ein, in dem ich jetzt Florence O'Sullivan erkannte. »Von uns gibt's hier viele in der Gegend, aber von Ihnen gibt's nur einen, also werden Sie ganz schön zu tun haben, wenn Sie sich all unsere Namen und Gesichter merken wollen.«

»Ich kenne Ihre Frau«, ließ ein anderer Mann Dag wissen, als wäre ich nicht im selben Raum. »Ich hab sie letzte Woche im Café gesehen. Sie las Zeitung.«

Ted Donelly bugsierte uns an einen Tisch, bestellte eine Runde und bestand darauf, uns einzuladen.

»Es ist schon ein Ding, den Tierarzt und seine Frau in diesem Pub zu sehen«, sagte er und setzte sich neben uns. »Für gewöhnlich gehen die eher in den Golfclub oder so was. Aber Sie sind herzlich willkommen und wir freuen uns, Sie bei uns zu haben. Jetzt erzählen Sie aber mal, Sir, woher Sie all diese Dinge über Schafe gelernt haben.«

Während der nächsten Stunde waren er und Dag in ein intensives Gespräch über Mutterschafe, Schafböcke, Lämmer und Krankheiten wie Nabelentzündung oder Hypersalivation vertieft. Ted besaß eine Herde *Scotch Blackfaces* und zeigte sich hocherfreut über Dags Vorliebe für Bergschafe, die er den Landrassen vorzog.

»Sie sehen zerbrechlich aus, aber sie sind zähe kleine Kreaturen«, sagte Dag.

Ted nickte.

»Sie müssen so zäh sein. Müssen sie wirklich! Weil das hier ein hartes Land ist und Schafzüchter müssen sich auf ihre Arbeit verstehen. Frank O'Leary hasst es, wenn ich mit einem Schaf zu ihm komme, weil er weiß, dass es sich nur um ein ernstes Problem handeln kann, wenn ich ihm ein Mutterschaf bringe. Das hat er mir selbst gesagt. Wissen Sie, wir Schafzüchter können manch eine Krankheit selber heilen.«

Es dauerte nicht lange, da überkam mich eine derartige Langeweile, dass mein Kopf anfing zu nicken und meine Augenlider immer schwerer wurden. Ich schreckte hoch, als sich eine Hand auf meine legte. Die Frau, die hinter der Theke arbeitete, stand mit einem Becher Kaffee und einem Teller Keksen vor mir.

»Ich dachte, das würde Sie vielleicht wieder etwas aufmuntern«, sagte sie mit einem mitfühlenden Grinsen.

Wir waren an diesem Abend in ihrem Pub gelandet, weil es gegenüber vom *Sive Hostel* lag, in dem wir zurzeit übernachteten. Noreen war eine dreißigjährige, quirlige, kleine Frau mit einem großherzigen Lächeln und einem Pferdeschwanz. Sie erzählte mir, dass sie in der Sommersaison durch die Jugendherberge ziemlich viel Kundschaft dazugewänne, ihre Stammgäste seien jedoch die Landwirte aus dem östlichen Teil der Stadt. Die Bauern auf der westlichen Seite besuchten eher Pubs wie *Tom's Tavern* oder *The Skellig Rock*; diejenigen, die *Over the Water* lebten, so hieß die Gegend auf der anderen Flussseite des Fertha, gingen in den *Townlands Pub*; die Arbeiter aus der Sockenfabrik am Stadtrand tummelten sich im *Mike Murts*; Teenager zog es in die Disco, die jeden Samstag im *The Harp* stattfand; die Fußballer trafen sich im *Daniel O'Connell* und die Besserverdienenden und Golfspieler versammelten sich in einer Kneipe namens *The Point*.

Dies war natürlich grob verallgemeinert, denn es gab insgesamt 26 Pubs in Cahersiveen. Dennoch nahm sich diese Zahl verglichen mit den Zeiten, in denen die Stadt über eine blühende Fischindustrie und eine Bahnverbindung mit Tralee und Dublin verfügt hatte, recht mager aus. Damals öffneten jede Nacht 52 Pubs ihre Tore, auf 23 Stadtbewohner kam also ein Pub, aber als die Bahnlinie 1960 stillgelegt wurde, nahm rund die Hälfte von ihnen die allerletzte Bestellung auf. Die *East End Bar* gehörte zu den Überlebenden. Noreens Ehemann John wurde vor fast vierzig Jahren hier geboren und hatte die Wirtschaft von seinen Eltern geerbt. Aber der Pub deckte nicht alle Lebenshaltungskosten und daher arbeitete John zusätzlich bei der Gemeindeverwaltung. Außerdem hielten die beiden ein paar Landschafe, die auf einem kleinen Rasenstück am Ufer des Fertha grasten.

»Wir freuen uns, Ihren Mann hier zu sehen«, sagte Noreen. »Wir werden ihn noch früh genug rufen müssen, wenn die Lämmer unterwegs sind.«

Ich fragte Noreen, ob sie von einem Haus wisse, das zu mieten wäre. Wir hatten gehofft, ein kleines traditionelles Cottage am Meer zu finden, aber solche Häuser schienen dünn gesät zu sein. Stattdessen hatte man uns einige moderne Bungalows angeboten. Einmal hatten wir bei einer Besichtigung den Besitzer getroffen, der mit einem Behälter auf dem Rücken Insektenvernichtungsmittel über die Kiesauffahrt sprühte. Der klotzige gelbe Bungalow stand auf einem Grundstück, das man mit Planierraupen platt gewalzt und gründlich von jeglicher Vegetation befreit hatte. Davor stand ein verlassener Yorkshire-Terrier und starrte trübsinnig in die Gegend, wahrscheinlich auf der Suche nach einem Busch, an dem er sein Geschäft erledigen könnte. Viele dieser Häuser wurden nur während der Sommermonate vermietet und standen den Winter über leer. Die Besitzer waren stolz auf sie und reagierten ziemlich pikiert auf unsere Zurückhaltung.

»Wollen Sie damit sagen, dass Sie kein Interesse haben?«, gab eine Frau brüskiert von sich, nachdem wir ihren Bungalow am Fluss besichtigt und uns dagegen entschieden hatten. »Kostet doch nur 150 Euro die Woche!«

Bei unserer Suche nach einem Wohnobjekt mangelte es uns nicht an Hilfe. Beim Einkaufen im Supermarkt trafen wir ein paar Bauern, die – über ihre Einkaufswagen gebeugt – lang und breit mit dem Kassierer über unsere Häusersuche diskutierten. Am Ende kamen sie zu dem Schluss, wir sollten mit John Quirke sprechen, der ein paar Meter weiter wohnte und der, was Häuser anbetraf, genauestens über alles und jeden Bescheid wüsste. Nur Minuten nachdem wir an seine Tür geklopft hatten, hing John bereits für uns am Telefon, während seine Frau uns frische Sahnetörtchen und Tee servierte. Dann brachten sie uns mit dem Auto zu einem alten Bauernhaus, das hoch auf einem Hügel lag. Das Haus gefiel uns ausnehmend gut, aber es hatte keinen Telefonanschluss und war so weit vom nächsten Telegrafenmast entfernt, dass ein Anschluss Wochen gedauert hätte. Ohne Telefon konnte Dag nicht arbeiten und so waren wir wieder an unserem Ausgangspunkt angelangt, im *Sive Hostel*.

In der Herberge herrschte eine herzliche, gemütliche Atmosphäre, die größtenteils Paul, dem geselligen amerikanischen Herbergsvater, zu verdanken war. Eines Abends schlug er halb im Scherz vor, wir sollten doch einfach dort wohnen bleiben, und wenn mehr Betrieb herrschte, könnte ich ihm ja aushelfen. Der häufige Kontakt mit den verschiedensten Menschen, den dieser Job mit sich bringen würde, reizte mich, daher dachte ich ein paar Stunden lang ernsthaft darüber nach. Dann kam Dag aus der Praxis nach Hause und erinnerte uns beide daran, dass er schon recht bald auch Nachtdienst haben würde, dass das Telefon zu jeder Tages- und Nachtzeit klingeln würde, Bauern mit hochträchtigen Mutterschafen vor der Eingangstür auflaufen könnten und dass er nach der Geburt eines Lamms oder nach einem Kaiserschnitt seine blutbesudelten Hände und chirurgischen Instrumente im Waschbecken der Gemeinschaftsküche waschen müsste. Wir kamen daher zu dem Schluss, dass das Ganze wohl doch keine so gute Idee gewesen war.

Noreen konnte uns für einen längeren Zeitraum Übernachtung und Frühstück anbieten, hatte aber keine Ahnung, wo wir ein

Haus mieten könnten, ebenso wenig wie die beiden Frauen, die sich zu uns an den Tisch gesellt hatten. Beide waren Bauersfrauen mittleren Alters und ähnlich streng gekleidet: ein Haarschnitt mit sehr kurzen Schläfen- und Nackenpartien, schlichte Röcke und Jacken in dunklen Farbtönen, darunter hochgeschlossene Blusen, Pumps und eine Menge Goldaccessoires.

»Hat es Ihnen bei John Quirke gefallen?«, erkundigte sich eine von ihnen und die Art, wie sie fragte, sagte mir, dass sie nur die Tatsache meines Aufenthaltes dort bekannt geben wollte und nicht etwa nach einer Auskunft verlangte.

»Er war sehr freundlich«, sagte ich. »Kennen Sie ihn gut?«

»Das würde ich nicht sagen, nein. Der Freund des Ehemanns meiner Cousine ist mit einer Verwandten von ihm verheiratet und mein Nachbar ist mit den Leuten verwandt, denen das Haus gehört, dass er Ihnen gezeigt hat.«

»Ich verstehe«, sagte ich, obwohl ich weit davon entfernt war.

»Das Haus von Mary Casey war nicht für Sie geeignet?«

»Mary Casey?« Im Geiste ließ ich all die Personen und Mietangebote der letzten Tage Revue passieren.

»Ihr gehört ein herrlicher Bungalow am Fluss. Die Touristen sind im Sommer ganz verrückt danach, ich habe gehört, sie stehen Schlange, um ihr 300 Euro die Woche dafür zu zahlen.«

»Gott, das Haus ist wirklich wunderschön«, fiel ihre Freundin ein und ihre Augen verengten sich, als sie mich ansah. »Die Aussicht ist phantastisch. Ich kann mir nicht vorstellen, wie irgendjemand nicht dort wohnen wollte.«

»Es war für Dag und mich alleine zu groß«, erklärte ich schnell. »Ich glaube, Mary war gekränkt, dass wir es nicht haben wollten – hat sie was zu Ihnen gesagt?«

»Ach nein, kein Sterbenswörtchen, Mary würde nie schlecht über jemanden sprechen«, sagte die Frau und griff nach ihrer Limonade.

»Nein, das würde sie nicht tun«, pflichtete ihre Freundin ihr bei. »Sie ist die netteste Frau, der man begegnen kann, die Mary.«

Ich hatte mir für 80 Euro ein gebrauchtes Fahrrad gekauft, mit dem ich nun eine Probefahrt machen und mir dabei ein wenig die Gegend anschauen wollte. Ich fuhr Richtung Osten aus der Stadt, folgte der Straße des *Ring of Kerry*, die dicht an der Mündung des Fertha entlang- und dann einen niedrigen Pass hinaufführt. Ich ließ mich den ersten Hügel hinabrollen und überquerte dann die *Carhan Bridge*. Darunter stand am Ufer des ruhig dahinrauschenden Flusses eine mit Efeu bedeckte Ruine. Hier war Daniel O'Connell geboren worden, der berühmte »Befreier«, der im Jahre 1829 die Emanzipation der katholischen Bevölkerung Irlands errang. Er hatte kaum dort gelebt. Als er ein kleiner Junge war, brachte man ihn bei einer Pflegefamilie auf dem Land unter, dann wurde er von seinem reichen Onkel Maurice O'Connell adoptiert, der seine Ausbildung in Dublin, England und Frankreich finanzierte.

Ein Bauer, den ich in der *East End Bar* getroffen hatte, versicherte mir, ich könne unbesorgt mit dem Rad den *Ring of Kerry* erkunden.

»Die Autofahrer sind es gewohnt, dass die Leute mit ihren Rädern vom Pub nach Hause fahren«, hatte er gesagt, »deswegen halten sie viel Abstand.«

Aber die Straße bestand aus zwei Fahrbahnen ohne Seitenstreifen und obgleich nicht viel Verkehr herrschte, zischten die Autos und Lastwagen bedenklich nahe an meinem Lenker vorbei. Als ich die Spitze der Fertha-Mündung hinter mir gelassen hatte, flüchtete ich in eine ruhige Straße, die erst einen Hügel hinaufstieg und dann mit einer scharfen Kurve auf die Nordseite der Flussmündung führte. Jetzt befand ich mich auf der gebirgigen Halbinsel, die im Volksmund *Over the Water*, »auf der anderen Seite des Wassers«, heißt und Dingle Bay von Valentia Harbour trennt.

Immer wieder spitzten hinter den alten Blättern und Zweigen in den Hecken am Wegesrand die frischen grünen Triebe der Montbretie hervor und um die dünnen Stämme der *Salix*, einer Silberweide, die von den Einheimischen *Sally* genannt wurde, wanden sich Brombeerbüsche. Über mir ragte steil und schwermütig der Knocknadobar auf, seine felsigen Abhänge waren mit Heide- und Farnkraut bedeckt. Unter mir erstreckten sich bis ans Flussufer reichende, sumpfige Wiesen, auf denen eine in dieser Gegend *furze* genannte Stechginsterart wuchs. Es herrschte Ebbe und silbrige Wasseradern zogen auf ihrem Weg zum Meer an roten Sandbänken vorbei. Zwei schmale Brücken über die Flussmündung – eine für Fahrzeuge und Fußgänger, die andere, schmiedeeiserne Brücke ein Überbleibsel der jetzt stillgelegten Bahnverbindung zwischen Valentia Harbour und Killorglin – verbanden *Over the Water* mit Cahersiveen.

Ich hielt an, um mir die Stadt von oben anzuschauen. Lang und schmal drängte sie sich zwischen den Berg Bentee und die Flussmündung. Neben der riesigen Kirche wirkten ihre mit Schiefer bedeckten Reihenhäuser zwergenhaft. Das alte Polizeirevier, ein seltsames Narrenstück mit Türmen und Erkern, verlieh der Stadt einen Hauch von Märchenhaftigkeit.

Auf der Straße hier oben herrschte kaum Verkehr. Bis jetzt war ich erst einem Auto, einem Mädchen auf einem Fahrrad und einer Frau mit zwei Hunden begegnet. Die Frau hielt an, um mit mir ein Pläuschchen zu halten.

»Es war wunderbar, als wir den Zug noch hatten«, erzählte sie mir. »Man konnte in Killorglin umsteigen und dann direkt bis nach Dublin fahren. Jetzt sind solche Reisen nicht mehr möglich. Die Busverbindung ist furchtbar. Ohne Auto ist man von der Welt abgeschnitten.«

Durch die Eröffnung der Bahnstrecke im Jahre 1893 konnten die Bauern und Fischer der Gegend ihre Produkte schneller auf den Markt zu bringen. Als die Fischindustrie in die Knie ging, machte man auf dieser Strecke immer mehr Verluste und im Jahre 1950 beschloss die Regierung, die Strecke stillzulegen.

»Da gründeten sie die *Iveragh Railway Protection Society*«, sagte die Frau. »Sie zogen mit einer Petition nach Dublin. Der Transportminister fragte sie, wie sie von Cahersiveen nach Dublin gekommen seien. »Mit dem Auto«, sagten sie zu ihm. »Und warum seid ihr nicht mit dem Zug gekommen?«, fragte er sie. »Weil es schneller und billiger ist, wenn wir alle zusammen mit einem Auto herkommen«, sagten sie. Er lachte sie aus und damit war die Sache natürlich verloren. Ist es zu fassen, dass es so dumme Leute gibt?«

Nach ungefähr anderthalb Kilometern fuhr ich hinunter in ein enges Tal, das sich zwischen dem Knocknadobar und Castlequin in Nord-Süd-Richtung durch die Halbinsel zog. Der Weg war in furchtbarem Zustand und ich musste Zickzack fahren, um den zahlreichen Schlaglöchern auszuweichen. Schlechte Feldwege führten zu traditionellen, zweigeschossigen Bauernhäusern mit Dachgaubenfenstern und Schornsteinen mit mehreren Kaminschächten an den Giebelseiten. Sie waren umgeben von kleinen grünen, mit Steinmauern gesäumten Weideflächen, die sich bis zu

Natursteinmauern dienen in Kerry als Weidezäune.

den unteren Lagen der Berge erstreckten. Eine Vogelscheuche in gelbem Regenmantel stand mit ausgestreckten Armen auf einer Weide. Auf einer anderen grasten einträchtig einige Kühe neben einem Esel, der seinen Kopf aus dem Gras hob und mich beim Vorbeifahren beobachtete. Nebelkrähen kauerten auf Telefonleitungen, ihr Federkleid vom Wind zerzaust. Stechpalmen säumten den Weg darunter, stachelige Brombeerbüsche und Montbretien wuchsen in Hülle und Fülle.

Die Sonne schien durch ein Loch in der Wolkendecke, ihr Licht ergoss sich über die Hänge des Knocknadobar und ließ sie wie pures Gold erstrahlen. Als ich schließlich den Hafen am Ende des Weges erreichte, erglühte die ganze Berghälfte und die wie Sprenkel unterhalb des Gipfels verteilten Schafe reflektierten das Licht. Der Hafen hatte die Form eines Schlüsselloches und war so vor Wind und Wellen gut geschützt. Sein halbmondförmiger Strand war mit rosa- und lilafarbenen Steinen und langen Algensträngen übersät. Ein Wirrwarr von grünen Netzen lag ausgebreitet auf der Pier, daneben standen turmhoch aufgestapelte Garnelen- und Hummerkörbe, schwarze Metallgestelle, die mit blaugrünen Stricken umwickelt waren. Auf der anderen Seite der Pier lagen mehrere umgedrehte Boote, dazwischen scharrten einige braune Hennen. Ich lehnte mein Rad an die Mauer der Anlegestelle, ließ mir den Wind ins Gesicht blasen und schaute hinaus auf die weite Bucht. Hinter Castlequin erkannte ich die Halbinsel Dingle und die Blasket Islands. Die Hennen flanierten vorbei und spurteten dann unvermittelt auf ein wenige Schritte entferntes Cottage zu. Sie standen zu einem Grüppchen versammelt vor der Eingangstür, als diese sich plötzlich öffnete und den Blick auf eine junge Frau freigab, die mit einem Korb in der Hand hinaustrat und auf einen Haufen Torf zuhielt. Die Vögel stoben auseinander. Ein Kleinkind wackelte hinterdrein, fiel rücklings auf sein Hinterteil und stieß ein Geheul aus. Die Frau ließ ihren Korb stehen, nahm das Kind auf den Arm und schaukelte es ein wenig, bis es aufhörte zu weinen.

»Schau mal, was die Frau für ein schönes Fahrrad hat«, sagte sie und wischte ihm die Tränen ab. Sie lächelte mir zu. »Gefällt Ihnen der Urlaub hier?«

Ich erzählte ihr, dass der Anblick ihrer Hühner bei mir ein wenig Heimweh ausgelöst hätte. In Kanada hielten wir ein paar Hühner, sie waren wie Haustiere, fraßen uns aus der Hand und verfolgten uns im Garten auf Schritt und Tritt.

»Wenn Sie hier im Tal leben würden, könnten Sie sich ein paar mehr halten«, sagte die Frau. »Hier gibt es nicht viele Füchse – die Jungs von O'Shea kümmern sich darum.«

Es dauerte mehrere Sekunden, bis der Groschen fiel. Ich erklärte ihr, dass ich ein Haus zur Miete suchte, und fragte, ob sie nicht vielleicht eins wüsste.

»Hier gibt's drei Ferienhäuser. Sie stehen die meiste Zeit leer, nur im Sommer nicht.«

Sie zeigte auf einen phantasielosen Bungalow in der Nähe. Dann lief sie ein paar Meter am Landungssteg vorbei und ließ ihren Blick zum Berg wandern. Sein Glühen war erloschen und er wurde zusehends von der tief hängenden Wolkendecke verhüllt. Am Ende eines Pfads durch ein Feld mit Schilfrohr und Stechginster verbarg sich zu Füßen des Berges ein kleines, weiß getünchtes Cottage.

»Das dort drüben wird im Sommer an Touristen vermietet«, sagte die Frau. »Die Besitzer wohnen in England, aber sie sind gerade hier. Sie könnten mit ihnen sprechen – ich bin sicher, sie hätten Interesse. Sie sind heute Morgen in die Stadt gefahren, aber bis zum Abend sind sie wieder zurück. Kommen Sie doch dann noch einmal vorbei. Sagen Sie, Kathleen hätte Sie geschickt.«

Der Wind fegte böig aus der Bucht herüber und brachte einen frischen Regenschauer mit sich. Kathleen huschte schnell mit ihrem Sohn zurück ins Haus und als ich meinen Weg den Hügel hinauf fortsetzte, konnte ich es kaum erwarten, Dag zu erzählen, dass ich vielleicht, ganz vielleicht, unser Cottage am Meer gefunden hatte.

Fünf

Bei unserer Ankunft im Tal stand mitten auf der Straße ein einsames Mutterschaf mit langem verfilztem Fell als Empfangskomitee bereit. Es weigerte sich, beiseite zu treten, bis ich aus dem Auto stieg und es wegscheuchte. Kurz darauf bogen wir in einen von Stechpalmen und Fuchsienhecken gesäumten Feldweg ein, der zum Haus von Peggy O'Sullivan führte. Sie kümmerte sich um das von uns angemietete Cottage und sollte uns den Schlüssel aushändigen. Die Vordertür stand weit offen, als wir vorfuhren, und Peggy trat heraus. Wilde braune Locken rahmten ihr rosiges Gesicht mit dem breiten Zahnlückenlächeln. Sie war klein, aber kräftig, trug einen weiten Pullover und hatte die Hose in die Gummistiefel gesteckt.

»Hat Chloe wieder den Verkehr geregelt?«, rief sie uns zum Gruß zu und meinte damit das Schaf, das nun lässig den Pfad hinter uns herauftrottete. »Ah, sie ist eine Streunerin, immer auf Achse. Diese Angewohnheit können wir ihr nicht austreiben. Sie war letztes Jahr unser Hauslamm und wir haben sie wahrscheinlich verzogen, ja, verzogen haben wir sie.«

Peggys Worte sprudelten nur so hervor und sie wiederholte sich oft auf eine fast lyrische Weise. Sie sprach mit dem starken Akzent der Einwohner Kerrys, machte aus einem »s« vor Konsonanten ein »sch«, das englische Wort *spoil* wurde zu *schpoil*, englisch *stop* wurde bei ihr zu *schtop*. Das Wort *blackguard* verkürzte sich zu *blaggard* und aus *beat* wurde *bait*.

»Hier haben Sie den Schlüssel. Aber wollen Sie nicht auf einen Sprung reinkommen und was trinken? Bleiben Sie doch noch ein wenig.«

Da wir unseren Einzug möglichst schnell hinter uns bringen wollten, lehnten wir ihr freundliches Angebot ab, versprachen aber, bald wieder vorbeizuschauen.

»Und wir kommen Sie auch mal am Abend besuchen«, versicherte sie mir. »Werden wir. Wir schauen vorbei, wenn Sie sich eingerichtet haben.«

Die sumpfige Weide, die unser Garten sein sollte, wurde von einer Steinmauer umsäumt, über die uns jetzt drei Kühe neugierig betrachteten. Von den Berghängen drangen die klagenden Rufe der Schafe zu uns herab.

»Meine Patienten stehen direkt vor der Haustür«, sagte Dag glücklich, als er die Tür zu unserem neuen Heim aufsperrte.

Selbst für ein Ferienhaus war das Cottage sehr einfach ausgestattet. Es verfügte weder über Waschmaschine noch Trockner, es gab keine Dusche, keinen Fernseher und keine der anderen Annehmlichkeiten der uns zuerst angebotenen Häuser. Die Dachsparren im Wohnzimmer waren so niedrig, dass sich Dag immer wieder den Kopf an der Lampenfassung stieß. Die einzige Wärmequelle bestand aus einem offenen Kamin, an dessen Verkleidung eine Notiz mit dem Hinweis prangte, dass der Kamin stark rußte. Doch das Haus besaß auch einige Vorzüge, die uns für die Nachteile entschädigten: Aus dem Küchenfenster sah man über das Tal und hinüber zum höckerigen Bergrücken des Bentee, vor dem Wohnzimmerfenster erhoben sich die dunklen, beeindruckenden Hänge des Knocknadobar und drei kleine Felder weiter, auf der anderen Seite eines Baches und hinter dem träge unter einem Baum stehenden Esel, lag die Bucht von Dingle und der unablässig gegen die Klippen und Felsvorsprünge krachende Ozean.

Während ich unsere Taschen auspackte, machte Dag ein Feuer. Unsere Vermieter hatten uns netterweise ein wenig aus dem nahe gelegenen Moor gestochenen Torf dagelassen. Der Notiz entsprechend, entpuppte sich der Kamin als wenig kooperativ, er entzog den Flammen den größten Teil der Hitze und spie in regelmäßigen

Abständen große Rauchwolken in den Raum. Wir öffneten alle Fenster und aßen in Mänteln zu Abend. Ungefähr um 22.30 Uhr beschlossen wir, dass der wärmste Ort hier unser Bett sein dürfte. Just als wir die Treppen nach oben zu unserer Schlafkammer im Dachgeschoss hinaufstiegen, klopfte es laut an der Tür.

»Wer zum Teufel ist das?«, fragte Dag und schaute auf seine Armbanduhr.

»Patienten?«, schlug ich vor.

»Noch weiß keiner, dass ich hier wohne.«

Peggy O'Sullivan aber wusste es und sie stand mit ihren beiden Kindern im Teenageralter vor der Tür.

»Wir haben gesehen, wie Rauch aus Ihrem Kamin stieg, und ich hab zu Nell gesagt, ich hoffe, der Kamin räuchert sie nicht völlig ein, deshalb haben wir Peter mitgebracht, um nachzusehen.«

Wir führten sie ins Wohnzimmer. Nell und Peter saßen auf einer Holzbank mit gerader Rückenlehne, die Peggy »Folterbank« nannte. Sie setzte sich in den angebotenen Lehnstuhl vor dem Kamin, der ihr prompt eine Rauchwolke entgegenspuckte.

»Als ich noch ein Kind war, bestand diese Hütte nur aus einem kleinen Zimmer und hatte ein Reetdach«, erzählte sie uns. »Bei Nordwind stieß der Kamin schon damals giftigen Rauch aus, der Abzug funktionierte nie. Bei meinem Küchenherd ist es genauso. Wenn der Wind von Norden bläst, muss ich glatt das Feuer ausmachen. Ich mach das Feuer gleich ganz aus.«

Dag bot der Familie Tee, Kaffee, Wein, Whiskey und Saft an, doch Peggy lehnte beharrlich ab. Dag gab sich damit zufrieden und setzte sich. Doch meine irische Erziehung hatte mich gelehrt, solche Ablehnungen als höfliche Verzögerungstaktik zu verstehen, die bedeuteten, dass Peggy auf mehr Nachdruck wartete.

»Sie werden doch bestimmt etwas trinken wollen?«, fragte ich sie in Nachahmung dessen, was meine Mutter bei solchen Gelegenheiten häufig zu sagen pflegte.

»Ach nein, ich trink nur ganz selten mal einen Tropfen Sherry.«

»Dann müssen Sie jetzt einen trinken, bitte«, beharrte ich und ignorierte Dags verwunderten Blick.

»Wir haben Ihnen genug Umstände bereitet«, sagte Peggy. »Ja, wir haben Ihnen schon genug Umstände gemacht.«

»Ein kleiner Sherry kann doch nicht schaden.«

»Ach nein, das macht zu viel Arbeit, wirklich.«

»Es macht wirklich keine Arbeit. Wir wollten selber gerade etwas trinken.«

»Ach so, na, dann kann ich Sie wohl nicht alleine trinken lassen, dann nehm ich einen Tropfen Sherry, aber nur einen Tropfen.«

Während Sherry, Saft und Kekse serviert, vertilgt und wieder nachgefüllt wurden, erzählte Peggy uns, dass ihr Mann Michael vor ein paar Jahren einen Hirnschlag erlitten hatte und dass sie seitdem zusammen mit ihrem ältesten Sohn John und der gelegentlichen Mithilfe von Nell und Peter den landwirtschaftlichen Familienbetrieb führte.

»Sie sind eine große Hilfe, besonders wenn die Lämmer kommen, weil's dann zugeht wie im Tollhaus. Wie im Tollhaus.«

»Ich freu mich darauf, wenn die Lämmer kommen«, sagte Dag zu ihr. »Ich arbeite wirklich gern mit Schafen.«

»Tatsächlich?«, Peggy sah aufrichtig erfreut aus. »Die meisten Tierärzte haben kein Interesse an Schafen, absolut nicht. Wir werden schon bald bei Ihnen anklopfen, wir rechnen dieses Jahr mit hoffentlich vierzig Lämmern.«

»Wenn Meister Fuchs nicht vorher die Hälfte von ihnen erwischt«, warf Peter schüchtern ein.

»Die Jungs von O'Shea aus der Nachbarschaft kümmern sich schon um Meister Fuchs«, sagte Peggy. »Meister Nerz ist eher unser Sorgenkind.«

Der Nerz sei ein Neuzugang unter den Räubern der Gegend, erzählte sie uns. Vor ungefähr 15 Jahren hatte ein Norweger in der Nähe von Waterville eine Nerzfarm eröffnet. Einige Tiere waren ausgebrochen, hatten sich vermehrt und sich mittlerweile über die gesamte Halbinsel verteilt.

»In einem Sommer hatte Meister Nerz sich in Kathleens Hühnerstall geschlichen und jede einzelne Henne getötet, er tötete sie aus reiner Mordlust, leckte ihr Blut und ließ sie dann liegen. Vor ein paar Jahren ließ sich ein Schwan in unserem Hafen nieder. Er war wunderschön, groß, grau und eine echte Sehenswürdigkeit. Die Menschen kamen sogar den weiten Weg aus der Stadt, um ihn zu bewundern. Aber eines Tages war er verschwunden und wir fragten uns alle, was dem Schwan wohl geschehen war. Dann fanden wir ihn am Ufer, sein Kopf hing schlapp herunter. Natürlich war Meister Nerz wieder am Werk gewesen. Können Sie sich diese Dreistigkeit vorstellen, sich an einen so großen, starken Vogel zu wagen?«

»Unseren Lieblingserpel hat er sich auch geholt, Mam«, rief ihr Nell ins Gedächtnis.

»Hat er, stimmt, das hat er.« Als ich nachschenken wollte, hielt Peggy die Hand über ihr Glas. »Wir hatten einen wunderschönen Erpel, den haben wir von klein auf großgezogen, und er war wie ein Haustier, tollte mit den Hunden herum, zwickte sie an den Ohren und am Hals. Er war ein angenehmer Begleiter, wenn ich auf die Weide zu den Schafen ging, lief mir immer hinterher oder kam zu mir in die Küche und setzte sich vor meine Füße. In der Nacht schlief er bei den Hunden, legte sich richtig zu ihnen, deshalb dachten wir, Meister Nerz könne ihm nichts anhaben. Aber eines Morgens war er verschwunden. Ich hab überall nach ihm gesucht, auf allen Feldern in der Nähe, in allen Gräben, aber ich fand nur ein Büschel Federn. Das hat mir das Herz gebrochen, wahrhaftig das Herz gebrochen.«

Die Familie machte sich kurz nach Mitternacht auf den Weg, und wir begleiteten sie hinaus und winkten, als sie den Feldweg hinunterfuhren. Die Luft roch nach verbranntem Torf, feuchtem Gras und Salz. Am klaren, mondlosen Himmel wirkten die Sterne erstaunlich dicht gedrängt und hell. Dag zeigte auf den Großen Wagen, das Kreuz des Nordens, den funkelnden Sirius, Orion, den Jäger, der seinen Bogen spannt, und die nebelhaften Plejaden, die weiter entfernt zu sein schienen als alle anderen. Mit einer plötzlichen Traurigkeit erinnerte ich mich, dass wir uns vor nur zwei Wochen dieselbe Konstellation über unserem Haus in Kanada angeschaut hatten. Von diesem Land trennten uns jetzt bereits Welten und es schien mir genauso weit entfernt wie diese Sterne.

Sechs

Die Tage seit unserer Ankunft in Cahersiveen waren für die Jahreszeit zu mild und trocken ausgefallen. An den *Sallys* wuchsen flauschige Weidekätzchen und die stachligen Zweige des Stechginsters trieben gelbe Blüten. Aber in unserer ersten Nacht im Cottage erwachten wir durch lautes Krachen und ein Blitz erhellte unser Schlafzimmer. Darauf ertönte ein enormes Donnergrollen, dann erhob sich der Wind, stieg an, tobte heulend ums Haus und schmetterte Hagelkörner gegen die Fenster. Der Sturm wütete mehrere Stunden. Am nächsten Morgen war das Schlimmste vorbei, aber oben über dem Knocknadobar jagten die Wolken wie toll durch den Himmel, eine Stunde später begann es erneut zu regnen und der Wind blies so heftig, dass die Regentropfen, die er mit sich brachte, fast parallel zum Land fielen.

Eine Woche lang jagte ein atlantischer Tiefausläufer den nächsten. Wenn ich in den Garten rannte, um neuen Torf für den Kamin zu holen, hämmerte der Regen auf meine Kapuze und der Wind klatschte mir den Schal ins Gesicht. Gelegentlich hörte ich das Brummen von Traktoren weiter oben im Tal. Trotz des schlechten Wetters düngten die Bauern ihre Felder und bereiteten sie für die Niederkunft der trächtigen Mutterschafe vor, die man bald von den Bergen treiben würde. Ich fand es zu nass zum Wandern und zu windig zum Radfahren, daher vergrub ich mich im Cottage, packte mich in Pullover und Socken und versuchte, meine Tage zu füllen. Jeden Morgen, wenn Dag zur Arbeit gegangen war, spülte ich das Geschirr, räumte auf, reinigte den Feuerrost, trug die Asche nach draußen, holte neuen Torf, schürte das Feuer und hörte Radio. Ich wusch unsere Wäsche mit der Hand in der Küchenspüle, hängte sie tropfnass auf eine Leine über der Badewanne und drapierte sie schließlich zum Trocknen vor den Kamin. Ich las *The Kerryman* von der ersten bis zur letzen Seite, sogar die Landwirtschaftsnachrichten. Ich kochte das Essen und wartete auf Dag. Ich schrieb lange Briefe an befreundete Autoren in Kanada und versuchte, meine neue Situation in einem positiven Licht erscheinen zu lassen, wohl wissend, dass die meisten von ihnen ihren rechten Arm dafür gegeben hätten, drei Monate in einem einsamen Cottage in Irlands Westen verbringen zu dürfen – war dies nicht der Traum eines jeden Schriftstellers? Doch ich befand mich gerade zwischen zwei Buchprojekten, hatte keine Termine im Nacken und war dieses neue Gefühl der Freizeit nicht gewohnt. Mir wurde langweilig und meine Langeweile steigerte sich bald zur Lustlosigkeit. In den kurzen Atempausen zwischen den Stürmen dachte ich daran, einigen meiner Nachbarn einen Besuch abzustatten. Aber ich hatte Hemmungen, einfach an ihre Tür zu klopfen, und konnte mir nicht vorstellen, dass wir ein gemeinsames Gesprächsthema finden könnten. Die Tage verstrichen, der Regen floss unablässig über die Fenster und in unserem winzigen Cottage fiel mir langsam, aber sicher die Decke auf den Kopf.

Dag zeigte keinerlei Verständnis.

»Wie kannst du es nur aushalten, im Haus zu sitzen?«, rief er eines Nachmittags, als er nass, schlammverschmiert und mit glänzenden Augen zur Tür hereinstürmte. »Der Himmel sieht fantastisch aus! Wenn ich nicht zur Arbeit müsste, wäre ich mit meiner Kamera draußen.«

Seine beharrlich gute Laune ärgerte mich. Er liebte seine Arbeit. Er liebte die Halbinsel Iveragh. Er liebte sogar das Wetter. An seinen freien Abenden saß er am Kamin, malte kleine Aquarelle von der Landschaft der Umgebung und erzählte mir Anekdoten über die exzentrischen Bauern, mit denen er zu tun hatte.

»Die meinen, das Wetter wird sich bald bessern«, sagte er eines Abends nach dem Essen zu mir.

Ich nahm mir das Telefonbuch vor und suchte nach Telefonnummern für Fahrradgeschäfte, weil ich mit dem Gedanken spielte, mir Gepäcktaschen für mein Rad zu besorgen.

»Maria?«, fragte Dag nach einer Weile. »Ist alles in Ordnung?«

»Ja«, erwiderte ich, den Blick noch immer auf das Telefonbuch gerichtet. »Warum?«

»Du liest jetzt seit einer Viertelstunde das Telefonbuch, darum.«

»Es ist ziemlich interessant«, sagte ich zu ihm. »Hier heißen die Gelben Seiten *Golden Pages* und sie haben einen ganzen Abschnitt über Verbraucherschutz und eine doppelseitige Anzeige für Sportveranstaltungen. Und als ich nach Fahrradgeschäften geschaut hab, fand ich den Eintrag *Klöster*, der füllt fast eine ganze Seite. Klöster in den Gelben Seiten, ist das nicht lustig?«

Ich schaute zu ihm hoch und sah, wie er mich sorgenvoll anstarrte. Als ich nach meinem Weinglas griff, rutschte das Telefonbuch von meinem Schoß und fiel auf den Teppich. Ich ließ es dort liegen und nippte eine Weile schweigend an meinem Wein.

»Es wird Zeit, dass ich aus diesem Cottage rauskomme«, verkündete ich schließlich.

Dag nickte zustimmend.

»Brauchst du eine Assistentin?«, fragte ich.

Am nächsten Morgen klingelte um acht Uhr das Telefon.

»Hab ich dich geweckt, Marie?«, Franks Stimme klang fröhlich.

»Nein«, log ich.

»Du solltest so viel schlafen wie möglich, solange das noch geht«, sagte er, »weil wir schon bald nicht mehr viel Schlaf finden werden. Ist Dag bei dir?«

Ich warf einen Blick hinter die Badezimmertür und sah, wie mein Mann auf allen vieren, sein Hinterteil in die Luft gestreckt, in der winzigen Badewanne Shampoo aus seinen Haaren spülte.

»Kann er Sie zurückrufen?«

»Vielleicht könnten Sie ihm etwas ausrichten, Marie. Tossy McCarthy vom anderen Ufer hat gerade wegen einer kalbenden

Kuh angerufen. Die Kuh befindet sich auf einer Weide in der Nähe der ersten Festung, nicht weit von euch entfernt. Würde es Ihnen etwas ausmachen, Dag zu bitten, sich darum zu kümmern? Tossy sagte, sie sei ziemlich fuchtig, also sollten Sie dafür sorgen, dass er ein gutes Frühstück im Magen hat, bevor er losfährt.«

Dag dachte gar nicht daran zu frühstücken. Zehn Minuten später saßen wir im Auto und fuhren durch den windgepeitschten Regen. Die Wolken hingen tief und der Himmel war von einem erbarmungslosen Grau, da riss eine scharfe Windböe die Wolkendecke jäh auseinander und dahinter kam ein großes Stück blauer Himmel zum Vorschein. Sonnenlicht drang durch die Wolken, doppelte Regenbögen spannten sich über die nassen Felder und innerhalb von Sekunden erstrahlte die Welt in hellem Glanz. Aber weiter hinten türmten sich über Dingle bereits neue schwarze Wolken, die schnell vom Meer über das Land jagten und schwere Regenschleier mit sich brachten.

»Heut ist ein frischer Tag!« rief Tossy uns zum Gruß zu, während der Hagel niederging und unsere Gesichter brannten. »Sie haben wahrscheinlich oft solchen Schneeballregen in Kanada, da ist so ein Wetter ja sicher nichts Ungewöhnliches für Sie.«

Wir hatten ihn zusammen mit zwei anderen Männern an dem Weg nach Cahergael, einer mittelalterlichen Festung, entdeckt. Die massiven, im Kreis angeordneten, zementlosen Mauern thronten über der Weide, auf der die Kuh in einem mit alten Holzgattern und alten Blechteilen eingezäunten Pferch stand. Ihre Rippen hoben und senkten sich, sie blickte starr vor sich hin und der Speichel rann ihr in Fäden seitlich aus dem Maul.

»Nun, mein Herr, diese Kuh gehört mir gar nicht«, schrie Tossy durch den tosenden Hagel. »Sie gehört Michael Martin O'Shea, der wohnt in Kells. Ich war gerade auf dem Weg, nach meinen eigenen Kühen zu schauen, da sah ich diese hier. Ich bin schnurstracks zu Peter gelaufen und wir haben versucht, Michael anzurufen, aber es ging keiner dran. Ich nehme an, er war gestern Abend zu lange in der Stadt unterwegs und leidet jetzt unter den

Nachwirkungen. Also haben wir Frank O'Leary angerufen und er sagte, Sie kämen. Wie gut, dass Sie den Weg so schnell gefunden haben. In dieser Gegend kann man sich leicht verfahren. Ein Fremder braucht hier wirklich einen guten Orientierungssinn.«

Peter und John Pat, ein weiterer von Tossys Nachbarn, waren mitgekommen, um der kalbenden Kuh zu helfen. Keiner der drei Männer schien darüber verärgert zu sein, dass sie bei diesem schlechten Wetter so früh auf den Beinen sein mussten, nur um sich um eine Kuh zu kümmern, dessen Besitzer höchstwahrscheinlich seinen Rausch ausschlief. Als ich eine Bemerkung darüber machte, schaute Peter mich verwundert an.

»Ach, Martin, der alte Junge ist ganz allein. Und würde er nicht das Gleiche für uns tun? Wo wären wir denn alle ohne unsere Nachbarn?«

Dag zog sein Hemd aus und warf sich in seinen Geburtsmantel, einen grünen Gummikittel mit kurzen, engen Ärmeln. Der Kittel wurde hinten zusammengebunden, reichte vom Hals bis zu den Knien und passte zu seinen grünen Überhosen und Gummistiefeln. Die Männer füllten Eimer mit warmem Wasser aus einem Kanister aus Tossys Auto, Dag schüttete Desinfektionsmittel hinein, begann, sich zu schrubben, und warf der Kuh unter seinem breitkrempigen Hut besorgte Blicke zu.

»Gibt es irgendeinen Schuppen, in den wir sie treiben können?«, erkundigte er sich.

»Es gibt nur die Festung, aber keine zehn Pferde werden sie da hineinkriegen«, teilte Tossy ihm mit. »Sie ist furchtbar aufsässig. Es hat schon lange genug gedauert, sie in diesen alten Pferch zu zwingen.«

Als die vier Männer über den Zaun kletterten, versiegte der Hagel plötzlich, die Sonne kam wieder hervor und ließ das Gras glänzen. Aber sie waren zu beschäftigt, um die Veränderung zu bemerken, denn Tossy versuchte verzweifelt, den Kopf des Tieres zu greifen und es an der Nase zu packen, während Peter ihren Schwanz ergriff und Martin ihr Hinterteil schob. Nach viel Rangeln und

Fluchen gelang es ihnen schließlich, sie an eines der Gatter zu binden.

Dag begann mit der Untersuchung und redete der Kuh dabei gut zu. »Okay, Mädchen, ganz ruhig, keine Angst.«

Alles andere als ruhig schlug sie wiederholt aus und erwischte ihn am Schienbein.

»Das gibt einen schönen blauen Fleck, mein Junge«, kommentierte Peter.

Dag schickte mich zum Wagen, um aus dem Kofferraum ein Gleitmittel zu holen, mit dem ich seinen Arm von oben bis unten besprühte, bevor er diesen bis zur Schulter in den Körper der Kuh gleiten ließ. Seinen Mund zu einer Grimasse verzerrt, stemmte er sich mit ganzer Kraft nach vorn, sodass er mit seinen Gummistiefeln auf dem feuchten Gras fast ausrutschte.

»Kein Wunder, dass sie sich quält«, sagte er, den Arm noch immer in der Kuh. »Das Kalb ist groß und liegt auf dem Rücken. Ich kann es alleine nicht bewegen, ich brauche Ihre Hilfe, Tossy.«

»Alles klar«, sagte Tossy, schob seine Ärmel nach oben und spuckte in die Hände.

»Wenn ich es Ihnen sage, dann drücken Sie mit beiden Fäusten in die Flanke hier und ich werde versuchen, das Kalb in eine aufrechte Position zu drehen. Sind Sie bereit? Eins, zwei, drei, los!«

Tossy drückte mit aller Kraft, aber es funktionierte nicht. Er und Dag versuchten es immer wieder, gerieten in ein rhythmisches Schieben und Drehen, grunzten vor Anstrengung, aber das Kalb blieb stur auf seinem Rücken liegen.

»Noch ein Versuch, okay?«, sagte Dag heftig schnaufend. »Eins, zwei, drei, los!«

Diesmal rammte Tossy seinen Körper in die Flanke der Kuh, sein Gesicht eine Maske der Entschlossenheit. Endlich zog Dag seinen Arm heraus, lockerte ihn und spreizte die Finger.

»Großartig, Tossy, das hat gewirkt.«

Er schickte mich noch einmal zum Auto, um Kalbungsstricke

und Holzklötze zu holen, die zum Einweichen in einem Eimer mit Desinfektionsmittel schwammen. Ich reichte ihm nacheinander die Stricke herüber und er tauchte seine Hand wieder in die Kuh, um diese an den Vorderbeinen und dem Kopf des Kalbs zu befestigen. Ich bestaunte seine Fähigkeit, nur nach Gefühl zu arbeiten. Er hatte mir einmal erzählt, wie sehr er die Herausforderung des Kalbens und Lammens liebte. Das Leben durch sanftes Ertasten eines Augapfels oder einer Nabelschnur zu fühlen, das Gewirr einzelner Glieder aufzulösen, seine Hilfe mit dem Pressen der Mutter zu koordinieren, um ein neues kleines Wesen sicher auf die Welt zu bringen. Mir wurde klar, dass er ein Mann war, der gerne mit seinen Händen arbeitete und der das Bedürfnis hatte, die Früchte seiner harten Arbeit schnell zu ernten. Am Anfang unserer Ehe hatte er nach Erhalt seines Doktortitels eine Dozentenstelle am College angenommen, und ich konnte mich noch erinnern, wie sehr er unter den Fesseln des akademischen Lebens gelitten hatte. »Das hier ist viel besser«, beschloss ich für mich, als ich ihn mir im Profil anschaute, so voller Konzentration auf die erforderlichen Handgriffe zum richtigen Befestigen der Stricke an das Hinterteil der Kuh gepresst. Ein hartes, aber romantisches Leben, dachte ich sogar noch, als sein schleimverschmierter Arm wieder herauskam und die Wolke über unseren Köpfen einen Regenschwall auf uns ergoss. Aber als er das Geburtshilfegerät aufhob, erlosch der rosige Schimmer langsam, den ich um ihn heraufbeschworen hatte. Es war das erste Mal, dass ich sah, wie dieses Gerät für den Einsatz zusammengebaut wurde. Der sieben Meter lange Metallstab mit seiner Sperrklinke, dem gelben Hebel und dem großen Rahmen am anderen Ende sah aus wie ein Folterinstrument.

»Könnte einer der Herren das Ende des Geräts halten?«, fragte Dag, als er den großen, u-förmigen Rahmen um den Körper der Kuh legte.

»Wir werden ganz vorsichtig ziehen, damit wir merken, ob es kommt«, fuhr er fort und zurrte die Stricke, die aus dem Hinterteil der Kuh hingen, am Geburtshelfer fest. »Es ist verdammt groß, also könnte es möglich sein, dass wir einen Kaiserschnitt machen müssen.«

»Herr im Himmel, ich hoffe nicht«, sagte Peter, der immer noch den Schwanz festhielt. Es regnete mittlerweile so heftig, dass das Wasser vom Schirm seiner flachen Kappe rann und ihm von den Ärmeln troff.

»Das ist mein Ernst«, sagte Dag und drehte am Sperrrad.

»Und hier herrschen nicht gerade optimale Bedingungen für eine große Operation.«

Er bewegte mit dem Hebel die Sperrklinke, bis die Stricke fest gespannt waren. Dann hielt er inne und schob seine Hand noch einmal in die Kuh, um die Position des Kalbs auszumachen und festzustellen, ob es durch das Becken der Kuh passen würde. Die Bauern sahen zu und warteten gespannt auf seine Entscheidung. Die Kuh hatte mittlerweile aufgehört auszuschlagen und war stark angespannt. Ihr Kopf hing nach unten und sie stieß erbarmungswürdige Muhlaute aus. Dag ging wieder zurück zur Sperrklinke und bewegte sie kontinuierlich weiter.

»Es wird eng, aber wir werden es versuchen.«

»Gott sei Dank«, murmelte Tossy.

Die Vorderbeine des Kalbs kamen zum Vorschein, ihr braunweißes Fell glänzte vom Fruchtwasser. Dann war der Kopf fast vollständig draußen, die lilafarbene Zunge hing dem Kalb aus dem Maul, sein Blick war glasig und verschleiert wie in Trance. Aber die Vulva der Kuh war über dem Kopf zu straff gespannt und ich hörte Dag erneut fluchen.

»Sie ist nicht weit genug geöffnet, ich muss einen Dammschnitt machen. Lauf und hol mir ein Skalpell, Maria. Sie sind im Kofferraum links in einem Holzkasten.«

Meine Hände waren so nass und klamm, dass ich lediglich unbeholfen an der sterilen Verpackung der Klinge herumfummeln konnte. Tossy kam mir zu Hilfe und reichte Dag die Klinge. Mit einer geschickten Handbewegung machte er einen glatten, 5 cm langen Einschnitt in die Vulva und ergriff dann wieder den Geburtshelfer. Nach einigen weiteren Zügen erschien der Vorderkörper des Kalbs. Aber gerade als ich dachte, das Schlimmste wäre vorüber, bewegte Dag die Sperrklinke nicht mehr weiter, sondern trat erneut einen Schritt vor. Er packte die Vorderbeine und die Brust des Kalbs mit einem Griff, der mich an einen Ringer erinnerte, und drehte den Körper in einem 90-Grad-Winkel, sodass es nun auf der Seite lag.

»Damit es nicht im Becken hängen bleibt«, murmelte er und trat wieder vor den Hebel.

Ich sah, wie er sich besorgt auf die Lippen biss, den Hebel wieder in Bewegung setzte und erneut auf Widerstand stieß. Der Kuh entfuhr ein langes Stöhnen, ihre Beine knickten ein und sie fiel auf die Seite. Dag kniete sich vor den Geburtshelfer und zog weiter. Als das Klicken der Sperrklinke langsamer wurde, tauschten Tossy und seine Nachbarn nervöse Blicke. Wenn das Kalb jetzt festsaß, müsste man es töten und aus dem Leib der Mutter schälen, die daraus vielleicht nicht unbeschadet hervorgehen würde.

Klick, Klick, Pause. Klick. Pause. Klick. Pause. Klick ... Die Spannung war greifbar. Alle schienen den Atem anzuhalten. Dann glitten plötzlich die Hüften des Kalbs heraus und die Hinterbeine folgten rasch.

»Herr Jesus, was für ein verflixtes Monster!«, rief Tossy erleichtert aus.

»Lieber Gott, das ist ja riesig, welchen Bullen hat Peter denn da auf die arme Kuh losgelassen?«, fügte Martin hinzu.

Dag löste die Stricke, befreite Nase und Maul des Kalbs von Schleim und zog das Neugeborene von seiner Mutter weg über die Wiese.

»Wenn sie das Kalb sieht, könnte sie wieder fuchtig werden und erst muss ich sie wieder zusammennähen.«

Er verpasste der Kuh einen heftigen Stoß in die Rippen, um sie zum Aufstehen zu bewegen, schob seine Hand wieder in ihren Unterleib und wandte sich mit einem Augenzwinkern an Tossy.

»Ich schau nur nach, ob hier nicht noch eins drin ist.«

»Jesus Maria und Josef, wenn da noch Platz für irgendwas anderes is, dann ham wir's hier mit einem verflixten Wunder zu tun. Ist sie schlimm zugerichtet?«

»Sie hat ein paar innere Quetschungen, aber das wird schon wieder.«

Die Kuh erhielt eine örtliche Betäubung in die Schwanzwurzel, die den gesamten Unterleib schmerzunempfindlich machte, dennoch stampfte sie immer wieder mit den Beinen und schlug mit den Hinterhufen nach Dag aus, der ihre Wunden nähte.

»Sie gibt mir die Schuld an allem«, scherzte er.

Doch er achtete auf die Warnzeichen, die von der Kuh ausgingen – der geneigte Kopf, der Seitenblick –, und wich jedem neuen Tritt geschickt aus.

»Junge, Junge, der Mann kennt sich mit Tieren aus«, sagte Tossy voller Bewunderung. »Hat wohl was mit dem ganzen Cowboy-Zeugs zu tun, was man in Kanada so lernt.«

Nachdem er der Kuh eine Penizillinspritze verabreicht hatte, schleppte Dag das Kalb wieder zu seiner Mutter und legte es ihr vor die Hufe. Er beobachtete mit sichtbarer Erleichterung und Freude, wie sie das Neugeborene beschnupperte und mit ihrer großen Zunge über seinen Körper fuhr, um es zu wärmen, zu trocknen und ihm die Lebensgeister einzuhauchen.

Während Dag mit einer harten Bürste das Blut von Gummistiefeln und Geburtsmantel schrubbte, sprach ich mit Tossy über die weiter oben gelegene steinerne Festung.

»Man sagt, darin hätte es Bauernhöfe gegeben«, sagte er. »Die Archäologen haben hier gegraben und alles Mögliche gefunden. Messer aus Eisen, Nägel und über tausend Jahre alte Tierknochen. Sie behaupten, die Menschen hätten hier Schafe, Ziegen und Schweine gehalten und in der Nähe Getreide angebaut. Als das ganze Gelände noch nicht dem Staat gehörte, gab es immer wieder Bauern, die während der Wintermonate ihre Tiere zum Schutz in der Festung hielten. Ich habe gehört, wie ein alter Mann erzählte, dass er seine schwachen Lämmer in einer Steinhütte innerhalb der Festung untergestellt hat.«

Dag reinigte die Stricke und Stangen, die er für die Geburt verwendet hatte.

»Vor tausend Jahren hatten die Bauern hier wahrscheinlich noch keine Geburtshelfer«, scherzte ich.

»Die hatten wir bis vor kurzem auch noch nicht«, sagte Tossy. »Wenn die Kuh Schwierigkeiten hatte, haben wir Stricke um das Kalb gebunden und fünf Männer daran ziehen lassen. Wenn das Kalb nicht kam, banden wir das eine Ende an den Traktor und fuhren los.«

»In diesen Festungen gab es nie Kühe«, sagte John Pat. »War'n das nicht Elfen, die hier lebten?«

»Von wegen Elfen«, lachte Tossy, aber John Pat ließ sich nicht beirren, sondern erzählte die Geschichte einer Kuh, die um die nahe gelegene Festung Leancanabuile graste. »Morgens gab sie nie einen Tropfen Milch und der Bauer dachte, sein Nachbar würde sie nachts heimlich melken. Also blieb er eines Nachts auf, versteckte sich hinter einem Baum und bewachte die Kuh. Und was sah er da? Um Mitternacht schlich sich doch tatsächlich eine Elfe mit einem Eimer und einem Melkschemel aus der Festung, setzte sich neben die Kuh und fing an, sie zu melken! Der Kerl hat natürlich zu viel Angst, die Elfe wegzuscheuchen, also schließt er einen Handel mit ihr ab. Wenn sie die Kuh in Ruhe lassen würde, sagt er, würde er selbst jeden Tag Milch zur Festung bringen.«

»Und wo ist da die Logik?«, sagte Tossy. »Hätte er nicht besser seinen Mund gehalten und der Elfe die Arbeit überlassen?«

Der alte Glaube an die Festungen der Elfen, die *fairy forts*, beruht vermutlich auf keltischen Legenden, die im *Book of Invasions* im 12. Jahrhundert von Mönchen aufgezeichnet wurden. Diese Sagen berichten von den *Tuatha De Danann*, einem Göttergeschlecht, das einige Zeit in Irland herrschte und sich nach der Niederlage gegen die Milesianer in unterirdische Festungen oder *sidh* zurückzog, wo es weiterhin seine magischen Künste ausübte. Wie viele irische Legenden könnte auch diese einen historischen Kern besitzen. Festungen aus Erdwällen, so genannte *raths,* wurden bereits während der Bronzezeit, zwischen 1350 und 950 v. Chr. errichtet, ungefähr während der Herrschaft der mythischen *Tuatha De Danann.* Heute sind von den *raths* oft nur Erdhügel und grasbewachsene Dämme übrig, und manche Bauern schrecken aus Angst, die »guten Menschen« zu stören, die sie immer noch darin vermuten, vor dem Pflügen zurück.

»Glauben Sie an Elfen?«, fragte ich Tossy, als wir gingen.

»Das kann ich nicht behaupten«, erwiderte er. »Aber ich hab gehört, dass man sie manchmal unten am *Weißen Strand* bei Vollmond Fußball spielen sieht. Man sagt, die Elfen von der Festung Staigue kämen rübergeflogen, um die Mannschaft von Cahergeal zu einem Spiel zu fordern. Is nur so 'ne Geschichte, aber man weiß ja nie.«

Sieben

Es war Anfang März und die Stürme hatten sich gelegt. Das Meer lag ruhig, die Luft roch frisch und verhieß den Frühling. Unten am Hafen stelzten Austernfischer mit roten langen Beinen und Schnäbeln vorsichtig über die Felsen. Blaumeisen flatterten über die Steinmauer unseres Gartens hinweg und aus den Feldern hinter unserem Cottage drang das *tk tk fid* der Steinschmätzer herüber, die jetzt im Stechginster ihre Nester bauten.

Schafe bevölkerten überall im Tal die Weiden. Die Bergschafe waren zur Ultraschalluntersuchung hinunter auf die Höfe gebracht worden, diejenigen, die Zwillinge trugen, durften jetzt auf den fetteren Weiden grasen, damit sie sich vor der Geburt noch ein schönes Polster anfressen konnten, während die mit nur einem Lamm wieder in die Hochlagen getrieben wurden, wo sie sich noch ein wenig allein durchschlagen mussten.

Auf einigen Höfen der Halbinsel, die sich auf Landschafe spezialisiert hatten, herrschte jetzt bereits Hochbetrieb bei der Lammung. Früh am Morgen oder spät in der Nacht tauchten regelmäßig Bauern mit ihren schmerzgeplagten Schafen vor unserem Cottage auf. Häufig handelte es sich um Zwillingsgeburten, gelegentlich waren es sogar Drillinge, die Dag voneinander trennen, umlagern und dann unverletzt auf die Welt bringen musste.

»Die Landschafe haben viel Milch«, erklärte mir Ted Donnelly, »deswegen können sie sich Drillinge leisten.«

Wir saßen mit ihm in der *East End Bar*, wo wir uns einen Aperitif genehmigten, um Dags erstes freies Wochenende einzuläuten.

»Der Bauer muss die Landschafe den ganzen Winter lang päppeln und hegen«, fuhr er fort. »Wenn dann der Frühling kommt, will er so viel wie möglich aus ihnen herausholen. Meistens gebären sie ihm dann zwei kräftige Lämmer. Bei den Bergschafen ist es nicht so, Marie. Oh nein! Bergschafe sind kleiner. Wenn das Mutterschaf zwei Lämmer gebären würde, wären sie vermutlich beide zu schwach. Also ist es besser, wenn sie nur ein Lamm trägt und nicht mehrere. Ein kräftiges Lamm ist besser als zwei schwache. Das ist auf jeden Fall besser.«

Ich unterdrückte ein Gähnen. Noreen stand hinter dem Tresen und fing meinen Blick auf. Sie hielt einen Becher mit löslichem Kaffee hoch und grinste verschwörerisch. Auch sie saß in einem Gespräch über Schafe fest. Ihr Mann John erzählte Dag von ihren Problemen. An diesem Morgen war ein Zwillingslamm gestorben und das Mutterschaf zeigte keinerlei Interesse an dem überlebenden Tier. Außerdem hatten sie ein Lamm gefunden, dass allein umherirrte. Es schien ein Problem mit den Augenlidern zu haben und konnte deshalb nicht sehen, wo es hinlief.

»Klingt nach Entropion«, sagte Dag.

»Das hatte eines unserer Lämmer auch letztes Jahr«, rief Ted herüber. »Woher kommt das noch mal?«

Dag trank sein Glas leer.

»Der Lidrand ist nach innen gestülpt. Es ist ein Geburtsfehler. Daher reiben die Wimpern gegen das Augenlid und das führt zur Blindheit. Man kann es leicht behandeln. Wenn man Paraffinöl in das Lid injiziert, schwillt es an und verhindert so, dass das Lid sich gegen den Augapfel stülpt. Ist genau wie plastische Chirurgie.«

»Mein Hof ist gleich in der Nähe«, sagte John. »Wenn Sie das nächste Mal, wenn Sie Bereitschaft haben, dran denken könnten …?«

»Ich hab ein bisschen flüssiges Paraffin im Auto«, unterbrach ihn Dag. »Am besten gehen wir gleich. Willst du mitkommen, Maria?«

Ich zögerte, versuchte abzuwägen, was schlimmer war: mitfah-

Schafbock bei Bolus Head.

ren und mir ein Schaf anschauen oder hier im Pub bleiben und über sie reden.

Noreen ermunterte mich: »Geh doch mit. Die Lämmchen sind niedlich.«

Wir fuhren über die Carhan-Brücke und parkten am Straßenrand in der Nähe einiger Ställe. Von hier fiel der acht Hektar große Hof von John und Noreen sanft bis zum Ufer der Fertha-Mündung ab. Die langen Schatten des Abends fielen über die satten grünen Felder, wo Mutterschafe friedlich grasten und ihre Lämmer säugten, die mit den kleinen Köpfchen an die Zitzen stießen und heftig mit den fellbedeckten Schwänzchen wedelten. Eine Familie stand nicht bei den anderen. Die Mutter beobachtete erregt und ruhelos ein Lamm, das völlig unkoordiniert umherstolperte und dabei seinen Kopf zum Himmel streckte.

»Die Mutter ist nur ein Jahr alt, sie war zu jung, um ein Lamm zu bekommen, aber der Bock ist ausgerissen und hat sie erwischt«, erklärte John. »Sie ist trotzdem eine gute Mutter, sie hat ihr Kind immer im Blick.«

Mit dem gebogenen Ende seines Hirtenstabs aus Aluminium fing er das Lamm ein. Während Dag das schwarzgesichtige Wesen in den Armen hielt und vorsichtig seine Augen untersuchte, blieb das Mutterschaf aufgeregt blökend in unserer Nähe.

»Es ist fast völlig blind«, sagte Dag. »Aber hier handelt es sich nicht um Entropion, sondern um Mikrophthalmie. Seine Augen sind unterentwickelt. Daran können wir nichts ändern, fürchte ich. Ansonsten scheint es aber gesund zu sein. Findet es leicht die Zitzen seiner Mutter?«

»Findet es«, sagte John. »Und es ist ganz verrückt danach.«

Dag nickte.

»Lass sie das Lamm ruhig aufziehen. Vielleicht bleibt es bis zum Markttag im September am Leben.«

Als wir die Weide hinaufliefen, sah ich mich immer wieder nach dem Schaf und seinem blinden Sprössling um. Sie waren nun wieder vereint und die Mutter lief hinter ihm her und beschnupperte sein Fell. Als ich das letzte Mal hinsah, hatte sie sich im Schutz der Felsen hingelegt und kaute friedlich wieder, das Lämmchen an ihre Brust gekuschelt.

Einem anderen Lamm ging es weit weniger gut, es lag mutterseelenallein in einer Ecke des Stalls und gab ein trauriges Bild ab, winzig, schwach und zitternd, ein eng zusammengerolltes Stück Fell, über und über mit Schmutz bedeckt.

»Das hier ist heute Morgen geboren worden«, sagte John. »Sein Zwilling ist gestorben und seine Mutter bleibt nicht lange genug still stehen, damit es trinken kann.«

»Hat es die Biestmilch bekommen?«, fragte Dag.

John nickte.

»Ja, hat es schon.«

»*Biestmilch?*«, fragte ich ungläubig.

»Kolostrum«, sagte Dag, aber das sagte mir auch nichts. Erst später im Pub erfuhr ich, dass sie von einem Sekret gesprochen hatten, das in der Brustdrüse des Mutterschafs gebildet wird und mit der ersten Milch austritt. Es ist reich an Antikörpern und sein früher und ausreichender Genuss ist einer der wichtigsten Faktoren für das Überleben des Lamms.

»Ich würde sagen, es hat genug Biestmilch erhalten«, fuhr John fort. »Aber seitdem ist es nicht mehr gesäugt worden, weil sie ihn nicht an sich heranlässt. Ich glaube, sie hat Schmerzen in den Zitzen.«

Das Mutterschaf stand im angrenzenden Stall. John hielt sie an den Hörnern fest, während Dag sich hinkniete und ihre Zitzen untersuchte. Er drückte ein wenig Milch in seine Hand, roch daran und probierte.

»Die Milch ist in Ordnung«, sagte er. »Wir bringen sie hinüber zum Lamm und schauen mal, was dann passiert.«

»Sie wird nach ihm ausschlagen«, warnte John.

Sie zogen das Schaf an den Hörnern in den Stall, in dem ihr Lamm lag. Dag hob das winzige Wesen auf, hielt es dicht an die Zitzen seiner Mutter und stupste es mit der Nase daran. Das Mutterschaf stand still, drehte dann den Kopf und beschnupperte das Lamm.

»Den Gefallen hätte sie mir nicht getan«, sagte John. »Sie sind ein besserer Hirte als ich.«

»Wenn Sie die beiden zusammen in einen Stall stellen, wird sie es nach einiger Zeit annehmen, aber jetzt ist es noch zu schwach, um zu saugen«, sagte Dag.

Er spuckte auf ein Thermometer und schob es in das Hinterteil des Lammes. Als er es wieder herauszog und die Temperatur ablas, schüttelte er bestürzt den Kopf.

»36,7. Es ist unterkühlt, John. Es sollte mindestens 38,9 haben. Seine Blutzuckerwerte sind wahrscheinlich auch zu niedrig. Es braucht Energie und dann müssen wir es schnell aufwärmen.«

In der *East End Bar* standen die Männer mittlerweile in zwei Reihen an der Theke und Noreen zapfte hektisch Pints mit Stout.

»Wir haben ein Geschenk für dich, Noreen«, verkündete ich, und Dag tauchte mit dem Lamm im Arm hinter mir auf.

»Oh, Jesus Christus, nein!« Sie klappte einen Teil der Theke hoch, um uns durchzulassen. »Kommt, am besten bringt ihr es in die Küche.«

Als Dag das Lamm an den Männern vorbeitrug, konnten sie sich ihre Kommentare nicht verkneifen.

»Da hast du aber einen schönen Krüppel, mein Junge.«

»Da musst du wohl ein paar Wunder vollbringen, damit das wieder aufsteht.«

»Wenn das meins wäre, würde ich es in den Himmel schicken.«

John und Noreen ließen ihre Kundschaft im Stich und schauten Dag in der Küche zu, wie er Glukosepulver in kochendes Wasser rührte. Er zog eine riesige Spritze mit 50 Millilitern dieser Mischung auf, kühlte sie unter fließend kaltem Wasser ab und bat John dann, das Lamm an den Vorderbeinen hochzuhalten.

»Das hier geht direkt in seinen Körper«, sagte er und stach mit der dicken Nadel in seinen Bauch. Das Lamm leistete keinerlei

Widerstand, aber als Dag langsam den Kolben der Spritze nach unten drückte, biss sich Noreen auf die Hand und wandte ihren Blick ab.

»Jetzt braucht es ein Bett und irgendeine Wärmequelle. Haben Sie einen Föhn oder so was Ähnliches, Noreen?«

Es dauerte nicht lange, da hatte man das Lamm in einem Pappkarton auf Zeitungen gebettet und einen Heizlüfter auf einen Stuhl gestellt, damit die Wärme von oben auf das Tier traf. Noreen brachte für jeden von uns ein Pint Stout, wir scharten uns um den Karton, schauten auf den Patienten hinunter und tranken. Als wir unsere Gläser geleert hatten, war seine Temperatur bereits um ein Grad gestiegen und er sah schon ein wenig munterer aus.

»Der glaubt, er ist beim Frisör«, lachte Noreen und tätschelte das dünne Fellbüschel zwischen seinen Ohren.

»Seine Chancen stehen immer noch recht schlecht«, warnte Dag. »Ich lasse Ihnen ein Thermometer hier, denn Sie müssen alle zehn Minuten seine Temperatur messen. Wenn sie wieder auf 38,9 gestiegen ist, stellen Sie das Lamm zu seiner Mutter in den Pferch.«

Ich öffnete die Tür zum Schankraum und sah mich augenblicklich mit einem Dutzend Paar Ellbogen konfrontiert, die sich auf den Tresen stützten, und die dazugehörigen, roten Gesichter starrten mich ungehalten an.

»Bestell Noreen, dass wir verdursten«, grölte einer der Männer. »Und wenn sie nicht bald rauskommt, dann hat sie bald mehr als nur ein Lamm, um das sie sich kümmern muss.«

Schon bald wurden wieder Pints gezapft und man unterhielt sich über das Thema Lämmer.

»Würden Sie heute Abend nicht gern ein Haustier mitnehmen, Marie?«, fragte John. »So zum Kuscheln vor dem Kamin.«

»Hör'n Sie nicht auf ihn«, warnte mich ein Bauer. »Lämmer als Haustiere benehmen sich wie kleine verzogene Kinder. Sie sind immer lästig, sogar wenn sie ausgewachsen sind. Sie haben weder Angst vor Menschen noch vor Tieren, also können Sie sie nicht in der Herde halten. Außerdem rühren sie kein Heidekraut an, sondern fressen nur weiches Gras, also kriegen sie nie Muskeln. Und als Braten sind sie auch kein Genuss, überhaupt nicht.«

Als wir den Pub verließen, war die Temperatur des Lamms auf 37,8 Grad gestiegen.

»Passt ja gut darauf auf«, mahnte Dag Noreen, »damit ihm nicht zu warm wird.«

Nach dem Essen saßen wir vor dem Kamin, tranken Wein und lasen. Ich war in einen Roman von William Trevor vertieft und Dag studierte einen Artikel mit dem viel versprechenden Titel »Die Wirksamkeit von Moxidectin, Ivermectin und Albendazole als orale Drench-Suspension zur Unterdrückung von vermehrt vorkommenden Wurmeiern bei Mutterschafen im peripartalen Zeitraum und die Reduzierung des Einsatzes von Anthelminthika bei Lämmern«, als wir das Brummen eines Motors in unserer Einfahrt hörten.

»Ich wette, das ist ein Patient«, seufzte Dag.

»Du hast keinen Dienst.«

»Ich hatte auch nicht vorgehabt zu arbeiten, als wir im Pub waren«, sagte er trocken und stand auf.

In unserer Einfahrt öffnete Joe Golden mit verbissener Miene seinen Kofferraum und präsentierte ein Mutterschaf der Suffolk-Rasse.

»Sie liegt seit fünf Stunden in den Wehen.«

»Haben Sie sie innen abgetastet?«

»Hab ich versucht, aber ich konnte nichts fühlen.«

Die kurze Untersuchung ergab, dass sich der Muttermund nicht geöffnet hatte und dass ein Notkaiserschnitt erforderlich war. Die Männer zogen das Schaf zum hölzernen Picknicktisch vor unserem Cottage und schalteten das Außenlicht an.

»Ich hoffe, die Touristen, die diese Hütte für den Sommer mieten, erfahren das niemals«, sagte ich zu Joe, als sich das Blut des Tieres über den Tisch ergoss.

»Ach was, Touristen«, sagte Joe verächtlich. »Was die nicht wissen, macht sie nicht heiß.«

Das Lamm kam lebendig auf die Welt. Dag bettete es auf einen Haufen geschorener Wolle und verabreichte ihm ein paar Tropfen Dopram auf die Zunge, um das Atemzentrum im Gehirn zu stimulieren. Ich hielt die Gebärmutter fest, damit Dag sie nähen konnte. Das erwies sich als schwierige Aufgabe, denn zusätzlich zu den zwei Schnitten, die es zu schließen galt, waren die Membranen nach so langer Wehentätigkeit hauchdünn und neigten zum Reißen.

»Das Lamm kommt durch, aber es besteht die Möglichkeit, dass die Mutter es nicht schafft«, informierte Dag Joe, während er das Schaf versorgte.

»Klar, das weiß ich«, sagte er resigniert. »Und ich werde die Schuld daran haben, weil ich sie viel schneller zu Ihnen hätte bringen müssen.«

Als ich am nächsten Morgen das Frühstück zubereitete, sah ich aus dem Fenster, wie ein Nachbarshund auf dem Picknicktisch herumschnüffelte und sich an den Überbleibseln der nächtlichen Operation gütlich tat.

»Ich frage mich, ob die Mutter noch lebt«, sagte ich und sprach damit meine Gedanken laut aus.

»Wahrscheinlich nicht«, sagte Dag.

»Was passiert mit dem Lamm, wenn sie stirbt?«

»Joe wird versuchen, unter den Schafen eine Adoptivmutter zu finden. Und wenn das nicht gelingt, dann wird er es mit der Flasche aufziehen.«

»Wie ein Baby? Wie süß.«

»Lämmer, die so aufwachsen, werden zu Haustieren. Sehr putzig. Sie nehmen denjenigen, der sie füttert, als Mutter an und folgen ihm überall hin.«

Als ich die Teekanne auf den Tisch stellte, sah er mich fragend an.

»Hey, warum nehmen wir kein Lamm als Haustier?«

»Wozu?«

»Wär doch lustig. Es wird schon bald genug Waisen geben, die ein Zuhause suchen, und die Bauern wollen sich oft nicht die Mühe machen, sie großzuziehen. Vielleicht hat Joe Golden ja schon eins für uns. Im Garten gibt es einen kleinen Pferch, da können wir es unterbringen.«

Ich dachte eine Weile über den Vorschlag nach, dann schüttelte ich den Kopf.

»Nein, ich will kein Lamm. Was soll ich denn damit anfangen?«

»Es könnte dir Gesellschaft leisten.«

»Hört sich nach viel Arbeit an. Außerdem würde es mir zu sehr ans Herz wachsen und dann müssten wir uns davon trennen und am Ende würde es bei jemandem im Gefrierschrank landen.«

»Ich ruf Joe an«, sagte Dag. »Nur mal hören, wie's der Mutter geht.«

Joe Goldens Mutterschaf hatte überlebt, ihr Lamm wuchs und gedieh. Aber die Nachrichten aus der *East End Bar* waren nicht so erfreulich.

»Wie macht sich der kleine Kerl?«, erkundigte sich Dag, als wir mittags vorbeifuhren.

»Er ist tot«, sagte John unverblümt.

Dag machte ein langes Gesicht.

»Wir hatten hier so viel zu tun, dass wir ihn darüber ganz vergessen haben«, gab Noreen zu, »und seine Temperatur stieg auf 40,6.«

»Jesus, Sie haben den kleinen Kerl ja praktisch gegrillt«, sagte Dag.

»Aber es ging ihm noch gut«, beharrte sie. »Als wir den Pub geschlossen hatten, haben wir ihn zu seiner Mutter gebracht und er war schon bald obenauf, trank munter drauflos. Als John heute Morgen nach ihm sehen wollte, war er zerquetscht.«

»*Zerquetscht?*«, riefen wir im Chor.

»Die Mutter hat wahrscheinlich vergessen, dass er da war, und als sie sich im Schlaf herüberwälzte, hat sie sich wohl auf ihn gelegt.«

Ich saß schweigend da, Schuldgefühle plagten mich, denn ich hatte das Lamm nicht an mich genommen, als John mich darum gebeten hatte. Aber Dag zuckte nur resigniert mit den Schultern.

»Und wir haben uns solche Mühe gegeben. Na ja, man kann eben nicht alle retten.«

Acht

Die Regierung verlangte, dass jede Rinderherde in Irland, egal wie klein, jährlich auf Tuberkulose getestet werden musste. Es war eine langweilige Routinearbeit und diesen Teil seiner Aufgaben mochte Dag am wenigsten. Er musste jeder Kuh eines Hofes Tuberkulin injizieren und zwei Tage später wiederkommen, um die Reaktion zu prüfen. Eine kleine Schwellung indizierte einen erneuten Test, eine signifikante Schwellung bedeutete, das Tier litt unter Tuberkulose und musste entsprechend den Vorschriften geschlachtet werden.

»Manchmal kann es einem das Herz brechen«, erzählte er mir beim Frühstück. »Ich muss die Kühe vom alten Paudie Falvey heute früh als Erstes untersuchen. Er hat nur ein paar und er kennt sie alle mit Namen, also hoffe ich inständig, dass keine von ihnen positiv ist.«

Er sollte den ganzen Vormittag auf verschiedenen Höfen Testreihen durchführen und hatte mich gebeten mitzukommen, um ihm zu helfen. Er versicherte mir, ich müsse nur die von ihm ausgerufene Etikettennummer jeder Kuh und die Größe der Schwellung an ihrem Hals nach der Tuberkulininjektion in ein Protokollbuch eintragen. Es klang einfach, daher war ich überrascht, als er vorschlug, wir sollten unterwegs in Cahersiveen anhalten und Schutzkleidung für mich kaufen.

»Was für Kleidung?«, fragte ich.

»So Klamotten, wie ich sie anhab. Man kann sich auf Bauernhöfen ziemlich schmutzig machen und wer weiß, welche anderen Fälle während des Tages noch dazwischenkommen.«

Ich rührte eine Minute lang in meinem Tee herum, dachte an Dags Gummiüberhose und Jacke und daran, wie er sie mit einer harten Bürste und einem Eimer Wasser nach schmutzigen Untersuchungen und blutigen Operationen sauber schrubbte. Wenn ich mich so anzog wie er, würde ich vermutlich doch tiefer in diese Tierarztsache hineingezogen werden, als ich wollte.

»Ich möchte keine Schutzkleidung«, sagte ich bestimmt. »Meine Wachsjacke reicht völlig aus.«

Er warf mir über den Rand seiner Teetasse hinweg einen amüsierten Blick zu.

»Wie du willst«, sagte er.

Im Auto warf ich einen Blick auf die Liste der Hausbesuche, die Dag an diesem Morgen zu erledigen hatte.

»Paudie Falvey, Fasagh.

John Joe O'Conner, Eanach.

Bridie Flathery, Letterbrick.

Pat Golden, Gurteen.«

Die kleinen Höfe, die sich über die Halbinsel verteilten, wurden anhand des Namens ihrer Besitzer und anhand der Ortschaft, in der sie lagen, identifiziert. Wurde dieser Information noch der Zusatz »County Kerry, Irland« hinzugefügt, wurde daraus eine international anerkannte Postadresse. Irland hat vier alte gälische Provinzen mit den Namen Ulster, Munster, Connaught und Leinster. Diese sind unterteilt in 32 Länder, die sich in Baronien und Gemeinden gliedern und diese wiederum bestehen schließlich aus insgesamt 60 000 Ortschaften, der kleinsten offiziellen Bodenflächeneinheit. Jede Ortschaft erstreckt sich über ein Gebiet zwischen 20 und 200 Hektar und schließt mehrere Höfe ein, deren ursprüngliche Besitzer miteinander verwandt waren. Die irischen Namen dieser Ortschaften reichen mehrere Jahrhunderte zurück und geben üblicherweise ein Merkmal der umgebenden Landschaft, der Flora und Fauna oder einer von Menschenhand geschaffenen Veränderung der natürlichen Landschaft wieder. *Let-*

terbrick heißt übersetzt so viel wie »Hügel der Dachse«, *Eanach* heißt »Ort des Wassers«, *Gurteen* bedeutet so viel wie »kleines, bestelltes Land« und *Fasagh,* das Ziel unserer ersten Fahrt, bedeutete »wilder, unkultivierter Platz«.

Alle Ortschaften waren auf unserer amtlichen topografischen Karte im Maßstab 1:50 000 verzeichnet und relativ leicht zu finden. Als sehr viel schwieriger hingegen stellte es sich heraus, die einzelnen Höfe darin aufzuspüren.

»Paudies Hof werden Sie leicht finden«, sagte Frank O'Leary, als wir unterwegs kurz an der Praxis anhielten. »Wenn Sie von der Hauptstraße abbiegen, folgen Sie dem Weg durch das Moor, bis Sie an eine Kreuzung kommen. Dort biegen Sie rechts ab, fahren weiter auf den Feldweg, der zum Meer führt, und biegen am nächsten Feldweg links ein. Das Haus liegt etwas erhöht hinter ein paar Bäumen. Sie können es nicht verfehlen.«

Wir fuhren kilometerweit, sahen einsame Weiden mit Felsbrocken, auf denen Schafe standen und friedlich wiederkäuten, Moore mit langen braunen Furchen, den Narben der mechanischen Torfstechgeräte. Weit und breit sahen wir kein einziges Haus.

»Ich glaube, wir haben uns verfahren«, sagte ich.

»Frank O'Leary hat gesagt«, klärte Dag mich auf, »dass man, wenn man denkt, man hätte sich verirrt, weiterfahren solle, weil man dann genau den richtigen Weg finden würde.«

In Irland funktionierte diese Logik offenbar, denn prompt tauchten vor uns die Bäume auf. Wir fuhren auf einem Feldweg zum Hof, der derart mit Schlaglöchern übersät war, dass wir sie nicht vermeiden konnten, und jedes Mal, wenn der Boden unseres Wagens aufsetzte, zuckten wir zusammen. Ein schwarzweißer Schäferhund schoss hinter einer Mauer hervor, lief mit wütendem Gebell neben uns her und schnappte nach unseren Reifen. Wir parkten auf einem matschigen Hof zwischen dem zweigeschossigen Haus, aus dessen Schornstein Rauchkringel aufstiegen, und einigen lang gezogenen Stallgebäuden mit rostigen Blechdächern. Als wir aus dem Auto stiegen, stoben sechs oder sieben aus-

Dags tägliche Aussicht auf dem Weg zur Arbeit
auf den Höfen entlang des Ring of Kerry.

gemergelte Katzen ängstlich auseinander, doch der Schäferhund rannte freudig auf uns zu, sprang an mir hoch und versah meine Jeanshosen mit schmutzigen Pfotenabdrücken.

»Ab ins Körbchen!«, rief eine Stimme vom Haus herüber.

»Ab ins KÖRBCHEN!«

Der Hund ließ von mir ab und trollte sich, wobei er dem kleinen Mann, der über den Hof humpelte, verstohlene Blicke zuwarf. Paudie Falvey musterte mich durch seine verschmierten, grauen Brillengläser.

»Herrje, der Hund hat Sie total besudelt. Aber wir haben hier nicht so oft Damenbesuch und von Ihren leuchtenden Farben ist er ganz aufgeregt.«

Aus seinem dünnen Pullover ragte ein speckiger Hemdkragen und seine Wollhosen wurden von breiten Hosenträgern gehalten.

»Nun, Sir.« Er wandte sich an Dag. »Sie sind noch einmal wegen der Tests hier. Ich hab die Kühe schon allesamt auf Ihren Besuch vorbereitet.«

Der Stall war ungefähr neun Meter lang und drei Meter breit, hatte einen niedrigen Eingang und ein Flügelfenster. Seine Wände bestanden aus Bruchsteinen, die ohne Zement sorgfältig aufeinander geschichtet worden waren. Mauerpfeffer und Nabelkraut wuchsen in den Ritzen. Paudie drückte die Tür auf, betätigte den Lichtschalter und eine einzelne, von einem Dachsparren hängende Glühbirne leuchtete auf. Das Gebäude bestand aus einem Raum. Fünf Kühe und ein Kalb standen angebunden an der gegenüberliegenden Mauer. Der Boden war kürzlich gefegt worden und das schmutzige Stroh lag ordentlich auf einem Haufen in der alten Kaminecke am anderen Ende des Raums. Paudie erzählte uns, er nutze diesen Stall nur noch, um dort im Winter seine Tiere unterzustellen, aber als er ein junger Mann gewesen sei, wäre dies Gebäude sein Elternhaus gewesen.

»Von uns Kindern gab es sieben, die haben alle hier herumgetobt und meine Mutter hat Kartoffeln über dem offenen Feuer gekocht. 1929 hat mein Vater das neue Haus gebaut und seitdem wohne ich darin. Ich hab das Haus meiner Vorfahren nicht verlassen, könnte man sagen. Ich hab mich nach einer Frau umgeschaut, aber die meisten Mädels sind in die Stadt gezogen und diejenigen, die geblieben sind, hatten kein Interesse an der Landwirtschaft. Also bin ich hier allein.«

Dag stand neben einer hochträchtigen braunweißen Kuh. Sie warf ihren Kopf verärgert hin und her, sodass es schwierig für ihn war, ihre Marke zu lesen.

»Die Agnes hier, die ist schon Oma«, sagte Paudie. »Und das hier neben ihr ist ihre Tochter Mona und deren frisch geborener Sohn Fintan. Kitty, Roisin und Mary sind Halbcousinen von Mona.«

»Okay, Agnes.« Dag packte sie an den Nasenlöchern und drehte ihren Kopf zur Seite, um sie festzuhalten. »Dann müssen wir es eben so machen.«

Ich stand mit gezücktem Stift und dem aufgeschlagenen Buch dicht neben ihm.

»Achten Sie auf das Kuhflupp, Missis«, warnte Paudie. »Diese Kühe machen ihr Kuhflupp immer genau dann, wenn der Tierarzt kommt. Liegt wohl an seinem Geruch.«

»HUV, 875, 032«, las Dag von der Marke der Kuh ab.

Ich fuhr mit dem Bleistift auf der Seite nach unten und suchte nach der Nummer, als ich plötzlich aus den Augenwinkeln sah, dass Kitty ihren Schwanz hob. Ein brauner Strom ergoss sich auf den Boden. Ich machte ein paar Schritte rückwärts und verschlug prompt die richtige Stelle im Buch.

»Neun oben, acht unten«, las Dag von dem Tastzirkel ab, den er benutzte, um ihre Haut zu messen. »Okay, Maria?«

Der braune Brei klatschte mit einer solchen Wucht auf den Boden, dass Teile davon auf meine Stiefel, Jeans, Jacke und das Testbuch spritzten.

»Ach herrje, das Kuhflupp hat Sie erwischt!«, rief Paudie bestürzt. »Passen Sie auf, Missis, da kommt noch mehr.«

Dag hatte sich bereits Mona zugewandt.

»HAN, 67401, 3. Zwölf oben, neun unten. Hast du das, Maria?«

»Nein, nicht ganz«, sagte ich dumpf. »Wie war die erste noch mal?«

Nach vier Tests war ich großzügig mit Dung bespritzt und Roisins Ergebnis war zweideutig. Dag überbrachte Paudie die Nachricht, während wir alle in dem Bach neben dem Schuppen unsere Stiefel abwuschen.

»Ich fürchte, Sie müssen sie vom Rest der Herde trennen, bis sie noch mal getestet wurde, Paudie.«

»Sicher, so ist es nun mal, ich geb Ihnen nicht die Schuld, Sie machen nur Ihren Job.«

Paudie schaute von seinen Stiefeln auf, deren Sohlen er über die Kiesel im Bachbett schabte, und warf mir einen mitleidigen Blick zu. »Isses nich komisch, dass die Kühe immer die Leute aus der Stadt erwischen, sobald welche da sind?«

»Ärgere dich nicht über den Kuhmist, der trocknet schnell«, sagte Dag, als wir auf dem Weg zu John Joe O'Conners Hof waren. »Aber du musst dich konzentrieren, wenn ich die Tests ablese, manchmal haben wir mindestens 50 Kühe auf einmal und es kann ziemlich hoch hergehen.«

Bald standen wir wieder in einem alten Stallgebäude. Es war düster, stickig und dicke Spinnweben hingen von den Dachsparren. Am hinteren Ende scharrten Hühner am Boden und in einem Holzpferch lagen Schafe, die Beine unter sich vergraben. Als die Testauswertung beendet war, bat John Joe wegen einer schwer lahmenden Kuh um Rat.

»Sie hat höchstwahrscheinlich einen Abszess am Huf«, sagte Dag. »Wir müssen ihn hochziehen, damit wir nachschauen können. Haben Sie einen Notstand, John Joe?«

Während der letzten zehn Jahre hatten die meisten irischen Landwirte aus Zaun- und Sprossenelementen enge Treibgänge neben ihren Stallungen errichtet. Die allgemeine Verbreitung von Notständen entpuppte sich als Segen für Tierärzte, weil die Tiere nun während der Untersuchung und Behandlung viel leichter und effektiver demobilisiert werden konnten. Leider hatte John Joe sich noch nicht dazu aufraffen können, einen zu errichten.

»Mein Nachbar hat einen angebaut und es hat ihn mehrere hundert Pfund gekostet«, sagte er verdrießlich. »Für das Geld schaff ich es auch ohne.«

»Haben Sie einen Strick?«, erkundigte sich Dag.

»Den kann ich Ihnen schon besorgen, klar.«

Dag schlang das eine Ende des Stricks zu einer Schlaufe und legte sie um die lahme Fessel der Kuh. Er warf das andere Ende über einen Dachsparren, wand den Strick noch einmal um ihren Fuß und gab ihn John Joe in die Hand. Es war das Beste, was er unter diesen Umständen tun konnte, aber für diese Kuh reichte es nicht. Sobald Dag ihren schmerzenden Huf anfasste, versuchte sie, damit auszuschlagen. Auf ihren restlichen drei Beinen tobte sie durch die Box.

»Kannst du an das andere Ende der Box gehen und sie an der Nase festhalten, Maria?«, fragte Dag.

»Ich?«, meine Augen weiteten sich ungläubig.

»Ja, oder soll ich vielleicht das Schaf da drüben darum bitten?«

»Ich stecke meine Finger nicht in ihre Nase!«, protestierte ich.

»Musst du auch nicht. Hinten im Auto liegt eine Nasenzange.«

Die Zange bestand aus gerundetem Stahl und hatte die Form einer Sanduhr. Dag schob sie in die Nasenlöcher der Kuh, klemmte sie zusammen und zeigte mir, wie ich die Griffe halten musste.

»Halte ihren Kopf hoch und lass sie nicht los.«

Als Dag ihren Huf mit einer harten Bürste schrubbte, war sie relativ ruhig, und als er ein Stück Ballenpressschnur zwischen ihrer Klaue wie Zahnseide hin und her rieb, zuckte sie nur einmal mit dem Kopf. Er roch an der Schnur, um Klauenfäule auszuschließen, und schälte dann den Huf aus, um den vermuteten Abszess freizulegen. Die Kuh fand das Schälmesser nicht besonders witzig. Sie stöhnte, sabberte, verdrehte ihren Kopf und ließ ihre Hufe fliegen. Jedes Mal, wenn sie austrat, wich Dag aus.

»Ich glaube, ich habe etwas gefunden«, rief er. »Halt sie so fest du kannst, Maria!«

Ich drückte die Zange fest zusammen, stemmte meine Füße gegen den unteren Teil der Holzbox und lehnte mich nach hinten.

»Tschuldigung, altes Mädchen«, murmelte ich, aber die Entschuldigung reichte ihr nicht. Sie starrte mich mit wildem Blick an, zeigte mir das Weiße ihrer Augen. Sie schnaubte und stieß dabei große Schleimblasen aus, die auf meinen Händen und Ärmeln zerbarsten. Wir fochten einen harten Kampf aus. Immer weiter zog sie meine Arme über die Boxenwand und näherte sich mit jedem Zentimeter dem Sieg.

»Dauert nicht mehr lang, Maria«, ermunterte Dag mich.

Meine Arme taten weh, meine Hände waren nass, klebrig und fingen an, sich zu verkrampfen. Ich wollte gerade aufgeben, da hatte Dag den Abszess endlich freigelegt.

»Hab ihn! Okay, du kannst sie loslassen.«

Mit beiderseitiger Erleichterung ließen die Kuh und ich voneinander ab. Als ich Dag sagen hörte: »Jetzt wirst du dich gleich besser fühlen, mein Mädchen«, war mir nicht ganz klar, wen von uns beiden er damit meinte.

Die Untersuchungen, die Dag an diesem Nachmittag noch vornahm, gehörten zu den Routineaufgaben – weitere Tests, eine Kuh mit Milchfieber, einige Kälber mit Husten. Ungefähr um 17 Uhr hielten wir einige Kilometer südlich von Cahersiveen an der Hauptstraße vor einer kleinen Tankstelle mit Tante-Emma-Laden. Der Abend brach an, die Felder und Steinmauern lagen im Schatten und die Berge zeichneten sich als dunkle Silhouetten gegen den Himmel ab. Im Laden erstrahlte ein derart helles Neonlicht, das wir unsere Augen zukneifen mussten.

»Haben wir nicht einen wunderbaren Abend?«, begrüßte uns die Frau hinter dem Tresen. »Ein absolut herrliches Wetter.«

Dag stellte sich als der neue Tierarzt vor und fragte, ob er die Praxis anrufen dürfe.

»Nur zu. Wählen Sie ruhig«, sagte sie und zeigte dabei auf ein weißes Telefon neben der Auslage mit den Schokoriegeln.

Während Dag mit Ann sprach, schlenderte ich durch den kleinen Laden und füllte einen Einkaufskorb mit Milch, Brot, Keksen und einer Zeitung.

»Bernhard O'Shea, Aghort? Ja, ich weiß, wo das ist«, hörte ich Dag sagen. »Ich komme so schnell wie möglich. Können Sie ihn zurückrufen und ihn bitten, ein paar starke Männer aufzutreiben? Und ich brauche viel heißes Wasser, Stricke, ein paar saubere Handtücher und eine leere Whiskeyflasche.«

Ich war nicht die einzige Ohrenzeugin.

»Was für ein Problem hat Bernhard O'Shea denn?«, erkundigte sich die Ladenbesitzerin, als Dag den Hörer wieder aufgelegt hatte.

»Eine seiner Kühe hat einen Gebärmuttervorfall.«

»Gott erlöse und schütze uns alle. Sagen Sie Bernhard, sie wären bei Eileen im Laden gewesen und dass ich für seine Kuh bete.«

Als wir weiterfuhren, fragte ich Dag, wozu er bei der Behandlung starke Männer brauche.

»Die Kuh muss liegen, damit ich ihre Gebärmutter wieder hineinschieben kann. Wenn sie steht, müssen wir sie erst in die Knie zwingen und in die richtige Position manövrieren.«

»Und wozu die Whiskeyflasche?«

Ein Traktor hielt uns auf – Dag reckte seinen Hals, um die Scheinwerfer der entgegenkommenden Fahrzeuge zu erkennen.

»Lass dich überraschen«, sagte er und setzte unter starker Beschleunigung zum Überholen an. »Ich bin froh, dass du dabei bist, weil ich wahrscheinlich deine Hilfe brauche.«

Das hörte sich gar nicht gut an. Die restliche Fahrt über war ich sehr schweigsam und zupfte gedankenverloren an den getrockneten Dungflecken auf meiner Jacke. O'Sheas Bauernhof lag ungefähr anderthalb Kilometer vom anderen Ende der Stadt entfernt. Im Schatten eines großen Wellblechschuppens stand ein Auto. Als wir vorfuhren, tauchten drei Männer in Overalls und Gummistiefeln vor uns auf und fuchtelten mit ihren Taschenlampen herum.

»Das ging aber schnell«, sagte einer von ihnen. »Wir haben alles hier, was Sie verlangt haben, und noch einiges mehr.«

Im Schuppen gab es Eimer, Handtücher, Laken, Stricke und mehrere Milchkannen voll Wasser. An der gegenüberliegenden Wand lag auf dem zwischen den Boxenreihen verlaufenden Betongang eine Kuh auf der Seite, daneben ihr neugeborenes Kälbchen. Das Hinterteil der Kuh bot einen fürchterlichen Anblick. Die Gebärmutter, ein fleischiger mit rosa, lila und weißen Membranfetzen der Nachgeburt überzogener Sack, hing bis zum Boden herunter und lag in einer Blutlache.

»Ich hab das Kalb selber rausgezogen«, sagte Bernhard besorgt. »Es kam ganz leicht heraus, aber als ich das nächste Mal hinsah, war die Bescherung passiert.«

Im Schuppen gab es keinen Strom und das Licht der Taschenlampen reichte für Dags Untersuchung nicht aus. Bernhards Cousin Dermot schob die hohen Flügeltüren auf und Brendan, ein

Nachbar, fuhr sein Auto mit eingeschalteten Scheinwerfern direkt in den Stall.

»Gott sei Dank liegt sie schon am Boden und wir müssen sie nicht mehr in die Knie zwingen«, sagte Dag, als er sich seinen Geburtsmantel überzog. »Aber sie hat einen Schock, also müssen wir uns beeilen.«

Er eilte durch den Schuppen und legte sich alles zurecht. Die Kuh wurde mit Halfter und Strick an einem in die Mauer eingelassenen Ring festgebunden. Weitere Stricke wurden um ihre hinteren Fesseln gebunden. Während Dag und Brendan die Kuh auf den Bauch rollten, zogen die anderen Männer an den Stricken und banden sie an den Metallstäben der Boxen fest, sodass sie wie ein Frosch mit gestreckten Hinterbeinen dalag.

»Wir sind fast so weit«, sagte Dag zu einem der Männer und verabreichte der Kuh eine Epiduralinjektion in die Schwanzwurzel. »Wenn sie versucht aufzustehen, ziehen Sie fest an den Stricken.«

Ich lehnte mich gegen eine Box und ließ die dramatische und erwartungsvolle Atmosphäre auf mich wirken. Die Körper der Männer warfen lange Schatten auf den glatten Betonboden. Dampf stieg von den Eimern mit heißem Wasser hoch und zog durch die breiten Lichtkegel der Autoscheinwerfer in die Dunkelheit der Dachsparren. Im aufgefrischten Wind knallte eine Metalltür immer wieder gegen die Wand.

Während er sich Hände und Arme schrubbte, warf Dag mir über die Schulter einen Blick zu.

»Maria, ich möchte, dass du dich auf die Kuh setzt.«

Zum zweiten Mal an diesem Tag starrte ich ihn entgeistert an.

»Auf ihr sitzen«, wiederholte ich einfältig.

»Ja, bitte, wenn es dir nichts ausmacht. Alle anderen müssen die Seile festhalten. Setz dich breitbeinig drauf, mit Blick auf ihr Hinterteil, und pack sie dann am Schwanz.«

Ich zögerte und alle Augen richteten sich auf mich. Dermot trat einen Schritt nach vorn und legte ein Handtuch auf den Rücken der Kuh.

»Da, dann machen Sie sich nicht schmutzig«, sagte er freundlich.

Zögernd schwang ich ein Bein über die Kuh und setzte mich, die Hände an beiden Seiten abgestützt, um das Gleichgewicht zu halten, vorsichtig auf ihre Wirbelsäule. Das Tier seufzte einmal tief auf, dabei hob und senkte sich sein Brustkorb unter mir.

Dag ließ sich am Hinterteil der Kuh nieder und wies mich an: »Pack ihren Schwanz mit beiden Händen nah an der Wurzel und halt ihn seitlich hoch, dann kommt nicht so viel Dreck an die Gebärmutter.«

Der Schwanz war dick und fester, als ich erwartet hatte. Dung klebte an der Unterseite, aber der Rest fühlte sich vom frischen Blut und Schleim ganz glitschig an. Grimmig hielt ich ihn umklammert und sah dabei zu, wie Dag die Fetzen der Nachgeburt von der Gebärmutter entfernte. Das Organ war groß und schlaff, von einer tiefrosa Farbe und mit golfballgroßen Beulen übersät. Vorsichtig hob er es auf den zwischen seinen Knien gespannten Mantel und wusch es, während Bernhard mit Wasser aus dem Eimer nachspülte. Dann schob er die Gebärmutter mit seinen Fäusten wieder zurück in den Körper der Kuh. Dieser Vorgang zog sich aufgrund der Schlaffheit des Organs einige Zeit hin, denn kaum hatte er einen Teil hineingeschoben, glitt ein anderer wieder heraus.

»Lass den Schwanz nicht los, Maria«, erinnerte er mich.

»Ist es das erste Mal, dass Sie so etwas erleben, Marie?«, fragte Bernhard. »Für mich ist es auch das erste Mal. Gott, es ist erstaunlich, was man so alles wieder hinbiegen kann.«

Als sich die Gebärmutter endlich wieder im Körper der Kuh befand, fing diese an zu pressen, als wolle sie sich ihrer mit aller Kraft wieder entledigen. Ihr Brustkorb hob und senkte sich heftig und ich wurde hin und her geschaukelt wie auf einem galoppierenden Kamel. Um einen besseren Halt zu bekommen, streckte ich ein Bein zu Boden, aber ich glitt mit meinem Stiefel auf einem Stück Nachgeburt aus und rutschte langsam ab. Bernhard eilte mir zur

Hilfe, packte mich am Arm und zog mich wieder nach oben. Das Handtuch hatte nicht viel genutzt, denn es war unter mir verrutscht und meine Jeans waren mit einer dicken Schicht brauner Haare bedeckt.

»Nicht viele Frauen würden so was machen«, sagte Bernhard bewundernd. »Sie wären eine gute Bäuerin, weiß Gott, das wären Sie wirklich. Wenn Sie mal einen neuen Mann brauchen, denken Sie dran, hier gibt's viele davon.«

Mit den Armen tief im Inneren der Kuh versuchte Dag, die Gebärmutter wieder in die richtige Position zu schieben.

»Haben Sie die Whiskeyflasche mitgebracht?«, fragte er Brendan. »Können Sie sie mir geben?«

»Sie werden doch nicht …?«, Brendan überreichte ihm die Flasche und ich verstummte.

Dag schob den Flaschenhals in die Kuh und sagte: »Das mag vielleicht komisch aussehen, aber es funktioniert.«

»Und welche Whiskeysorte funktioniert Ihrer Meinung nach am besten?«, ulkte Brendan, »Power's oder Paddy's?«

Anstelle der Flasche schob Dag anschließend einen großen Trichter in die Kuh und schüttete einen ganzen Eimer Wasser hinein. Er hoffte, dass die Gebärmutter an ihrem Platz bleiben würde, bis sie wieder auf ihre normale Größe zusammengeschrumpft war.

»Jetzt kommt die Injektionsnadel, Maria«, warnte er. »Halt dich gut fest.«

Als sie die Nadel im Nacken fühlte, versuchte die Kuh sofort aufzustehen. Bernhard nahm ihren Kopf, Dermot und Brendan hielten die Seile fest und ich kämpfte, meine Beine gegen ihre Lenden gestemmt, unter mir das bockende Tier, mit dem Schwanz.

»Hey, Cowboy!«, rief Dag amüsiert.

»Für diesen Job müsste Ihre Frau schwerer sein«, fiel Bernhard ein. »Am besten mästen wir sie mit Stout und Kartoffeln.«

Dag wartete, bis die Kuh sich beruhigt hatte, und nähte dann ihre Vulva zu, um einen erneuten Prolaps zu verhindern. Das Nahtmaterial erinnerte an Zwirn und jedes Mal, wenn Dag die 30 Zentimeter lange Nadel in das schlaffe Fleisch stach, machte ich mich bereit für einen weiteren Ritt, doch die Epiduralanästhesie sorgte dafür, dass die Kuh nichts davon spürte. Am Ende der Naht machte er eine Schleife, die Brendan leicht wieder öffnen konnte. Schließlich konnte ich absteigen. Ich fühlte mich schrecklich, meine Beine zitterten, mein Rücken war steif und meine Hände schmerzten. Der Kuh schien es derweil wieder gut zu gehen. Innerhalb von Minuten war sie wieder auf den Beinen und leckte glücklich ihr Kälbchen ab.

»Nun, Sir, ich glaub, als Nächstes hat Ihre Frau eine Belohnung verdient«, schlug Brendan vor. »Bringen Sie sie in den Pub und bestellen Sie ihr ein oder zwei Gläser Stout. Nichts bringt einen schneller wieder auf die Beine.«

Auf unserem Weg durch Cahersiveen hielten wir bei *O'Donaghue's*, einem Pub, der außerdem als Grundstücksmaklerbüro und Kurzwarenladen fungierte. In einem der beiden Schaufenster waren Gummistiefel, Regenjacken und Socken ausgestellt. Im anderen hing ein Brett mit Zetteln, auf denen mit krakeliger Handschrift Grundstücke und Häuser zum Verkauf angeboten wurden. Dazwischen befand sich eine schmale rote Tür, die in einen spärlich erleuchteten Raum führte. Die weiß gestrichene, holzvertäfelte Zimmerdecke hatte sich vom Rauch gelblich verfärbt. Die elektrischen Reklameschilder an den beiden Zapfhähnen der kleinen Bar beleuchteten den düsteren Raum. Auf einem Regal dahinter stand eingepfercht zwischen Spirituosen und einem Spiegel mit dem quer darüber verlaufenden goldenen Schriftzug *Dunville's Whiskey* ein rot brennendes ewiges Licht, darüber ein großes, eingerahmtes Bild des Heiligen Herzen Jesu.

Am anderen Ende des Raums befand sich der Kurzwarenladen. Eine Vielzahl von Schuhkartons und in Plastik eingepackte Textilien quollen aus den vom Boden bis zur Decke reichenden Regalen. Ein niedriger Verkaufstresen mit roter Resopaloberfläche teilte den Raum in zwei Bereiche. Auf der Bank davor saß ein älterer Mann mit einem leeren Pintglas in der Hand.

»Hallo, Michael«, begrüßte ihn Dag. »Wie geht es Ihnen heute Abend?«

Dies war unsere dritte Einkehr bei *O'Donaghue's.* Michael hatte jedes Mal auf der Bank gesessen, aber er schien sich nie an uns zu erinnern.

»Ich lebe noch und habe Angst vor dem Tod«, sagte er und sog seine Wangen ein. »Genau wie Sie, wenn ich das richtig sehe.«

Es war keiner hinter dem Tresen, aber aus der rückwärtigen Küche ertönte das Klappern von Töpfen und Pfannen.

»Mary!«, rief Michael mit zittriger Stimme. »Komm raus, hier ist Kundschaft.«

Mary eilte, sich die Hände an ihrer Schürze abwischend, aus der Küche. Mit ihrer langen Nase, den pfeilschnellen Augen und dem metallisch roten Haar, das sie mit einer großen, dekorativen Haarspange aus dem Gesicht hielt, erinnerte sie an einen Vogel. Als sie mich sah, hielt sie inne und starrte mich erschrocken an.

»Was in Gottes Namen ist Ihnen denn passiert, Mädel?«

»Ich war den ganzen Tag mit Dag unterwegs und hab ihm geholfen.«

»Und wer von euch hat die Arbeit gemacht? Der Herr hier ist ganz sauber und gepflegt und Sie sind völlig ruiniert!«

»Ich hab ihr heute Morgen vorgeschlagen, Schutzkleidung zu kaufen, Mary«, erklärte Dag zu seiner Verteidigung, »aber sie wollte nicht auf mich hören.«

»Nun, ich hab alles, was Sie brauchen, und noch mehr, Mädel«, sagte Mary zu mir. »Aber wenn Sie's heute Abend noch brauchen, müssen Sie sich beeilen, weil mein Nachbar gestorben ist, und sie bald seinen Leichnam in die Kirche bringen wollen. Welche Größe haben Sie?«

Sie kam hinter dem Tresen hervor und musterte mich von oben bis unten.

»Der Himmel hab Erbarmen, Sie haben überhaupt keine Größe. Wie gut Sie noch in Form sind. Wie viele Kinder haben Sie denn? Keine? Ach, na dann ist es leicht für Sie, so dünn zu bleiben, is das Kinderkriegen, das den Körper ruiniert.«

Hinter uns hatte Michael sich langsam von seiner Bank erhoben. Er machte zwei vorsichtige Schritte zur Tür.

»Ich geh jetzt in die Kirche, Mary.«

»Du kannst nicht mehr laufen, Michael«, sagte Mary. »Warte hier und ich bring dich hin. Es dauert keine fünf Minuten mehr.«

»Ach, das ist nicht nötig, Mary.«

»Setz dich wieder hin, Michael. Das macht überhaupt keine Umstände.«

»Tja, nun, das ist sehr nett von dir, Mary.« Er drehte sich wieder in Richtung Bank. »Ich nehm dann noch ein Bier, während ich warte.«

Obgleich Mary missbilligend ihre Lippen schürzte, trat sie hinter den Tresen an einen der Zapfhähne. Als sie darauf wartete, dass der Schaum von Michaels Stout sich setzte, bemerkte sie: »Sie beide sehen ja vor Kälte halb erfroren aus. Wollen Sie nicht jeder einen kleinen Whiskey?«

Während wir an unserem heißen Whiskey nippten, wühlte Mary in ihren Warenstapeln und fand eine passende Jacke und Überhosen. Dann nahm sie ihre Schürze ab, schlüpfte in Hut und Mantel und begann uns freundlich hinauszukomplementieren.

»Es wäre schrecklich, den Abtransport zu verpassen, Michael. Und Sie beide wollen bestimmt schleunigst nach Hause nach diesem harten Tag.«

Bald hatte sie uns alle aus der Tür geschoben und hinter sich abgeschlossen.

»Tausend Dank, dass Sie gekommen sind«, sagte sie überschwänglich, während sie Michael zum Auto bugsierte. »Morgen nach der Totenmesse habe ich wieder geöffnet, hoffentlich sehen wir uns bald wieder, wenn es Gott gefällt!«

Neun

Ich hatte nicht vor, so schnell wieder auf dem Rücken einer Kuh zu sitzen, also ließ ich Dag am nächsten Morgen allein zur Arbeit gehen. Als ich unser Wohnzimmer aufräumte, warf ich immer wieder einen Blick aus dem Fenster hinüber zum Knocknadobar. Obschon wir nun bald drei Wochen hier wohnten, hatte ich noch immer keinen Fuß auf seine Hänge gesetzt. Um zehn Uhr hörte ich mir den Wetterbericht im Radio an. Die Vorhersage verkündete für den ganzen Tag schönes Wetter mit gelegentlichen Schauern. Ich warf mich in Stiefel und Pullover, band mir meine neu erworbene Jacke um die Hüften und zog los.

Die Felder hinter unserem Cottage stiegen langsam zum Berg hin an. Nachdem ich über ein paar Bruchsteinmauern und einen Zaunübertritt geklettert war, stieg der Weg bereits steil an. Auf dem weichen sumpfigen Boden wuchs erstaunlich üppiges, grünes Moos, und so hüpfte ich in der Hoffnung, nicht im morastigen Gelände zu versinken, von Fels zu Fels. Dort, wo der Weg fest und gut begehbar war, lag rostrotes Farnkraut vertrocknet und zertreten am Boden. Mit knisternden Schritten bahnte ich mir einen Weg durch die silbrig graue Heide. Aus ihren Verstecken im Ginster flatterten Brachvögel mit grauen Bälgen und langen, gebogenen Schnäbeln auf und taten dabei flötend ihren Protest kund. In den höheren Lagen hörte ich das tiefe und monotone Krähen der Raben und schaute den bezaubernden akrobatischen Kunststücken der rotschnäbeligen Alpenkrähen zu, die sich in der aufsteigenden Strömung an den Abhängen auf den Rücken drehten und hoch in die Lüfte schossen.

Ich folgte einem Bach, der sich ein Bett in den Buntsandstein des Berges gegraben hatte. Aus dem Flussbett erhoben sich einzelne große Steine und Felsblöcke, das Wasser sprudelte, sein Drängen und Eilen geräuschvoll verkündend, zwischen ihnen hindurch oder umspülte sie einfach. Schwarzköpfige Bergschafe mit gewundenen Hörnern schauten vom Grasen auf, als ich vorüberging, fixierten mich einen Augenblick lang, wandten sich dann ab und trotteten davon. Ihr langes, verfilztes Fell war mit den Erkennungszeichen der Bauern, großen Farbklecksen in Blau, Orange oder Rot, markiert, anhand derer sie in diesem weiten, offenen Gelände ihre Schafherden auseinander halten konnten.

Nach einer zwanzigminütigen zügigen Wanderung kam ich an einen kleinen Abhang, von dem der Bach sich in einen runden, tiefen See ergoss. Hier machte ich eine kleine Pause. Hoch über mir zeichnete sich der höchste Gipfel des Berges dunkel gegen den Himmel ab. Ich vermutete, dass mich nach dem Abhang ein langer, steiler Anstieg bis zum Gipfel erwartete, aber als ich weiterging, bewegten sich meine Beine unvermittelt nach unten in ein verborgenes Becken mit einer ebenen Grasfläche. Diese Stelle war windgeschützt, daher war es hier warm und ruhig und es gab keine Aussicht auf das Meer oder das Tal, rund um mich herum nur heidebedeckte Anhänge und über mir der Himmel und die Wolken. Meine Wahrnehmung schien verzerrt zu sein, die Schafe wirkten viel kleiner, bis ich merkte, dass sie tatsächlich ziemlich weit entfernt waren und der Weg zu den Steinruinen, auf die ich Kurs hielt, in Wahrheit viel kürzer war, als ich geschätzt hatte. Auch die kreisförmig angeordneten Ruinen gaben mir Rätsel auf: Mit ihren Kragsteinen sahen sie aus wie die *Bienenstock-Hütten* der frühchristlichen Mönche, doch auf meiner topografischen Landkarte war auf dieser Seite des Knocknadobar keine solche Stätte verzeichnet.

Knirschenden Schrittes bahnte ich mir durch Heide und Felsen einen Weg zu den Hütten. Die Stille war irritierend. In diesem merkwürdig ruhigen Amphitheater fühlte ich mich von der Außenwelt völlig abgeschnitten. Eine Wolke schob sich vor die Sonne und ich sah, wie der Nebel zielgerichtet über den Bergrücken und die steilen Abhänge hinunter auf mich zuschwebte. Mein erster Impuls war die Flucht, aber ich zwang mich weiterzugehen.

»Es ist keiner hier!«, rief ich laut und erschreckte ein Mutterschaf in meiner Nähe. »Es gibt nichts, wovor ich Angst haben müsste!«

Eine der Hütten war noch intakt. Sie stand ein wenig abseits von den anderen auf einer Anhöhe und war in den Abhang gebaut. Flache Steine waren zu einer Höhe von ungefähr 1,20 Meter übereinander geschichtet worden. Es gab einen niedrigen Eingang, gerade groß genug zum Hineinkriechen. Ich ging in die Knie und spähte in das dunkle Innere der Hütte. Ein Augenpaar blickte mich an. Auf dem Boden der Hütte lag mit dem Kopf zum Eingang ein totes Schaf. Ein paar Fliegen surrten um seinen Kopf. Hastig wich ich zurück, drehte mich um und rannte, den glasigen toten Blick im Nacken, davon.

Als ich den Knocknadobar hinunterstieg, wurde der Wind stärker und Regenschauer zogen von Westen zu mir herüber. Die Sonne schien durch die blassgraue Wolkendecke und malte ständig wechselnde leuchtende Flecken auf das Meer. Jenseits der transparenten Regenschleier erstrahlten die Hügel der Halbinsel Dingle und der Great Blasket Islands in hellem Sonnenschein. Nach einem Regenguss erstrahlte unter mir plötzlich ein vollständiger Regenbogen, überspannte die Abhänge und ließ sein Farbspektrum Sekunde um Sekunde intensiver und deutlicher leuchten, bis ihn erneut einsetzender Regen wieder auslöschte.

Auf halbem Weg nach unten kam ich an den Ruinen zweier Steinhäuser vorbei. Auf meiner Karte waren sie als Bauernhöfe verzeichnet, doch offensichtlich standen sie schon lange verlassen da, die Dächer waren eingefallen und in den Trümmern der kleinen Zimmer grasten jetzt Schafe. Vor ihnen erstreckten sich einige Felder, auf denen unter einer Decke von Schilf und Farn deutliche Furchen zu erkennen waren. Es handelte sich um die Überreste eines Wölbackers, der vor langer Zeit zum Anpflanzen von Kartoffeln gegraben worden war. Mit einem pflugähnlichen, langblättrigen Spaten, der in Irland *loy* heißt, umsticht der Bauer die Grassode, dreht sie um und häuft noch mehr Erde darüber. Durch die entstandenen Rinnen kann das Wasser abfließen und das Saatbett läuft nicht so schnell Gefahr, im Regenwasser zu versinken. Diese Art des Ackerbaus und die Anpassungsfähigkeit der Kartoffel an feuchte Klimazonen mit mageren, sauren Böden ermöglichte es den Menschen während der Bevölkerungsexplosion im frühen 19. Jahrhundert, auch minderwertige Ackerböden ertragreich zu bestellen. Die Menschen, die auf diesen windgepeitschten Hochlagen lebten, fanden das Baumaterial für ihr Haus ganz in der Nähe: Steine und Schlamm für die Mauern, Holz aus Strandgut für die Dachsparren, Gräser und Schilf für die Reetdächer. Sie stachen Torf im Flusstal des Fertha und trugen es in Körben auf dem Rücken oder auf Eseln den Berg hinauf. Auf dem Wölbacker bauten sie genug Kartoffeln an, um ihre Kinder zu ernähren.

Als ich über die harten Furchen eines dieser Äcker lief, stellte ich mir vor, wie hier vor anderthalb Jahrhunderten eine Frau eines schönen Tages mitten im März den Acker umgegraben und zur Vorbereitung der Kartoffelaussaat Erdwälle angelegt hatte. Vielleicht hatte sie in ihrer Arbeit wie ich einen Augenblick innegehalten, um sich eine Haarsträhne aus dem Gesicht zu streichen, und hinübergeschaut auf die Bucht von Dingle, wo der Wind das tiefe blaue Wasser kräuselte. Sie wird es wohl sehr schwer gehabt haben, an diesem unbarmherzigen Ort ihre karge, dürftige Existenz zu sichern. Aber alles muss noch unermesslich viel schwerer geworden sein, als die Kartoffelfäule hereinbrach und wieder und wieder die Ernte ausblieb. Die Große Hungersnot in den Vierzigerjahren des 19. Jahrhunderts mit ihrer Kartoffelknappheit, den Seuchen und Epidemien und dem Massenelend hatte in Irland zum Verlust von mindestens einer Million Menschenleben geführt und noch einmal so viele Menschen sahen sich zur Auswanderung gezwungen. Als ich den Berg hinabstieg, fragte ich mich, wie es der Frau aus meiner Phantasie wohl ergangen sein mochte. Ich dachte an all die anderen alten Wölbäcker, die mit ihren Erdwällen überall auf der Halbinsel Iveragh die Hügel- und Moorlandschaft durchsetzten. Bei klarer Sicht konnte man sie auf mehrere Kilometer Entfernung erkennen, wie Geister einer schrecklichen, längst vergangenen Zeit.

Direkt unterhalb eines kleinen Waldstücks standen drei weiße Moorland-Ponys mit langen, windzerzausten Mähnen mitten im Gestrüpp aus Ginster und Heide.

»Hallo, Jungs, kommt mal her!«

Ein O-beiniger Mann kam langsam den Hügel herauf und hielt auf die Ponys zu. Er trug einen Sack über der Schulter. Seine Hose war mehrfach geflickt, eine Tasche seiner Tweedjacke war abgerissen und darunter blitzte das Futter hervor. Als die Ponys seinen Ruf vernahmen, schüttelten sie wiehernd die Köpfe und bahnten sich dann durch das unwegsame Gelände einen Weg zu ihm. Schließlich hatten sich alle um ihn versammelt. Er ließ den Sack vorsichtig von der Schulter gleiten und löste langsam den Knoten, mit dem er ihn verschnürt hatte.

Ich stand unweit der Bäume. Die nackten Zweige bildeten ein filigranes Muster gegen den Himmel, kohlrabenschwarze Dohlen hüpften, ihren stählernen Blick auf mich gerichtet, in den Bäumen auf und ab. Ich war sicher, der alte Mann hatte mich gesehen und sich dann entschlossen, mir keine Aufmerksamkeit zu schenken. Erst als er einen Haufen Pferdefutter auf den Boden geleert hatte und die Ponys zufrieden vor sich hin mampften, warf er einen Blick in meine Richtung. Unter seiner flachen Mütze sah ich sein Gesicht, die Haut vom Wetter dunkel gefärbt und von tiefen Falten gezeichnet.

»Schöner Tag«, sagte er. »Aber sie haben Sturm vorhergesagt.«

Er sprach langsam und mit Bedacht, seine dicke Unterlippe hing offen herunter und zitterte in den theatralischen Pausen, die er zwischen den Sätzen machte.

»Ich hab Sie noch nie zuvor auf meinem Land gesehen, sind Sie fremd hier?«

Es war mir nicht in den Sinn gekommen, dass ich gerade Landfriedensbruch beging.

»Entschuldigung«, sagte ich und ging auf ihn zu. »Ich bin die Frau des neuen Tierarztes. Ich hab nur einen Spaziergang gemacht.«

»Und wo wohnen Sie?«

Ich zeigte hinunter zu unserem Cottage.

»Ich kannte den Mann, der da mal gewohnt hat. Er war Fischer und Torfstecher. Er besaß nur das Haus, keinen Boden. Er hatte ein schweres Leben.«

Er zog eine Packung Zigaretten der Marke *Sweet Afton* und eine Packung Streichhölzer aus der Hosentasche. Seine arthritischen Fingergelenke waren stark geschwollen und die Fingerkuppen vom Nikotin tiefbraun verfärbt. Er fummelte mit den Streichhölzern herum, zündete sich eine Zigarette an und nahm einen tiefen Zug.

»Von ihrem Mann habe ich schon einiges gehört. O'Leary hat einen neuen Mann aus Kanada, haben sie gesagt. Kanada muss ein schönes Land sein.«

»Das stimmt.«

Der Gesang einer Drossel klang unermüdlich aus dem Gehölz und ich hörte die Kühe in der Ferne muhen. Neben uns taten sich die Ponys, ihre weichen Lippen gespitzt, zufrieden am Kraftfutter gütlich.

»Ich habe diese Ponys jetzt seit über zwanzig Jahren«, sagte er nach einer langen Weile und richtete seine blauen, wässrigen Augen auf mich. »Letztes Jahr haben die Zigeuner das älteste gestohlen.«

Ich dachte an Mary Coffeys Bemerkungen über die Zigeuner und hoffte, er würde mich nicht nach meinem Namen fragen.

»Die *gardaí* haben den Mann gefunden, der es gestohlen hat. Der Richter hat ihn zu vier Monaten Gefängnis verurteilt.«

»Vier Monate!«, rief ich aus. »Das finde ich aber eine harte Strafe.«

Während der langen Pause, die nun folgte, fiel Asche von seiner Zigarette zu Boden.

»Pferdediebstahl ist ein ernstes Vergehen. Pferde sind wichtig für die Menschen.«

Er faltete den leeren Sack zusammen und schob ihn unter seinen Arm.

»War'n Sie oben auf dem Berg?«

Ich erzählte ihm von den runden Hütten in dem versteckten Talbecken und von den Ruinen der alten Cottages.

»Diese runden Hütten wurden als so genannte *Booley*-Häuser benutzt. Die Menschen haben ihre Kühe im Sommer zum Grasen auf die saftigen Weiden dort oben getrieben. Sie machten Butter und trugen sie auf dem Rücken ins Tal, um sie zu verkaufen.«

»Und die Cottages? Wer wohnte dort?«

Er schnippte seine Zigarettenkippe weg und suchte in den Hosentaschen erneut nach der Packung.

»Mein Vater hat immer gesagt, dass sein Vater ihm von einer Familie erzählt hat, die da gelebt haben soll. Das waren die O'Conners, wenn ich mich recht erinnere. Sie hielten Tiere. Rinder und Schafe und einen Esel. Die Kinder gingen immer zu Fuß zur Schule, die stand da, wo jetzt das Torfkraftwerk ist. Sie sind vor hundert Jahren oder so nach Amerika gegangen. Von denen hat man nichts mehr gehört.«

Er hielt einen Moment inne, um sich seine Zigarette anzuzünden. Als er sprach, quoll mit seinen Worten auch Rauch aus seinem Mund.

»Mein Vater erzählte auch immer von einem anderen Mann. Der lebte auf dem Berg, an einer flachen Stelle am Abhang. Sind Sie da langgegangen?«

Ich schüttelte den Kopf.

»Ah, das war gut so. Dieser Mann, den hatte man von seinem Land in Dingle vertrieben. Er fand diese Stelle auf dem Berg und lebte dort ganz allein. Jeden Samstag lief er nach Cahersiveen zur Beichte. Am Sonntag kam er wieder, um den Gottesdienst zu besuchen. Er hatte eine Kuh und ein paar Gänse. Eines Tages flogen die Gänse davon. Das war ein Zeichen. Die Gänse zogen weiter und er verschwand auch. Man hat ihn nie mehr gesehen.«

»Was ist mit der Kuh passiert?«

Der alte Mann dachte nach.

»Das weiß ich nicht. Wenn es eine gute Kuh war, würde ich sagen, er hat sie mitgenommen. Es macht keinen Sinn, eine gute Kuh zurückzulassen.«

Die Ponys hatten ihre Mahlzeit beendet, scharten sich um ihn und stupsten den Sack unter seinem Arm an.

»Ich werde mich jetzt von Ihnen verabschieden. Ich habe noch andere Tiere, um die ich mich kümmern muss. Sie wandern hier wahrscheinlich noch öfter lang.«

»Vielleicht bringe ich den Ponys ein paar Karotten. Würden sie sie von mir nehmen?«

»Aber sicher doch. Ich bin dankbar für alles, was Sie ihnen geben, denn um diese Jahreszeit gibt's nicht viel zu beißen für sie.«

Er lief langsam davon und die Ponys trotteten neben ihm her. Dann hielt er inne, drehte sich um und zeigte auf die Steincottages am Berg.

»Man erzählt sich, ein Deutscher will eine Straße nach da oben bauen. Er wird die Häuser reparieren, sagt man, und sie im Sommer an Touristen vermieten. Aber ich hab schon viele Sommer erlebt, in denen der Nebel sich nie von da verzogen hat. Vielleicht hat's dem Deutschen keiner gesagt. Und ich werd's auch nicht tun. Also, auf Wiedersehen.«

Zehn

Am nächsten Morgen wurden wir von Rufen und Pfeiflauten, die vom Knocknadobar zu uns hinunterdrangen, geweckt. Hoch oben auf den Berghängen trieben Schäfer und ihre Hunde die trächtigen Mutterschafe zusammen, um sie ins Tal zu bringen. Ein Band weißer Wölkchen schien durch das dunkle Farn- und Heidekraut zu gleiten, hie und da lösten sich abtrünnige Schafe wie Fransen von seinen Rändern.

Gut ausgebildete Hunde trieben die Herden schnell wieder zusammen, flitzten geschwind die Abhänge hinunter und führten sie zuverlässig ins Tal.

Es war kurz nach elf Uhr und ich hängte gerade im Garten die Wäsche auf, als unser Nachbar Patrick mit einem schweren Sack auf dem Rücken vorbeilief. Er war auf dem Weg, die trächtigen Mutterschafe zu füttern, die er vor kurzem ins Tal getrieben hatte. Während einer Unterhaltung in der *East End Bar* hatte Ted Donnelly mir erzählt, dass früher einmal alle Mutterschafe, die im Frühling vom Knocknadobar heruntergekommen seien, gut im Futter gestanden und sich für die Lammung in bester körperlicher Verfassung befunden hätten. Heute, da bis zu fünftausend Schafe auf dem Berg grasten, gäbe es nicht mehr ausreichend Futter für sie und die Bauern müssten teures Futter kaufen, um sie für die Lammung zu kräftigen. Wie immer hob Patrick lediglich seinen Stock, nickte mir schüchtern zu und zog dann weiter seines Wegs, ohne auch nur ein Wort mit mir zu wechseln. Später kam Dag mit einer Rolle Kaninchendraht nach Hause und bastelte daraus eine Tür und ein Dach, um aus der kleinen Einfriedung aus Stein in unserem Garten einen Pferch zu bauen. Er bat Patrick um ein wenig Heu, verteilte es über den Boden des Pferchs und fertig war der bequeme, sichere Unterschlupf für irgendein Jungtier.

Laut Dag war es nur eine Frage der Zeit, bis ein Lamm in unser Leben träte. Er meinte, er hätte lieber ein Bergschaf, würde aber auch ein Suffolk-Schaf nehmen, wenn es ihm angeboten würde. Ich hatte diesbezüglich keinen bestimmten Wunsch und verspürte auch recht wenig Enthusiasmus. Ich war sicher, unsere Nachbarn würden mich lächerlich und albern finden, wenn ich ein Lamm als Haustier hätte. Die Vorstellung, überhaupt irgendein Wesen zu bemuttern, und schon gar ein hilfloses Lämmchen, löste in mir ein unbestimmtes Gefühl der Verwirrung aus.

Während der nächsten Nacht hatte Dag Bereitschaft, also machte ich einen kräftigen Eintopf, der auf dem Herd vor sich hin köcheln konnte, bis Dag die Zeit fände, davon zu essen. Ein heimeliger Duft zog durch unser Cottage. Im Wohnzimmer brannte ein gemütliches Feuer und netterweise zog fast der ganze Rauch über den Kamin ab. Es war fast 19.30 Uhr, als Dag zur Tür hereinstürzte.

»Hat jemand angerufen?«

»Nein«, teilte ich ihm mit. »Lass uns essen, bevor einer anruft.«

»Wir müssen erst nach Ballinskelligs runterfahren. Ich hab vorhin John Joe O'Sullivan getroffen. Er hat ein verwaistes weibliches Lamm, eine Mischung aus Suffolk und Cheviot, und er wollte wissen, ob wir es nehmen. Ich hab ihm versprochen, ihn um acht Uhr in *Rosie's Bar* zu treffen, wenn nichts dazwischenkäme.«

»Du hast schon versprochen, das Lamm zu nehmen?«, fragte ich und alle Alarmglocken in meinem Kopf schrillten.

»Nicht ganz. Nur wenn du willst natürlich. Ich stelle den Anrufbeantworter an und dann lass uns fahren.«

Zu *Rosie's Bar* dauerte es zwanzig Minuten. Wir waren noch vor John Joe da, und während wir auf ihn warteten, genehmigten wir uns noch einen Drink. Ich fragte Roisin Sigerson, John Joes Frau und Besitzerin des Pubs, wie es käme, dass eine Irin einen solch nordischen Nachnamen hätte.

»Die Sigersons leben schon seit Generationen in Ballinskelligs«, erzählte sie mir, während sie unser Guinness zapfte. »Ihnen gehörte in der Gegend fast alles Land. Haben Sie schon mal von Sigerson Clifford, dem Dichter, gehört? Er war ein Cousin zweiten Grades meines Vaters.«

Während sie das Stout stehen ließ, damit sich der Schaum absetzen konnte, schlüpfte sie ins Hinterzimmer und kam mit einem Notizbuch zurück, in dem sie die Geschichte ihrer Familie über dreihundert Jahre aufgezeichnet hatte. Es begann Ende des 16. Jahrhunderts, als die Gegend, die nun Kerry heißt, praktisch noch ein unabhängiger Staat war. Er stand unter der Herrschaft der rebellischen Desmonds, einer anglo-normannischen Familie, die sich den Veränderungen durch die Reformation nicht beugen wollte. Königin Elizabeth I. von England beschloss, die Herrschaft der Desmonds zu brechen, sie konfiszierte ihre Ländereien und schenkte sie englischen Siedlern, die als *planters* bekannt waren. Richard Harding, ein Händler aus Bristol, erhielt die Ländereien von Ballinskelligs. Dieser wiederum vermachte sie dem Verlobten seiner Tochter Dora, dem britischen Armeeoffizier nordischer Abstammung Christopher Sigerson. Tragischerweise erlag Dora vor ihrer Hochzeit einer Krankheit und starb. Der Bräutigam erfuhr die traurige Nachricht erst auf dem Weg zum Familiensitz der Hardings, wo er, gerade als er Dora einen Besuch abstatten wollte, auf den Trauerzug traf. Obgleich Robert Harding seine Tochter verloren hatte, hielt er seine Abmachung mit Christopher ein und machte ihn 1626 zum *Lord of the Manor* in Ballinskelligs. Dieser heiratete später eine andere Frau und hatte Kinder. Er hatte es nie erfahren, aber er spielte eine wichtige Rolle im Verlauf der irischen Geschichte, denn er war der Ururgroßvater des berühmten Daniel O'Connell, des »Befreiers«, der im Jahre 1829 die Emanzipation der Katholiken Irlands einläutete.

»Von den Sigersons sind nur noch meine Schwester und ich übrig«, sagte Rosie, »also könnte der Name bald aussterben.«

Als John Joe eintraf, war er in großer Eile und wollte schleunigst zu seinem Hof zurück, um nach ein paar Mutterschafen zu sehen, die in den Wehen lagen. Das Lamm befand sich in einem verschnürten Karton im Kofferraum seines Autos. Das Lamm sei der schwächere Teil eines Zwillingspärchens, erklärte er uns. Die Mutter habe es nach der Geburt verstoßen und bei den anderen Schafen, die er als Adoptivmutter zu gewinnen versucht hatte, sei er auf keinerlei Interesse gestoßen. Es sei vier Tage alt, trinke aus der Flasche und hätte Durchfall. Nein, er wolle kein Geld dafür, es gehöre uns und viel Glück damit.

Ohne viel Federlesens stieg John Joe in sein Auto, fuhr davon und ließ Dag mit dem Karton in Händen auf der Straße stehen.

Wir stellten den Karton auf den Rücksitz. Abgesehen von ein wenig Getrappel drang fast kein Lebenszeichen heraus, aber auf dem Heimweg hing ein Geruch von nasser Wolle und feuchter Erde im Auto. Dag trug den Karton ins Haus. Er stellte ihn auf den Herd, zerschnitt die Schnur und öffnete den Deckel. Ein winziges Köpfchen mit riesigen, überdimensionalen Ohren auf einem grotesken, spindeldürren Hals kam zum Vorschein. Die Augen des Lämmchens waren klein und dunkel, und als es sein Maul öffnete, sah man seine graue Zunge, die auf der Unterlippe zitterte.

»Mäh!«, blökte es mit einer überraschend lauten Stimme. »Mäh!«

Es trappelte mit seinen matschverschmierten Hufen, sprang aus dem Karton und landete auf dem Herd. Es hatte ein dicht gewelltes Fell, auf dessen Schmuddelweiß einige dunkelbraune Spritzer prangten. An seinem Hals legte sich die Haut in tiefe Falten, als ob das Tier erst noch in sein Fell hineinwachsen müsse. Seine Knie waren groß und knochig und die dünnen Beine passten so gar nicht zu der Größe des kleinen Körpers. Dag hielt das Lamm unter dem Arm, während ich unseren Wohnzimmerboden mit Zeitungen bedeckte.

Er betrachtete die braune Masse, die sich über das Hinterteil des Lamms verteilt hatte, und kam zu dem Schluss: »Es hat Durchfall, das kann man wohl sagen. Hier, halt es mal einen Moment fest, ich hol das Futter aus dem Auto.«

Ich kämpfte mit dem zappelnden, klagenden Lamm, bis Dag mit einer Tüte Milchersatznahrung und einer Art Babyfläschchen zurückkehrte. Als es die Flasche erblickte, blökte das Lämmchen noch lauter als zuvor. Mit klappernden Hufen lief es über den Linoleumboden in die Küche und bis zur Spüle hinter uns her.

»MÄH, MÄH, MÄÄÄÄH!«, schrie es, als es sah, wie Dag das Pulver in warmes Wasser rührte und die Mischung in die Flasche kippte.

»Die Milch sollte körperwarm sein, genau wie für Säuglinge.« Er spritzte ein wenig auf sein Handgelenk, um die Temperatur zu prüfen. »Warum fütterst du es nicht, dann wird es dich gleich als Mutter annehmen.«

Als ich den Sauger an das Mäulchen des Lamms hielt, stupste es ihn an und etwas Flüssigkeit spritzte auf seine Nase. Ich hielt es fest und führte sein Maul zur Flasche. Nach einigen missglückten Versuchen hatte es den Sauger fest im Maul und sog hungrig und mit konzentriertem, verklärtem Blick.

Nach der Fütterung wischte ich einige Milchspritzer von der Nase des Lämmchens und trug es hinüber zu einem Stuhl vor dem Kamin. Prompt schlief es in meinen Armen ein und gab beim Atmen sanfte Grunzlaute von sich. Ich mochte seinen Geruch, er erinnerte mich an den Duft von Erde nach einem Regenschauer. Dag saß mir gegenüber und verdrückte einen großen Teller Eintopf. Als er fertig war, nahm er das Lämmchen, damit ich essen konnte. Als ich es ihm übergeben wollte, wachte es auf und fing an zu zappeln, aber nachdem Dag ihm eine Weile den Kopf gekrault hatte, fielen ihm die Lider wieder zu und sein Körper entspannte sich.

»Nun, Maria«, sagte er wenig später. »Was hältst du von unserem Lamm?«

Seine großen Ohren zuckten im Traum.

»Ich bin mir immer noch nicht sicher, ob das so eine gute Idee ist«, sagte ich und unterdrückte ein Lächeln. »Aber wir sollten ihm einen Namen geben.«

Ich dachte an irgendeinen Namen aus der irischen Mythologie. Mein Vorschlag war Cessair, Noahs Enkelin, die laut *Book of Invasions* von der Arche verbannt worden war, dann mit ihrem eigenen Schiff der Sintflut zu entkommen versucht und in der Bucht von Ballinskelligs Schiffbruch erlitten hatte.

»Cessair klingt wie eine Fluggesellschaft«, lautete Dags Kommentar.

Mein nächster Vorschlag war Amergin, der Barde der Milesianer, der sie nach ihrem Sieg über die *Tuatha De Danann* bei ihrer Ankunft in der Bucht von Ballinskelligs beglückwünscht hatte. Als er irischen Boden betrat, war Amergin so überwältigt von der Schönheit, die ihn umgab, dass er stehenden Fußes ein Gedicht verfasste.

»Ich bin ein Arm des Meeres«, so fing es an. »Ich bin eine Welle des Ozeans. Ich bin das Geräusch der See. Ich bin so stark wie ein Ochse. Ich bin ein Falke auf den Klippen. Ich bin ein Tautropfen in der Sonne.«

»Das ist schön«, sagte Dag, »aber wir können es nicht nach einem Mann benennen. Wie wär's mit einer Frau aus der irischen Mythologie?«

Wir probierten ein paar Namen: Anu, Brigid, Dana, Niamh, Finola, Maeve. Keiner passte.

»Er sollte eine Verbindung zu Ballinskelligs haben«, forderte ich, »weil wir es dort bekommen haben.«

Dann fiel mir die erwählte Braut von Christopher Sigerson wieder ein, die tragischerweise so jung gestorben war.

»Wir nennen es Dora«, sagte ich entschlossen.

»Dora?«, Dag verzog das Gesicht. »Das ist ein dämlicher Name für ein irisches Lamm.«

Bevor wir uns darüber streiten konnten, klingelte das Telefon. Ein aufgeregter Bauer bat um Hilfe bei der Geburt eines Kalbs.

»Ich muss gehen«, sagte Dag. »Wir sehen uns später.«

Ich schaute auf das Lamm, das er mir in die Arme gelegt hatte.

»Aber was ist mit …?«

»Du kannst es über Nacht in den Pferch bringen. Da gibt es genug Stroh und es ist es warm. Gib ihm eine halbe Flasche Milchnahrung, damit es einschläft. Die Zubereitung steht auf der Packung. Tschüss!«

Dora immer noch an mich gedrückt, folgte ich ihm zur Tür.

»Dag, wie …«

»Körpertemperatur«, rief er im Gehen. »Vergiss das nicht!«

Sein Auto war gerade aus der Auffahrt verschwunden, da klingelte das Telefon. Ich sperrte Dora in die Küche, damit der Anrufer ihr Blöken nicht hören konnte. Als ich wieder zu ihr ging, lief sie auf mich zu und stupste mich mit der Nase, während ich die Urinpfütze und ihre schmutzigen Hufspuren vom Boden wischte. Dann klemmte ich sie mir unter den Arm, wickelte sie in ein warmes Handtuch aus dem warmen Trockenraum für die Wäsche und legte sie schließlich in einen Karton vor den Kamin. Ich grub meine Fingerspitzen in ihr dicht gewelltes Fell und kraulte ihr den Kopf, bis sie eingeschlafen war.

Fünf Minuten später gingen die nächsten Anrufe ein. Gerald O'Sullivan hatte mehrere Schafe, die im Kreis liefen, das Kalb von Mike O'Donaghue hatte ein Stück Ballenpressschnur verschluckt, dem Pudel von Deirdre Baker saß ein Angelhaken in der Nase, Paddy Riley hatte Probleme mit einer kalbenden Kuh, deren Nachwuchs bereits mit den Beinen zuerst herausgekommen war, der Kopf steckte noch fest. Wo der Tierarzt bliebe, wollten sie alle wissen, und wie lange sie noch auf seine Hilfe warten müssten?

Zwischen den Anrufen setzte ich mich hin und starrte auf das schlafende Lamm. Es lag in seinem eigenen wässrigen Durchfall, und getrockneter Dung klebte ihm an Maul und Flanken. Ich streichelte es und nahm mir vor, es am nächsten Morgen zu säubern, aber ich hatte keine Ahnung, wie ich das bewerkstelligen sollte. Es in die Badewanne setzen? Es in die Spüle stellen? Keine Variante erschien mir praktisch. Dann fing ich an, über diese Sache mit der Gewöhnung und deren Konsequenzen nachzudenken. Mir graute davor, das arme kleine Wesen in den Pferch zu sperren – ein klares Anzeichen, dachte ich reumütig, dass ich das Lamm schon ins Herz geschlossen hatte, unabhängig davon, ob dies denn auch auf Gegenseitigkeit beruhte.

Etwa um zehn Uhr ging ich in die Küche, um das letzte Fläschchen zuzubereiten. Gerade, als ich die Temperatur prüfte, wachte Dora auf und fing an, in den höchsten Tönen zu blöken.

»Ganz ruhig, Dora«, rief ich.

Sie rannte wie wild auf das Geräusch meiner Stimme zu, wobei ihre Hufe nach allen Seiten auf dem Boden ausglitten und ihr Hinterteil mal wieder Schauplatz einer Eruption wurde. Auf Knien wischte ich die Bescherung auf, während Dora mich auf der Suche nach einer Zitze mit der Nase anstupste und das Telefon erneut zu klingeln begann. Ich rannte hin, um den Anruf entgegenzunehmen, vergaß jedoch dabei, die Küchentür zu schließen.

»Ich habe eine sehr kranke Kuh«, war alles, was ich verstehen konnte, dann übertönte Dora mit ihrem Blöken die Stimme am anderen Ende der Leitung.

»Könnten Sie ein bisschen lauter sprechen?«, schrie ich.

»MEINE KUH IST ZUSAMMENGEBROCHEN!«, wiederholte der Bauer. »Ist das ein Lämmchen, das Sie da im Haus haben? Ah, Jesses, die Viecher können einen zur Weißglut bringen, wenn man ihnen keinen Einhalt gebietet.«

Nachdem ich Dora gefüttert hatte, brachte ich sie nach draußen. Bis zum Pferch lag sie still in meinen Armen, aber als ich sie sanft hineinschob und die Drahttür schloss, gab sie ein erschrecktes Blöken von sich. Eine Zeit lang verharrte ich im Garten und lauschte ihr hilflos. Dann zwang ich mich, wieder ins Haus zurückzugehen. Ihr Blöken drang deutlich bis an unser Schlafzimmerfenster, wo ich mit einem Kissen über den Ohren mit meinen Schuldgefühlen kämpfte.

In dieser Nacht kam Dag vier Mal nach Hause, jedes Mal erwartete ihn schon ein weiterer Bauer oder ein neuer Anruf. Und jedes

Mal empfing Dora ihn mit lautstarkem Blöken. Schließlich kam er gegen 8.30 Uhr in der Früh nach Hause, legte sich vollständig bekleidet neben mich ins Bett und fiel in einen tiefen Schlaf. Ich war auch erschöpft, aber die herzzerreißenden Rufe aus dem Pferch trieben mich in die Küche. Als ich schlaftrunken ein Fläschchen zubereitete, rief Mike O'Leary an, um sich nach Dags Nachtdienst zu erkundigen.

»Himmel, der hat aber einen Marathon hinter sich«, sagte er, als ich die Geschehnisse der letzten Stunden wiedergab. »Ich übernehme seine Arbeit bis zum späten Vormittag. Bis dahin lassen Sie ihn da, wo er ist, und sehen Sie zu, dass er ein gutes Frühstück zu sich nimmt, bevor er in die Praxis kommt. Ich hoffe, Sie haben letzte Nacht ein wenig Schlaf gekriegt, Maria.«

»Nein, nicht so richtig. Unser Lämmchen hat mich wach gehalten.«

»Ein Lamm!«, rief Mike entsetzt. »Was um Himmels willen hat Sie denn dazu getrieben, sich so was anzuschaffen? Von jetzt an werden Sie keine Ruhe mehr finden!«

Elf

Als Dora mich mit ihrem Frühstück kommen sah, warf sie sich wie verrückt gegen den Kaninchendraht, und ihre Rufe erreichten neue Gipfel der Verzweiflung. Aber nachdem ich sie herausgelassen hatte, zeigte sie keinerlei Interesse an der Flasche. Stattdessen folgte sie mir ins feuchte Gras, wo ich mich niedergelassen hatte, lief im Kreis um mich herum, beschnupperte und stupste mich mit der Nase in die Kniekehlen. Als es mir endlich gelang, den Sauger in ihr Maul zu stopfen, sog sie gierig daran und mit jedem Schluck der 300 Milliliter Flüssigkeit, die sie zu sich nahm, weiteten sich ihre Flanken sichtbar. Nach der Fütterung wurde sie schläfrig und ich konnte sie ohne Proteste wieder in den Pferch bringen und die Tür schließen.

Bevor Dag zur Arbeit ging, säuberten wir Dora. Ich hielt sie auf dem Küchenboden fest, Dag stutzte das verschmutzte und verklebte Fell rund um ihren Schwanz und rieb sie mit einem feuchten Tuch ab. Dann setzten wir sie in einen Karton vor den Kamin, damit sie sich nach der Säuberungsaktion aufwärmen konnte.

»Sie muss alle fünf Stunden gefüttert werden«, sagte Dag. »Aber sie wird dich schon daran erinnern.«

Nachdem er gegangen war, kümmerte ich mich in der Küche ein wenig um die Wäsche und steckte hin und wieder den Kopf durch die Tür des Nebenzimmers, um nach dem schlafenden Lämmchen zu sehen. Kurz vor Mittag wachte es auf. Die nächste Mahlzeit war erst in einer Stunde fällig, also beschloss ich, es mal mit einem Spaziergang zu versuchen. Als ich sie rief, sprang sie aus ihrem Karton und folgte mir wie ein gut abgerichteter Hund in den Garten. Ein starker Wind blies vom Meer herüber und im Westen türmten sich riesige Gewitterwolken auf. Wir liefen über die Felder und Dora blieb mir immer dicht auf den Fersen. Wenn ich stehen blieb, lief sie um mich herum und inspizierte neugierig die neue Umgebung. Sie starrte die Steine an und beschnupperte das getrocknete Farnkraut oder die gerade erblühten Hundsveilchen. Sie steckte ihren Kopf in einen Stechginsterbusch und zog ihn, als die Stacheln ihre Nase berührten, erschreckt wieder zurück. Am meisten faszinierten sie jedoch die sechs braunen Hennen, die vor Kathleens Haus im Gras scharrten. Vom Geschehen völlig gebannt stand Dora stocksteif da und ließ mich sogar allein weitergehen. Als sie schließlich merkte, dass ich sie zurückgelassen hatte, versuchte sie schnell, mich wieder einzuholen und flitzte hinter mir her, Vorderbeine und Hinterbeine zu einem Knäuel verkeilt.

Die Vordertür des Hauses öffnete sich und Kathleen trat heraus. Es war das erste Mal, dass ich sie nach unserem Treffen am Bootssteg wiedersah.

»Ist das ihr Hauslamm?«, rief sie. »Ah, das ist aber hübsch. Als wir Kinder waren, hatten wir auch Lämmer als Haustiere, aber nach einer Weile wurden sie recht lästig. Sie liefen uns jeden Morgen bis zum Schulbus hinterher, und wenn wir einstiegen, blieben sie laut blökend zurück. Ich wünschte, mein kleiner Mann wäre hier und könnte das Lämmchen sehen. Er ist gerade mit seinem Vater unterwegs. Kommen Sie noch mal mit ihm vorbei?«

Am Strand hinterließen Doras Hufe deutliche kleine Abdrücke im nassen Sand. Erst beschnupperte sie den langen, fadenartigen Seetang, dann rannte sie auf einen rosafarbenen Felsblock zu. Sie rutschte aus und fiel in einen kleinen Gezeitentümpel voller lilafarbener, samtiger Anemonen, die sich jäh Schutz suchend zusammenzogen. Das, so beschloss ich, waren genug Abenteuer für einen Tag. Ich rief sie und wir liefen den Weg wieder zurück. Gerade als wir durch unser Tor kamen, hielt ein Auto neben uns. Ein langgliedriger Mann mit wettergegerbtem Gesicht kurbelte das Fenster herunter.

»Das ist ein feines Lamm. Ziehen Sie es mit der Flasche auf? Zu welcher Rasse gehört es denn?«

»Ich glaube, es ist eine Kreuzung aus Suffolk und Cheviot«, sagte ich.

»Diese Kreuzung kommt hier nicht besonders häufig vor. In diesem Tal gibt's nur Bergschafe. Wo haben Sie es denn her?«

»Ballinskelligs. Von John Joe O'Sullivan.«

»Ich kenne ihn. Sind Sie nicht die Frau des neuen Tierarztes aus Kanada? Ich hab Sie gestern auf dem Berg gesehen. Sie haben mit Dennis McCarthy ein nettes kleines Pläuschchen gehalten.«

»Wohnen Sie hier in der Nähe?«, erkundigte ich mich.

Er schob sich die Mütze aus der Stirn.

»Tu ich tatsächlich. Ich heiße Jer O'Donaghue, bin Ihr Nachbar und habe auf diesem Berg dort hinten einhundert Mutterschafe. Wie heißt das Lamm denn?«

»Dora«, sagte ich und kam mir ziemlich albern vor.

»Dora«, wiederholte er ernst. »Wir hatten auch mal ein Lamm als Haustier. Es war ein Schafbock. Wir nannten ihn George. Er war ein feines, großes Lamm. Als seine Zeit gekommen war, brachten wir ihn hinaus zu den anderen Schafen. Gleich am nächsten Tag, wir waren gerade alle im Haus, hörten wir ein Klappern an der Tür, und als wir sie öffneten, spazierte doch tatsächlich George zu uns herein. Die Schafe hatten ihn erschreckt, den armen Kerl. Also hab ich ihn an einen Nachbarn verkauft, und soweit ich gehört hab, hatte er den Bogen irgendwann raus.«

Auf seinem Rücksitz stapelten sich mehrere Krebs- und Hummerkörbe aus buntem Plastik und Draht.

»Ich angle nur noch wenig«, ließ Jer mich wissen. »In der Bucht von Dingle macht man heutzutage keinen großen Fang mehr. Als ich ein junger Mann war, noch nicht erwachsen, konnte ich mein Boot an manchen Frühlingsmorgen gleich mehrere Male mit Fischen füllen.«

Dora folgte Maria auf Schritt und Tritt.

Er zeigte auf die langen, schlanken Boote, die nicht weit von uns entfernt umgedreht auf dem Gras lagen. Es handele sich um Wadenfischer, teilte er mir mit, sie seien von einem Engländer namens William Petty, der in der Bucht von Ballinskelligs eine Fischräucherei betrieben hatte, nach Kerry gebracht worden.

»Sie werden sie nirgendwo sonst in Irland finden«, sagte er, »nur in diesem Teil von Kerry. Man benutzt sie nicht mehr zum Fischen. Heute veranstaltet man darin Rennen und Regatten.«

Als er jünger war, hatte Jer auf den Wadenfischern gearbeitet. Er war einer von insgesamt zehn Ruderern gewesen. Es gab einen Späher, einen Kapitän und einen Mann, der das Netz auswarf. Ein Teil des Netzes wurde mit Korken an der Wasseroberfläche gehalten, während der untere Teil mit Bleigewichten in die Tiefe gezogen wurde. Sie fischten nur in dunklen Nächten. Die Aufgabe des Spähers bestand darin, die *Barr Isac* zu entdecken, eine silbrige Phosphoreszenz, die entsteht, wenn Fischschwärme durch das Wasser gleiten. Wenn er das Signal gegeben hatte, warfen die Männer, die sich um das Netz kümmerten, ein an einem Ende des Netzes befestigtes Seil zu einem kleineren Boot hinüber, das dem Wadenfischer hinterherfuhr. Die beiden Boote positionierten das Netz so, dass es den Fischschwarm umgab, die Männer zogen dann an dem Seil, bis sich ein Beutel gebildet hatte, der den ganzen Schwarm einfing. Auf diese Art waren Millionen von Fischen gefangen worden. In den Zwanzigerjahren hatte man jedes Jahr 30 000 Tonnen Fisch aus Cahersiveen mit dem Zug nach Dublin und dann per Schiff weiter in die Welt transportiert. Im September des Jahres 1928 wurde ein Mann Zeuge, wie an einem einzigen Tag 52 000 Makrelen in einen Wadenfischer gezogen worden waren.

Ich hatte in einem Pub in der Stadt alte Fotos vom Hafen gesehen. Auf den Bildern war er voller Menschen, Frauen mit nackten Füßen in langen, schwarzen Röcken und Umhängetüchern legten den Fisch in Salz ein, während die Männer erneut zum Fang aufs Meer hinausfuhren.

»Richtig«, sagte Jer. »Hier wimmelte es im Frühling nur so von Fischern. Sie pflegten auf den Mauern zu sitzen und den Rosenkranz zu beten, bevor sie aufs Meer hinausfuhren. Den Kapitän eines Wadenfischers hat es sehr erzürnt, wenn einer von ihnen beim Einholen der Netze ein Liedchen pfiff. Ah, aber das war bald vorbei. Die Fische sind davongezogen. Jetzt gibt es hier nur noch ab und zu mal einen Makrelenschwarm. Mögen Sie Taschenkrebse? Ich bringe Ihnen ein paar Krebsscheren, wenn wir welche fangen.«

Ich wollte mich gerade verabschieden, als Jer mich fragte: »Wie gefällt's Ihnen denn hier so?«

»Wir sind begeistert.«

»Bleiben Sie bei uns?«

Ich zögerte.

»Ich glaube nicht. Aber man weiß ja nie.«

»Ah, ich glaube, Sie bleiben. Ich glaube, Sie kaufen sich ein Grundstück mit einem Haus darauf und lassen sich hier nieder. Viele Ausländer tun das.«

Als wir die Auffahrt hinaufliefen, verlangsamten sich Doras Schritte und ein Ohr hing schlaff herab. Beim Füttern trank sie nur die Hälfte ihres Fläschchens und ich bemerkte, dass ihr Durchfall sich verschlimmert hatte. Den ganzen Nachmittag über machte ich mir Sorgen um sie. Als Dag nach Hause kam, fand er mich beim Durchblättern eines seiner tiermedizinischen Bücher. Wir grübelten beide darüber nach, was dem Lamm fehlen könnte, diskutierten bis ins Detail ihren Durchfall, ihre Bewegungen, den Zustand ihrer Augen und all die kleinen Veränderungen, die mir während des Tages an ihr aufgefallen waren.

»Wenn jemand uns so reden hören würde, wär mir das peinlich«, gestand Dag.

Er diagnostizierte eine ganze Liste von Krankheiten, einschließlich Kryptosporidiose.

»Wir sorgen für oralen Flüssigkeitsersatz und geben ihr Antibiotika gegen bakterielle Infektionen.«

Er klärte mich darüber auf, dass es sich bei Kryptosporidiose um Parasitenbefall handele, gegen den es kein spezielles Medikament gäbe und der länger andauere als jede andere Durchfallerkrankung. Man könne nur die Symptome der Krankheit behandeln und Dora wieder gesund pflegen.

Dag hatte an diesem Abend keinen Dienst, daher hatten wir geplant, später noch auf einen Drink in die Stadt zu gehen. Nach dem Abendessen saß er mit Dora auf dem Schoß vor dem Kamin und gab ihr die Flasche. Es dauerte nicht lange, da waren beide eingeschlafen. Dag hatte seinen Kopf an den Sessel gelehnt, Doras Kopf lag in seiner Armbeuge und ein Huf hing über seinem Arm. Ich brachte es nicht über mich, sie zu wecken und sie rührten sich erst, als ich weitere Torfbriketts ins Feuer legte.

»Ich glaube, jetzt kriegen wir nichts mehr zu trinken«, sagte ich zu Dag.

»Ist mir egal«, sagte er schläfrig. »Wozu ins Pub gehen, wenn man ein Lamm auf dem Arm halten kann?«

Zwölf

Oraler Flüssigkeitsersatz bedeutete, dass Dora zwei Tage statt Milchersatznahrung ein Produkt mit dem ominösen Namen *Vet Scour* bekam. In warmes Wasser aufgelöst ergab das Pulver ein trübes Gebräu mit einem Übelkeit erregenden, süßlichen Geruch. Es war weniger sättigend als die Milchnahrung und so beschwerte sich Dora schon am nächsten Morgen über ihre neue Diät. Ungefähr eine gute Stunde vor jeder Fütterung drangen ihre Rufe aus dem Pferch, zunächst bemitleidenswert, dann verärgert und schließlich mit einem brüchigen, gequälten Stimmchen, das mich anklagte »Du lässt mich verhungern!« und mir ernsthaft an die Substanz ging. Es war nicht mit anzuhören. Gegen drei Uhr des ersten Tages hielt ich es nicht mehr aus, ich sprang auf mein Rad und ergriff die Flucht.

Unterwegs traf ich Peggy. Sie schob ein Fahrrad und auf dem Gepäckträger hatte sie eine große Plastikflasche befestigt.

»Wir haben Frösche in unserem Brunnen! Ich hab ihn sauber gemacht, aber sie sind zurückgekommen. Der Laich kommt schon aus dem Wasserhahn und ich kann die kleinen Frösche darin sehen. Zum Waschen nehme ich es, aber ich bringe es nicht fertig, es für den Tee abzukochen. Nein, das schaffe ich nicht. Also bin ich hier heruntergelaufen, um Teewasser bei meinem Nachbarn zu holen.«

Sie schien über alles, was Dag und ich in der letzten Zeit getan hatten, genauestens informiert zu sein.

»Wir haben Sie neulich beim Spaziergang gesehen. Wie gut Sie mit Dennis McCarthy umgehen konnten, der ist normalerweise nicht besonders gesprächig bei Fremden. Und wie geht's dem Herrn und Meister? Jetzt wird's hektisch für ihn, das kann man wohl sagen. Die ganze Nacht, bis zum Morgen fährt er hin und her. Ich habe gehört, Sie ziehen jetzt ein Lamm auf? Warum bringen Sie es nicht mal zu mir hoch? Bringen Sie's doch mal bei mir oben vorbei, nur für einen kleinen Besuch.«

»Es ist krank«, sagte ich.

»Krank?«, Peggy trat erschreckt einen Schritt zurück. »Was hat es denn?«

»Kryptosporidiose«, erzählte ich ihr und verhaspelte mich bei dem Wort.

»Oh Jesus, das ist eine schreckliche Sache. Die armen Lämmer, wenn sie das haben, siechen sie dahin, magern in kürzester Zeit ab. Oh Gott, das ist schrecklich. Aber Ihr Mann ist doch Tierarzt, der kann doch sicher was dagegen tun?«

»Es ist offenbar schwierig zu behandeln«, sagte ich und spürte, wie ein schlechtes Gewissen von mir Besitz ergriff.

»Ah, das ist es, das ist es, bei Gott, das ist es. Wir haben viele gute Lämmer durch diese Krankheit verloren.«

Ich wendete mein Fahrrad.

»Fahren Sie nach Hause? Kümmern Sie sich gut um das Lamm. Und bringen Sie es zu mir hoch, wenn es ihm besser geht.«

Dora war nach ein paar Tagen wieder bei Kräften, verschlang ihre Milchfläschchen und nahm Stunde um Stunde zu. Als wir eines Morgens zu Peggy aufbrachen, hüpfte sie neben mir her, sprang in die Luft und machte dabei diese verrückten Verrenkungen mit ihrem Körper, bei denen alle vier Hufe auf einmal den Boden verlassen. Aber als wir den Feldweg erreichten, verlangsamten sich ihre Schritte, bis sie schließlich vollends zum Stehen kam. Sie stand da und starrte auf eine Weide, auf der neun gebieterische Schafböcke mit eindrucksvollen, gedrehten Hörnern standen und herausfordernd zurückstarrten. Zwischen ihnen hüpften zwei große, glänzende Raben auf und ab, sie suchten nach Schafwolle für ihre Nester.

Dag und Dora lernen sich kennen.

»Los!«, ermutigte ich Dora und hoffte, dass keine Schafhirten in der Nähe mich hören konnten. »Du schaffst das!«

Ein Stückchen weiter trafen wir auf Chloe, die allerdings zu sehr damit beschäftigt war, sich an der Hecke gütlich zu tun, um uns zu bemerken. Mittlerweile quälte sich Dora hinter mir her und ihre Ohren hingen herunter, als ob sie ein schweres Gewicht zu tragen hätte. Wieder hielt sie inne. Ich stemmte meine Arme in die Seiten und sah auf sie herab. Da kam der grüne Postwagen in gewohnt halsbrecherischer Geschwindigkeit die Straße entlanggesaust und hielt stotternd neben uns an. Der Postbote kurbelte sein Fenster herunter, lehnte sich heraus und unterzog Dora einer ausgiebigen Betrachtung.

»Ist das Ihr Hauslamm?«, erkundigte er sich. »Es ist gut in Form.«

»Ich kann sie nicht dazu bringen weiterzugehen«, beklagte ich mich.

»Ah, sie ist noch jung und der Asphalt ist hart für sie. Schafe gewöhnen sich nie daran. Ihre Hufe sind für die Felder gemacht, nicht für harte Straßen. Auf Wiedersehen.«

Er fuhr weiter in Richtung Hafen. Ich hob das fast sieben Kilo schwere Lamm in meine Arme und trug es den Rest des Weges. In den Fuchsiensträuchern, die Peggys Auffahrt säumten, sah man zwischen den braunen Überresten vom letzten Jahr frische scharlachrote Blüten und noch fest eingerollte Knospen aufblitzen. In den Mauerritzen öffneten sich in einem Bett aus glänzenden, grünen Blättern die gelben Blüten des Schöllkrauts. Ein Kiebitz landete auf einer Mauer und stellte kurz seine schwarzweißen Schwanzfedern zur Schau, um dann mit ruckartigen Flugbewegungen weiter über die Felder zu ziehen.

»Hallo!«, rief Peggy. Sie stand in der Tür und trug eine dicke Jacke. »Sie haben Ihr Lamm aber weit getragen! Hatte der Postbote irgendwelche Neuigkeiten für sie?«

Zwei schwarze Katzen saßen auf der Fensterbank. Auf dem Hof verspeiste ein Esel gerade ein paar Weißbrotrinden, die auf dem

Boden verstreut vor ihm lagen. Drei Schäferhunde scharwenzelten um Peggys Beine. Als sie Dora anbellten, floh sie unter den Esel.

»Ab ins Körbchen, Jungs, ins Körbchen!«, befahl Peggy den Hunden. Sie griff Dora und klemmte sie sich unter den Arm. »Wenn du da stehen bleibst, kriegst du einen Tritt von Bess, ganz bestimmt.«

»Ihr Esel sieht aber putzmunter aus«, sagte ich und bewunderte sein gesundes graues Fell und die sauberen Hufe.

»Ah, Bess ist gut in Schuss für ihre fast zwölf Jahre. Sie hat mir ihr ganzes Leben lang treu gedient, hat die Kühe auf die Weiden getrieben und das Kraftfutter für die Schafe auf ihrem Rücken den Berg hinaufgetragen. Jetzt ist sie im Ruhestand, sie ruht sich aus, und das hat sie weiß Gott verdient.«

Sie setzte Dora auf dem nackten Betonboden des Wohnzimmers wieder ab. Ein verkleideter Treppenaufgang zog sich an einer Wand hinauf. Auf der anderen Seite befand sich ein Kamin, in dem zwischen zwei niedrigen Steintreppchen ein Torfhaufen brannte. Ich ließ mich auf einer Bank nieder, die den Großteil der dritten Wand einnahm. Von hier bot sich durch das Fenster und die geöffnete Haustür ein wunderbarer Blick auf das ganze Tal.

»Wenn wir hier sitzen, können wir Ihr Haus nicht sehen«, erzählte Peggy mir. »Aber wir brauchen nur zwei Schritte nach draußen zu machen, dann wissen wir genau, ob bei Ihnen der Kamin brennt oder nicht.«

Meinen Beteuerungen, keinen Hunger zu verspüren, zum Trotz stellte sie mir zum Tee mit Butter bestrichene Salzkräcker, Sandwiches und Biskuitkuchen auf den Tisch. Eine Zeit lang schmiegte Dora sich an mich und nagte an meiner Wachsjacke, wie um sich in dieser neuen, fremdartigen Welt zu trösten und zu beruhigen. Als sie sich endlich ein Herz gefasst hatte, erforschte sie langsam das Zimmer. Sie steckte gerade mit dem Kopf in einem Torfeimer, als ich bemerkte, wie sich langsam unter ihr eine Urinlache bildete. Peggy wehrte meine Entschuldigungen ab, nahm sich einen Mopp und wischte die Bescherung auf.

»Das passiert doch dauernd, ich habe die Asche heute sowieso noch nicht aufgekehrt.«

Abgesehen von ihrer Mutter, die oben ein Schläfchen machte, war Peggy allein im Haus. Ihr Mann Michael machte mit der Tochter Nell ein paar Besorgungen in der Stadt. Peter war in der Schule und John, der Älteste, kümmerte sich auf der Weide um die Kühe.

»Gerade eben hat uns ein Mann ein Kalb gebracht, es ist nur ein paar Wochen alt und kommt als Ersatz für eins, das gestorben ist«, erklärte Peggy. »Wir haben es in den oberen Stall gebracht. Jetzt müssen wir eine Mutterkuh, die ihr Kalb verloren hat, mit ihm zusammenbringen. Wir hoffen, dass sie es annimmt und dass das Kleine von ihr trinkt.«

Mir wurde schlagartig klar, dass sie bei meinem Eintreffen wohl im Begriff gewesen war, zu ihrem Sohn auf die Weide zu gehen. Ihre Höflichkeit hatte es ihr jedoch verboten, mir dies zu sagen. Obwohl John zweifellos in der Kälte ausharrte und sich fragte, wo seine Mutter wohl blieb, wusste ich, dass Peggy dies nie zugeben würde und mir eher noch mehr Tee und Kräcker aufdrängen würde. Es gab nur einen Ausweg aus diesem Dilemma.

»Ich würde gern das neue Kälbchen sehen«, sagte ich. »Könnten wir zusammen hingehen?«

»Natürlich können wir das! Und Dora kann auch mitkommen. Auf geht's.«

Dora hatte keinerlei Schwierigkeiten, auf Gras und Boden zu laufen. Auf dem Feldweg sprang sie fröhlich hinter uns her. Wir passierten einige verlassene Bauernhöfe und kamen dann an eine Weide, auf der ungefähr 15 Kühe und ein paar Kälber grasten. Wir trafen auf John, der an einer Mauer lehnte. Er wirkte schüchtern und zurückhaltend, unsere Ankunft beobachtete er mit zusammengekniffenen Augen.

»Das ist die Mutterkuh.« Peggy zeigte auf eine braune Kuh. »Jetzt schauen Sie sich das mal an, sie hat schon wieder keine Milch mehr. Gestern war sie prall gefüllt und als John am Abend hinunterging, um sie zu melken, hatte Creamy die Sache doch tatsächlich schon wieder erledigt.«

Creamy war der Name einer schwarzbunten Kuh, die in der Nähe graste.

»Zehn Jahre alt und benimmt sich immer noch wie 'n Kalb«, grummelte Peggy. »Klappert alle Kühe ab und klaut uns die Milch unter der Nase weg.«

Sie und John gingen mit den Hunden auf die Weide. Sie liefen um die Kühe herum, näherten sich dann langsam der verwaisten Mutterkuh und trieben sie näher an das Gatter heran.

»Husch, husch, husch!«, rief Peggy laut.

Mit ausgebreiteten Armen und erhobenem Stock hüpfte sie jedes Mal, wenn das nervöse Tier an ihr vorbeiziehen wollte, behände auf die Seite. Die Kuh hielt den Kopf gesenkt und beobachtete sie aus den Augenwinkeln. Plötzlich brach sie aus und flitzte quer über die Weide bis zur gegenüberliegenden Seite, die Hunde wild bellend auf den Fersen.

»So ein räudiges Mistvieh!«, rief John aus.

Ich fand es schockierend, dass er solche Ausdrücke vor seiner Mutter verwendete, aber dann ertönte Peggys Echo.

»Sie ist ein verdammtes Mistvieh, ja wirklich, und was für eins!«

Nach zwanzig Minuten harter Arbeit hatten sie die Kuh durch das Gatter getrieben und das Tier trottete auf dem Feldweg vor uns her. Ich warf Peggy einen bewundernden Blick zu. Ihr Gesicht war gerötet, doch ihr Atem ging ruhig.

»Sie müssen sehr fit sein«, sagte ich.

Sie lachte und schüttelte den Kopf.

»Ach, wir erleben einfach täglich solche Situationen.«

Der Weg führte zu einem verfallenen Haus. Die Eingangstür war mit Brettern vernagelt und aus den Fenstern im Obergeschoss, die einen wunderbaren Ausblick über die Bucht von Dingle boten, wuchsen Büsche.

»Dieses Haus gehörte mal Patsys Mutter«, sagte Peggy. »Es ist wirklich ein schönes Haus. Jeden Sommer kommen Fremde und wollen es kaufen, aber bald wird es Nell gehören. Is am besten, wenn das Land in der Familie bleibt.«

Das spindeldürre Kalb befand sich in einem Stall am Haus. John trieb die Kuh hinein und band sie in Reichweite eines Futterkorbs und eines Wassereimers an der Mauer fest. Sie drehte sich nach dem Kalb um und verrenkte sich den Kopf, um es zu beschnuppern, aber es zeigte kein Interesse an seiner neuen Mutter.

»Bis jetzt ist es nur aus einem Eimer gefüttert worden, es könnte recht schwierig werden, es zum Saugen zu bewegen«, sagte Peggy. Sie klopfte der Kuh auf das Hinterteil. »Na, mein Mädchen, da ist dein neues Kind und wir gehen jetzt nach Hause und beten, dass ihr euch aneinander gewöhnt.«

Als wir den Weg wieder zurückgingen, zeigte Peggy auf die Häuser im Tal und erklärte mir, wer dort wohnte und in welchem Verwandtschaftsverhältnis diese Leute zueinander standen. Es fiel mir schwer, diesen Erläuterungen zu folgen, denn nicht allein das Netzwerk von Eheschließungen, Erbschaften und Fehden über Land- oder Wasserrechte stiftete Verwirrung, sondern auch die Namen der Beteiligten. Benannt nach den alten gälischen Clans, die einst diesen Teil Kerrys regierten, hieß fast jeder in diesem Tal noch immer entweder O'Sullivan, O'Donaghue oder O'Shea. Damit man sie voneinander unterscheiden konnte, trugen die Männer häufig zusätzlich zu den Vornamen ihrer Väter noch einen eigenen. Unter unseren Nachbarn gab es einen John Joe O'Sullivan, einen Michael Pat O'Sullivan und einen John Pat O'Sullivan. Spitznamen dienten demselben Zweck, sie gingen meist auf Ereignisse in der Familiengeschichte zurück. John *Smith* O'Sheas Vater war Schmied gewesen, der Großvater von Johnny *the Horse* hielt Pferde und der Vater von Mickey *Wireless* hatte auch den Spitznamen *Wireless* getragen, aber den Grund dafür kannte keiner mehr. Manchmal konnte man von den Spitznamen Rückschlüsse auf persönliche Merkmale ziehen. *Texas* besaß so viele Schafe und Land, dass man ihn für einen Großbauern hielt. Paddy *Fox* hatte buschiges, rotes Haar, Michael *the Mouth* hielt nie den Mund und John *Batty* hatte den Ruf, über die Maßen exzentrisch zu sein. Mein Lieblingsspitzname war Gerald *Cassure*, der eines Abends anrief, als Dag Notdienst hatte.

»Hier ist Gerald O'Sullivan und ich hab hier eine Kuh mit einem Loch im Euter«, sagte er. »Ihr Mann war schon mal bei mir. Sagen Sie ihm, Gerald *Cassure* hätte angerufen, dann weiß er Bescheid.«

Als ich ihn fragte, was *Cassure* bedeute, erklärte er mir, dass dies das gälische Wort für Hammer sei. »Und wie sind Sie zu diesem Spitznamen gekommen?«

Er hielt inne, dann lachte er. »Wahrscheinlich, weil ich ein frecher Bursche bin!«

Mittlerweile hatte sich Chloe quer über die Stufen des Vordereingangs gelegt und käute wieder. Wir mussten sie erst wegscheuchen, bevor wir eintreten konnten.

»Jetzt gibt sie Ruh, aber manchmal ist sie vom Teufel besessen und donnert gegen die Tür, damit man sie reinlässt«, sagte Peggy. »Einmal hatten wir einen Cousin zu Besuch und der ist mitten in der Nacht von einem schrecklichen Poltern wach geworden. Also rannte er im Schlafanzug die Treppe runter und griff sich die Schrotflinte, um dem Verrückten an der Tür Beine zu machen. Aber als er nach draußen rannte, war da nur Chloe, die reingelassen werden wollte, und er stolperte doch glatt über sie und brach sich fast den Schädel!«

Nell und ihr Vater, ein beleibter Mann mit einem freundlichen Gesicht, waren inzwischen aus der Stadt zurückgekehrt. Er saß auf der Bank und hatte die Straße im Blick.

»Ihr Mann ist vor kurzem erst hier vorbeigefahren«, erzählte er mir. »Heute hat er früh Mittag gemacht.«

Dora sprang auf das Kissen neben Michael. Ich eilte durchs Zimmer, um sie wegzuscheuchen, aber er lachte nur und tätschelte sie mit seiner gesunden Hand.

»Es gefällt ihr hier. Sie ist ein feines Lämmchen.«

Man bot mir mehr Tee an, dazu Sherry, Whiskey, Sandwiches mit gekochtem Schinken und Kuchen. Ich lehnte alles ab und behauptete, ich müsse nach Hause, um Dora und Dag zu füttern.

»Kommen Sie doch mal wieder vorbei«, sagte Peggy zum Abschied. »Bringen Sie doch das nächste Mal ihren Mann mit und nehmen Sie auch Dora mit. Sie kennt sich schon hier aus, das tut sie, und jetzt, wo sie uns kennt, fühlt sie sich hier ganz wie zu Hause.«

»Ich fühle mich hier auch ganz wie zu Hause«, gestand ich schüchtern.

Ihr Gesicht erhellte sich.

»Natürlich. Und warum auch nicht? Sie sind herzlich willkommen. Kommen Sie bald wieder!«

Dreizehn

Eines Samstagabends besuchten wir *O'Rourkes Bar*. Es war ruhiger als sonst, weil die meisten Stammgäste beim Gottesdienst waren. John Joe Rourke saß auf einer Bank vor der Heizung, eine Pfeife im Mund, und vor ihm auf dem Tisch lag eine aufgeschlagene Tageszeitung. Neben ihm saß seine Frau May in einer weiten, handgestrickten Jacke, die sie über Schürze und Kleid zugeknöpft hatte. Zwei Männer saßen gebeugt über einem Tisch in der Nähe und hielten sich an einer Flasche Guinness fest. Sie schauten alle auf das recht prekär auf einem hohen Regal platzierte Fernsehgerät, in dem die Nachrichten liefen. Als wir eintraten, wandte nur May ihren Blick ab, um uns zu begrüßen.

»Hier kommt der neue Tierarzt mit seiner Frau«, sagte sie zu ihrem Mann, der ein Stückchen weiterrückte, um auf der Bank für uns Platz zu machen.

Sie lief mit schweren Schritten über den Linoleumboden zur Theke. »Trinken Sie wieder zwei Pints Murphy's, wie das letzte Mal?«

Den Nachrichten folgte der Wetterbericht. Eine hübsche junge Meteorologin zeigte auf eine Karte von Irland, die mit dicken schwarzen Regenwolken verziert war.

»Die sagen übles Wetter voraus«, sagte John Joe mit der Pfeife zwischen den Zähnen. »Das is nich gut für die Lämmer.«

May brachte unser Bier an den Tisch, räumte die Zeitungen weg und setzte sich neben uns.

»Als Nächstes kommt die Ziehung der Lottozahlen«, teilte sie uns vertraulich mit, »dann schalten wir um auf *The Winning Streak*.

Die beiden Männer warfen uns immer wieder Blicke zu, aber jedes Mal, wenn wir hinübersahen, wandten sie sich schnell wieder ab. Schließlich fragte Dag den Jüngeren, warum er lieber Guinness aus der Flasche trank als vom Fass. Der Mann lehnte sich vor und antwortete.

»Das Bier vom Fass ist schwächer.« Sein Ellenbogen rutschte vom Tisch und sein Kopf zuckte heftig zurück. »Das Bier aus der Flasche ist stärker. Davon braucht man nur zwei Flaschen zu trinken, die sind genauso stark wie drei Bier vom Fass.«

Auf dem Bildschirm rollten bunte Bälle in einer durchsichtigen, großen Plastikkugel herum.

»Hast du unseren Lottoschein?«, fragte John Joe May.

Sie suchte in ihrer Schürzentasche danach und zog ein Stück Papier heraus. »Hab ich. Lasst uns zu Gott beten, dass wir endlich auch mal Glück haben.«

Die Bälle kullerten nun in eine Rinne am unteren Ende der großen Kugel. Ein Mann im Anzug nahm eine nach der anderen hoch und las die Zahlen ab.

»Bei Gott, wir haben schon zwei«, rief May aufgeregt.

Der Begleiter des betrunkenen Mannes starrte mich an. Er hatte ein freches Augenzwinkern und seine Mütze saß verwegen schräg auf dem Kopf.

»Sind Sie verheiratet?«, rief er plötzlich.

»Timmy O'Driscoll, sei nicht so anzüglich!«, fauchte May. »John Joe, haben wir noch eine Zahl richtig?«

»Haben wir nicht. Jetzt müssen wir mindestens noch eine Woche warten, bis wir unseren Ruhestand in Florida antreten können.«

»Ah, da würd ich sowieso nicht leben wollen«, sagte May zu mir. »Ich bin einmal da gewesen, um meine Cousine in Orlando zu besuchen. Sie hatte ein schönes Haus mit einem Pool im Garten. In der Küche stand der größte Kühlschrank, den ich je gesehen hatte, er war größer als ich und hatte zwei Türen, da hätt ich ohne Probleme drin wohnen können. Die Menschen in Amerika waren sehr freundlich, das waren sie wirklich, aber den Süden von Kerry würde ich wegen denen nie verlassen. Hier hab ich mein ganzes Leben lang gewohnt, ich kenne jeden und jeder kennt mich. Wen würde ich in Amerika schon kennen? Da wär ich schrecklich einsam.«

Dag und der Mann am Nebentisch hatten sich anderen Themen zugewandt.

»Spielen Sie Lotto?«

»Nein, das interessiert mich nicht.«

»Wetten Sie auf Pferde?«

»Ja, das tue ich tatsächlich. Pferderennen sind meine Leidenschaft.«

Er erzählte Dag alles über seine Ponys und wie er sie zu den regionalen Straßenrennen angemeldet hatte.

»Genau, Danny, hast du die Ponys nicht von Dennis McCarthy gekauft?«, fragte May. »Das hier ist der neue Tierarzt und dieses Mädel hier ist seine Frau. Sie füttert die Ponys von Dennis mit Karotten.«

Ich schwieg und fragte mich, woher May dies wissen konnte.

»Dennis hat mir schon erzählt, er hätte eine nette neue Nachbarin«, sagte Timmy O'Driscoll mit einem Augenzwinkern. »Auf den muss man aufpassen. Der ist verrückt nach Frauen. Nach dem Gottesdienst kommt er sicher auch her.«

»Eine meiner Stuten bekommt bald ein Fohlen«, teilte Danny Dag mit. »Wir haben sie mit einem gefleckten Pferd gekreuzt. Wenn daraus eine gefleckte Stute hervorgeht, dann wird sie über 600 Euro wert sein. Wenn's ein Hengst wird, kann ich nur mit der Hälfte rechnen. Is ein Spiel, stimmt, aber das gehört dazu.«

»Mensch, May, vergiss nicht *The Winning Streak*!«, rief John Joe plötzlich.

»Oh, Gott, stimmt, das läuft ja im anderen Programm.«

Sie holte einen langen Ast hinter der Theke hervor, stellte sich in ihren Pantoffeln auf die Zehenspitzen und versuchte, mit dem Ast den Knopf am Fernseher zu erreichen.

»Jetzt können wir's uns eine Weile bequem machen«, sagte sie und setzte sich neben mich, während der Vorspann lief. »Solange das hier läuft, wird keiner bedient.«

Ein enthusiastisch klatschendes Studiopublikum erschien auf der Bildfläche. Dann erstrahlte das lächelnde Gesicht des Moderators im Bild. Durch das dick aufgetragene Make-up leuchtete seine Haut in einem grellen Orangeton.

»Der Vollidiot hat sich seine Bräune ganz bestimmt nicht im guten alten Irland geholt, darauf kannst du dich verlassen«, kicherte Timmy.

»Timmy O'Driscoll, solche Ausdrücke will ich nicht hören!«, schimpfte May. »Wenn ich noch so einen Ausdruck von dir höre, kannst du gleich gehen!«

Bei dem Spiel handelte es sich um eine elektronische Version des Rubbelloses. Vier Spieler saßen an kleinen Schreibtischen und wählten Zahlen aus, bei denen verschiedene Geldsummen auf einem Monitor erschienen. Obgleich dieses Spiel keinerlei Können oder Intuition erforderte, grölte und pfiff das Publikum jedes Mal, wenn eine Summe auf dem Monitor aufleuchtete. In den Spielpausen befragte der Moderator seine Spieler nach ihrem Privatleben.

»Hier haben wir Michael Malloy aus Killala im County Mayo.«

Aus dem Publikum erscholl lauter Jubel. Die Kamera schwenkte auf eine Gruppe, die Schilder mit der Aufschrift »Viel Glück, Michael« und »Killala Forever« in die Luft hielt.

»Nun, Michael, soweit ich weiß, können Sie eine faszinierende Geschichte über einen Baum erzählen, der Sie fast erschlagen hätte«, sagte der Moderator.

Michael ließ einen Finger unter den scheinbar viel zu engen Hemdkragen wandern.

»War das nicht, als Sie draußen beim Pflügen waren?«, ermunterte ihn der Moderator.

»Ähm, ja, das stimmt, es passierte, als ich auf dem Traktor saß.«

Die Eingangstür zum Pub öffnete sich. Dennis hoppelte herein. Er hievte sich auf einen Barhocker und nahm eine Packung Zigaretten aus der Innentasche seines Jacketts.

»Dennis McCarthy!«, juchzte Timmy frohlockend. »Kennst du schon dieses Mädel, das deine Ponys mit Karotten füttert?«

Dennis drehte sich zu uns um, runzelte die Stirn und wandte den Blick wieder ab.

»Dennis!«, Timmy machte unbarmherzig weiter. »Hast du keine Angst, dass eines deiner Ponys an einer Karotte erstickt? Komm doch her, Dennis, setz dich zu deinen Nachbarn.«

May tätschelte mein Knie. »Mach dir nichts aus Timmy O'Driscoll. Der macht nur Spaß.«

Die Tür öffnete sich erneut. Zwei Pärchen machten sich auf den Barhockern neben Dennis breit. Die Männer nickten May zu, ihre Frauen starrten auf den Fernseher. Mit einem Seufzer kam May auf die Beine.

»Jetzt kommen sie alle hergerannt. Ich wünschte, der Pfarrer würde warten, bis *The Winning Streak* vorbei ist, bevor er seinen Gottesdienst beendet.«

Ein Mann in einer schicken Lederjacke hatte sich zu Danny und Timmy gesellt. Er beugte sich vor, um Dags Hand zu schütteln, und erzählte ihm, er habe sich kürzlich zur Ruhe gesetzt und wäre nun nicht mehr Bauer.

»Er ist Junggeselle, aber er hat überall auf der Halbinsel seine Frauen«, warf Timmy ein.

»Du bist ein Gauner, Timmy«, sagte der Mann.

Der Pub füllte sich in rasantem Tempo und auf Sichthöhe hatten sich mittlerweile Rauchschwaden gebildet. Im Fernsehen näherte sich *The Winning Streak* seinem Finale. Der Moderator stand neben einem riesigen Rad. Sein neonbeleuchteter Rand war in kleinere Abschnitte unterteilt, in denen verschiedene Geldsummen standen. Auf der anderen Seite stand die Gewinnerin in spe, Catherine aus Longford, zu deren Hobbys Power Walking und Teppichknüpfen gehörten.

»Nun, Catherine«, sagte der Moderator. »Drehen Sie so fest Sie können an dem Rad und dann viel Glück!«

Als sie das Rad ergriff und es mit einem kräftigen, scharfen Ruck drehte, grölten Catherines Anhänger los. Alle Farben verliefen ineinander. Dann verlangsamte es sich, zuerst erkannte man die Speichen und dann den Ball, der von Abschnitt zu Abschnitt wanderte. Alle Blicke waren auf diesen Ball gerichtet, seine Endposition würde Catherines Hauptpreis bestimmen. Die Spannung stieg, er hüpfte von 30 000 Euro auf 85 000 Euro, auf 8000 Euro, dann auf 45 000 Euro. Das Rad drehte sich langsamer und langsamer. Es hatte fast aufgehört, sich zu drehen, und der Ball befand sich im Abschnitt 400 000 Euro. Das Publikum hielt die Luft an. Der Ball rollte noch ein wenig, verharrte auf der Kante und fiel dann herunter.

»NEIN!«, stöhnten alle Besucher in *O'Rourke's Bar* wie aus einem Mund.

Als der Ball im Abschnitt für 10 000 Euro hängen blieb, kam das Rad schließlich zum Stillstand.

»Jesus, das war aber Pech!«, sagte der Mann in der Lederjacke.

»Gratuliere, Catherine!«, rief der Moderator, ihre offensichtliche Enttäuschung ignorierend. »10 000 Euro zusätzlich zu den 6740 Euro, die Sie bereits gewonnen haben. Das ist das Ergebnis Ihrer Glückssträhne!«

»Ah, das Mädel sollte dankbar sein«, sagte John Joe. »Würden die meisten von uns sich nicht über 10 000 Euro freuen?«

Dennis beugte sich über die Theke und flüsterte May etwas ins Ohr. Sie kam zu uns herüber und blieb mit verschränkten Armen vor unserem Tisch stehen.

»Dennis McCarthy möchte Ihnen und Ihrer Frau einen ausgeben.«

»Oh, das ist sehr nett von ihm«, sagte Dag. »Wir setzen uns zu ihm an die Theke.«

»Verlassen Se jetzt bloß nich wegen Dennis Ihren Mann!«, grölte Timmy mir hinterher.

Von seinem Barhocker aus warf Dennis durch die blauen Rauchschwaden einen Blick auf Dag.

»Nun, Sir, ich freue mich, Sie kennen zu lernen. Ich habe Ihre Frau gar nicht erkannt, als ich hereinkam. Ich wusste nicht, dass Sie es waren, bis May es mir sagte. Wie schön, dass Sie diesen Pub gefunden haben. Das hier ist eine gute Wirtschaft. Hier gibt es gute Leute und gute Getränke. Is nich gut, gute Getränke zu haben, wenn es dazu nur schlechte Leute gibt oder gute Leute, aber schlechte Getränke.«

Timmy grölte weiter aus seiner Ecke Bemerkungen über die Ponys zu uns herüber. Dennis drehte sich um und bedachte ihn mit einem finsteren Blick.

»Was halten Sie von diesem Mann?«

»Er ist wohl ein kleiner Spaßvogel«, sagte ich.

»Das ist er in der Tat. Er hat in jedem Pub außer diesem hier Hausverbot. An einem Samstagabend saß ich beim Gottesdienst neben ihm. Er hatte mich auf dem Kieker und hat mir ständig seinen Ellenbogen in die Rippen gestoßen. Die Frau vor uns hatte ihren Stock auf die Kniebank gelegt. Hat sich der Timmy O'Driscoll doch glatt den Stock geschnappt und über meinen Kopf gehalten, als ob er mir damit eins überbraten wollte! Dann ließ er los und der Stock fiel lautstark zu Boden. Der Mann hinter uns sagte, man könnte meinen, man sei im Zirkus, wenn man uns so beobachte. Beim Gottesdienst setz ich mich nie wieder neben Timmy.«

»Und, schon ein paar Lämmer gekriegt, Dennis?«, erkundigte sich May.

»Eins! Und wenn mehr kommen, hab ich nicht vor, diesen Mann um Hilfe zu bitten.«

Er zündete sich noch eine Zigarette an und warf Dag einen forschenden Blick zu.

»Ich weiß selber genug über die Tiere. Es gibt welche, die keine Ahnung haben, aber zu denen gehör ich nich. Außer den Ponys habe ich noch zwei Esel. Für einen von ihnen habe ich fast 80 Euro bezahlt. Einige Esel kosten mehr. Ich hab mal einen gescheckten Esel auf dem Markt gesehen und ich dachte, der wär 150 Euro wert. Aber der Besitzer wollte 700. Heutzutage sind die Leute in diesem Land verrückt nach Eseln. Das ist gerade große Mode. Sie stellen sie zu den Kühen auf die Weide. Es gibt eine Rinderkrankheit, Babesiose, die wird durch Zecken ausgelöst, aber das wissen Sie wahrscheinlich alles selber. Eine Kuh hätt ich fast deswegen verloren. Musste den Tierarzt holen, damit er sie untersucht. Also hab ich jetzt die Esel zu meinen Rindern gestellt und die gehen jetzt nicht mehr an Babesiose zugrunde. Haben die Ihnen das an der Universität beigebracht?«

»Nein, kann mich nicht erinnern.«

»Warum verhindern die Esel, dass die Rinder Babesiose kriegen?«, fragte ich Dennis.

Er zog eine Weile schweigend an seiner Zigarette.

»Weil die das Gras fressen, in dem die Zecken sitzen, die die Krankheit übertragen«, sagte er schließlich und sah aus, als wäre er mit sich zufrieden. »Ich bin genauso gut wie 'n Tierarzt, wissen Sie.«

»Bist du so weit, Dennis?«, rief der Mann in der Lederjacke. »Wenn ja, dann fahr ich dich nach Hause.«

Dennis kletterte schwerfällig von seinem Barhocker.

»In den nächsten Tagen, wenn ich abends mal Rauch aus dem Schornstein steigen seh, komm ich zu Ihnen rüber und dann unterhalten wir uns weiter.«

Die Besucher des Abendgottesdienstes verließen nach und nach den Pub und wurden durch eine Gruppe neuer Gäste ersetzt. Der Geräuschpegel stieg beständig. May zapfte ruhig Pint um Pint Stout, ließ jedes ein wenig stehen, damit sich der Schaum absetzen konnte und zog vor dem Servieren zum Glätten ein Messer über die sahnige Schaumkrone.

»Francis, hier, das geht aufs Haus, zum liebevollen Gedenken an deine Mutter, Gott hab sie selig. Michael, ich komme gleich.«

Leute mit Musikinstrumenten betraten den Pub und setzten sich an einen Tisch an der hinteren Wand. Es dauerte nicht lange, da hatte sich eine recht große Band mit einem Akkordeon, einem *bodhran*, einer Blechflöte, Löffeln, einer Fiedel und einer Gitarre versammelt. May brachte ein Tablett mit Pints an den Tisch. Als die Musiker sich mit ihr unterhielten, glaubte ich, in ihrem Englisch amerikanische und deutsche Einschläge zu vernehmen.

»Das sind überwiegend Ausländer, die hier in der Gegend leben. Wir nennen sie ›Zugewehte‹«, erklärte eine junge Frau auf dem Barhocker neben mir. Sie war eine hübsche Rothaarige mit einem zierlichen Nasenstecker. Auf ihrem Schoß saß ein etwa dreijähriger blonder Junge. Er nahm einen Schluck aus dem Pintglas seiner Mutter und das Stout hinterließ auf seiner Oberlippe einen Bart.

»Das Mädchen mit dem Akkordeon ist die einzige Irin unter ihnen, sie hat ein Taxiunternehmen. Der Typ mit dem *bodhran* und der mit der Fiedel kommen aus England. Sie leben jetzt hier und bringen den Kindern traditionelle irische Musik bei. Ist das nicht ulkig? Als ich ein Teenager war, konnte keiner von uns auch nur eine irische Melodie summen. Jetzt ist es total in Mode und all die alten Lieder sind wieder da.«

»Ich wünschte, ich könnte singen«, sagte ich.

»Ja, das ist wirklich eine tolle Sache. Meine Mutter redet immer von den Sessions, die sie sonntags nach dem Gottesdienst im Pub gehalten haben. Dann war es hier proppevoll und reihum sang jeder ein Lied oder erzählte eine Geschichte. Es war egal, ob jemand schlecht war, selbst wenn er nicht mal den Ton halten konnte, alle haben respektvoll zugehört. So soll's doch sein, oder? Nicht wie heute, wo immer nur kritisiert wird.«

Die Musiker spielten einen lebhaften Reigentanz. Der kleine Blondschopf klatschte in die Hände und gluckste vor Wonne. Seine Mutter stellte sich mir als Theresa vor, sie war die Frau des Mannes mit der Blechflöte. Er trug einen langen Pferdeschwanz und mehrere Ringe in den Ohrläppchen.

»Achim kommt aus Berlin«, sagte sie und ließ ihren Sohn im Takt der Musik auf den Knien hüpfen. Wir haben uns kennen gelernt, als er hier Urlaub gemacht hat. Ich wollte unbedingt nach Deutschland, aber er geht nicht zurück. Er liebt den Westen Irlands. Alle ›Zugewehten‹ denken so.«

Ich war froh, Theresa kennen gelernt zu haben. Die letzte halbe Stunde hatte Dag damit verbracht, sich mit einigen Bauern über Schafzucht zu unterhalten, ein Thema, zu dem ich nichts beitragen konnte. May stellte zwei Pintgläser mit Bier zwischen uns.

»Pat Casey gibt euch einen aus. Und hier ist ein kleines Geschenk für den kleinen Eamon.«

»Ah, May, du weißt doch, dass wir ihm nicht gern so viele Süßigkeiten geben«, protestierte Theresa, aber das Kind hatte die Hand schon nach dem Schokoladentäfelchen ausgestreckt.

Mittlerweile standen zwei Pints mit Stout vor mir, die ich zusätzlich zu dem, das ich gerade trank, auch noch in mich hineinschütten musste. Wenn ich alle tränke, hätte ich fünf Pints zu mir genommen und käme wahrscheinlich nicht mehr von meinem Barhocker herunter, an den Heimweg gar nicht zu denken. Weder Dag noch ich hatten die Biere bestellt. Sie tauchten einfach auf, wurden uns von verschiedenen Bauern im Pub ausgegeben. Jedes Mal teilte May Dag mit, von wem sie ausgegeben worden waren. Der Tradition des Landes gemäß bestellte er dann eine Runde für diese Person und dessen Begleiter und immer gab es einen unter ihnen, der sich verpflichtet fühlte, uns und jedem, mit dem wir uns gerade unterhielten, wieder ein Bierchen zu spendieren. Das ging immer so weiter, wurde zu einer Spirale, die völlig außer Kontrolle geraten würde, wenn wir den Pub nicht bald verließen.

»Ihr Mann ist Tierarzt?«, fragte Theresa. »Dann muss ich mich mal mit ihm unterhalten. Eines meiner Schafe ist ständig krank.«

»Sind Sie Bäuerin?« Ich war überrascht, weil sie überhaupt nicht danach aussah.

»Nein, gar nicht, ich halte nur zum Spaß ein paar Schafe. Ich hab einen Schafbock und dreizehn Schafe, die ich selber mit der Flasche großgezogen habe. Die Bauern um uns herum wussten, dass wir eine kleine Herde haben wollten, und deshalb gaben sie ihre schwachen Lämmer lieber zu mir, als sie gegen die Wand zu schlagen. Emma ist mein Lieblingsschaf und sie ist krank. Letztes Jahr litt sie unter akuter Blähsucht, dann hatte sie eine Fehlgeburt und jetzt verliert sie ihr Fell.«

Ich wollte ihr gerade von unserem Lämmchen erzählen, als Dag und seine Kumpel sich in unsere Unterhaltung einmischten.

»Es verliert sein Fell, sagen Sie?«, fragte Dag.

»Ah, Wollverlust, das ist eine böse Sache«, sagte ein Bauer.

»Könnte eine Hautentzündung sein«, schlug ein anderer vor.

Eamon war auf Theresas Schoß eingeschlafen. Sie wiegte ihn hin und her.

»Der Tierarzt war letztes Jahr mehrere Male bei uns und ich hab sie auch in die Praxis gebracht. Sie hat mich schon ein Vermögen gekostet. Für das Geld hätt ich mir eine ganze Herde kaufen können, aber sie ist ein echter Schatz.«

Die Session war mittlerweile in vollem Gange und die Band spielte einen Tanz nach dem anderen. Die Fenster des Pubs waren beschlagen und es wurde eifrig und heftig getrunken und geredet. Ich hatte Theresa an die Bauern verloren, also hörte ich ein paar Männern zu, die sich neben mir unterhielten. Sie diskutierten über ein Kreuzworträtsel in der aktuellen Ausgabe der *Irish Times*.

»Mir fehlt nur noch eins, vier Buchstaben, »kleines Bächlein«, am Anfang ein ›r‹ und am Ende ein ›l‹. Fällt euch was ein?«

»Himmel, ich komm nicht drauf, was das wohl sein könnte.«

Das Wort *rill* kam mir in den Sinn, aber ich wusste nicht, wo ich es ausgegraben hatte.

»Was in Gottes Namen ist ein *rill*?«, fragte einer der Männer.

»Ich glaube, es ist ein Bächlein oder so was«, sagte ich unsicher.

»Jesus, sie hat Recht«, sagte sein Freund aufgeregt. »Es ist ein altes Wort aus dem Elisabethanischen Zeitalter, ich hab's bei Shakespeare gelesen. Lass uns einfach nachsehen. Kannst du uns mal das Wörterbuch rübergeben, May?«

Ein *Concise Oxford Dictionary* wurde hinter einem Karton mit Zigaretten hervorgekramt, *rill* wurde gefunden, für richtig erklärt und das Kreuzworträtsel war gelöst.

»Und noch eins fertig. Darauf trinken wir einen. May, wir hätten gern zwei Pints und einen Drink für diese junge Dame hier.«

Meine neuen Freunde entpuppten sich als der Bankdirektor und der Apotheker des Ortes. Beide hatten großes Interesse an Literatur und hielten mir während ein paar weiteren Runden einen unterhaltsamen Vortrag über die Vorzüge der neuen irischen Dichtung. Nach einer unbestimmten Zeit verließen Dag und ich mit der Akkordeonspielerin den Pub. Wir waren beide nicht mehr in der Lage zu fahren, also hatte sie sich bereit erklärt, uns während einer Spielpause mit ihrem Taxi nach Hause zu bringen.

Da die Sperrstunde bereits lange überschritten war, hatte May die Gardinen zugezogen und uns alle eingeschlossen. Sie steckte ihren Kopf zur Tür nach draußen und versicherte sich, dass kein *garda* durch die Straße patrouillierte.

»Ihr geht aber früh«, sagte sie verwundert, als wir an ihr vorbeistolperten. »Die werden hier alle gerade erst warm.«

Vierzehn

Auf der Halbinsel Iveragh läuft die Lammungszeit für Bergschafe erst nach dem *Saint Patrick's Day*, wenn alle ihren Kater auskuriert haben, richtig auf Hochtouren. Kevin O'Shea, der nie Alkohol trank, scherte sich offensichtlich nicht viel um diese Übereinkunft und seine Schafe taten es ihm gleich. Noch am *Saint Patrick's Day* klopfte er um 8 Uhr früh an unsere Tür und bat um Hilfe für ein Schaf, das bei seiner einunddreißigsten Geburt Probleme hatte.

»Ab jetzt geht's richtig los«, meinte er, als ich neben ihm im Garten stand und zusah, wie Dag sein Schaf auf dem Picknicktisch untersuchte. »Auf die Schafzüchter kommt jetzt wirklich eine Wahnsinnszeit zu. Aber das Wetter müsste eigentlich besser werden, *Saint Patrick* hat versprochen, dass nach seinem Festtag alle Tage schön werden.«

Seit Tagen hatten wir nasses, böiges Wetter, aber der Morgen des 17. März war hell und sonnig, mit einem frischen Südwind. Das waren gute Nachrichten für die Festivitäten, die in den meisten Städten des Landes stattfinden sollten, und auch für die etwa eine Million Menschen, ein Drittel der Gesamtbevölkerung Irlands, die daran teilnehmen wollten. In den größeren Ballungsgebieten hatten die Feierlichkeiten bereits begonnen. In Dublin gingen sie über vier Tage und boten ein extravagantes Feuerwerk, einen Straßenkarneval und ein riesiges *ceilidh* unter freiem Himmel. Angeführt von einem jungen irischen Popstar sollten Marschkapellen, Musiker und Schausteller aus der ganzen Welt in einer riesigen Parade zu Ehren des Heiligen Patrick durch die Straßen der Stadt ziehen.

Diese Feierlichkeiten kopierten das prunkvolle Fest, das jedes Jahr von den Amerikanern irischer Abstammung in Boston und New York abgehalten wurde und wenig mit irischen Traditionen gemeinsam hatte. Mehr als eine Woche lang berichteten Zeitungen, Radio und Fernsehen über die geplanten Ereignisse an diesem großen Tag. Die Zeitung *The Kerryman* druckte eine Beschwerde über die Verwendung des Ausdrucks »*Saint Paddy's Day*« ab.

Sehr geehrter Herr, ich möchte diejenigen, die im Radio und im Fernsehen auftreten, nachdrücklich darum bitten, den Ehrentag unseres Schutzheiligen als Saint Patrick's Day *und nicht als* Saint Paddy's Day *zu bezeichnen. Auch die Printmedien haben sich der Beleidigung des irischen Volkes schuldig gemacht und sind unserem Schutzheiligen Patrick mit Respektlosigkeit begegnet. In der kommerziellen Welt wird die Bezeichnung* Saint Paddy's Day *ebenfalls sehr häufig verwendet. Meiner Meinung nach ist dies ein entsetzlicher Zustand, denn die Menschen verwehren unserem Schutzheiligen damit den nötigen Respekt.*
Hochachtungsvoll
Paddy O'Brien
Cork.

Ein Mitglied der Organisation *Our Lady of the Rosary National Crusade* rief bei der Radiosendung *Pat Kenny* an, um ihrer Sorge ob der heidnischen Qualität der Festivitäten Ausdruck zu verleihen.

»In Dublin gibt es eine Veranstaltung, bei der die Leute aufgefordert werden, sich als Erde, Wind, Feuer oder Wasser zu verkleiden«, sagte sie, »was hat das noch mit dem Heiligen Patrick zu tun? War er nicht gegen alle Arten von Hexerei und Zauberei?«

Kevin O'Shea ging ganz pragmatisch an die Feierlichkeiten heran.

»Das ist eine Gelegenheit zu zeigen, dass wir stolz darauf sind, Iren zu sein«, sagte er. »Und wir erinnern uns natürlich auch an *Saint Patrick*. Er war ein großer Mann. Wussten Sie, dass er eine

Zeit lang auch mal Schafhirte war? Ein König im alten Irland holte ihn als Sklave aus England und ließ ihn jahrelang in den Bergen im Norden arbeiten. Für einen sechzehn Jahre alten Jungen war das ein schreckliches Erlebnis. Man sagt, dies habe ihn Gott in die Arme geführt. Er floh und wurde Priester. Aber er hat uns nie vergessen. Er kam als Bischof hierher zurück und bekehrte die Kelten.«

»Feiern Sie heute?«, erkundigte ich mich.

»Vielleicht gehe ich zum Gottesdienst. Kommt auf die Lämmer an.«

Wie die meisten Schafe, die in den Bergen der Halbinsel Iveragh gehalten wurden, gehörte auch sein Bergschaf zur Rasse der *Scotch Blackfaces*. Es war kleiner als ein Landschaf, hatte längeres, struppigeres Fell, feinere Gesichtszüge und sehr dünne Beine. Aus seinem Hinterteil hingen zwei Hufe, aber der Muttermund öffnete sich nicht weit genug. Das Lamm hing fest. Dag gab dem Schaf eine Kalziumspritze in die Halsschlagader und eine Epiduralanästhesie in den Schwanz. Dann massierte er zehn Minuten lang ihren Gebärmutterhals, damit dieser sich leichter öffnete.

»Das wird eng«, sagte er schließlich, als er eine Drahtschlinge in die Vagina des Schafes manövrierte und um den Hals des Lammes legte. Ein sanfter Ruck brachte es in den Geburtskanal. Schnell ergriff Dag die Vorderhufe, streckte die Beine und drückte die Vulva zur Seite, damit das Köpfchen genug Platz hatte.

»Ja, so geht's!«, rief Kevin, als der Rest des winzigen Körpers herausglitt. »Gut gemacht!«

Die Mutter war wenig beeindruckt von ihrer neugeborenen Tochter, denn als Kevin ihr das Lamm an die Seite legte, versuchte sie es wegzustoßen.

»Ah, sie wird es schon annehmen«, sagte er und hielt der Mutter das Lamm unter die Nase.

»Sie sollten sie Patricia nennen«, sagte ich zu ihm.

»Das sollte ich wirklich, wenn man bedenkt, an welchem Tag sie geboren wurde.«

Nach dem *Saint Patrick's Day* läuft die Lammungszeit auf Hochtouren.

Am Nachmittag hielt ich auf meinem Weg zur *Saint Patrick's*-Parade in Cahersiveen nach Patricia Ausschau. Kevin O'Shea trieb seine Mutterschafe und neugeborenen Lämmer immer auf die Weiden entlang des Feldwegs, der zu unserem Haus führte. Behutsame Pflege und Dünger hatten das Gras so lang und dicht wachsen lassen, dass die neugeborenen Lämmer im Liegen praktisch nicht mehr zu sehen waren. Ein einziges Lamm, vielleicht Patricia, lag dicht an seine gemächlich wiederkäuende Mutter gekuschelt. Ganz in der Nähe tollten und hüpften einige Zwillingspärchen miteinander herum, als hätten sie Sprungfedern unter den Hufen. Als ich von meinem Fahrrad abstieg, kam mir auf wackeligen Beinen ein Lamm entgegen, das noch seine blutige Nabelschnur hinter sich herzog. Seine vom Beschützerinstinkt getriebene Mutter starrte mich herausfordernd an und stampfte zur Warnung mit dem Huf auf. Das Sonnenlicht glitzerte auf dem feuchten Gras, die ersten gelben Butterblumen hatten sich geöffnet und die Luft hallte von den näselnden Rufen der neugeborenen Lämmer wider.

Dieses Bild erfüllte mich mit tiefer Freude und ich musste einfach lachen und laut singen. Als ich den Weg weiter entlangfuhr, dachte ich an den Heiligen Patrick und war mir sicher, dass er während seiner Zeit als Schafhirte trotz aller Entbehrungen viele solche Augenblicke erlebt haben musste.

Die Geschäfte und Pubs entlang der Hauptstraße Cahersiveens waren mit grün-weiß-goldenem Brimborium geschmückt: Harfen und Kleeblätter, Gnome und Kobolde, Flaggenschmuck und Ballons, Hüte und Anstecknadeln mit der Aufschrift: »Küss mich, ich bin irisch« oder »Einen schönen *Saint Patrick's Day*«. Der Umzug hätte um 14 Uhr starten sollen und hatte bereits eine Stunde Verspätung. Familien saßen in ihren mit der Nase zur Straße geparkten Autos. Auf den Gehsteigen standen fein herausgeputzte Frauen mit Kleeblattbüscheln im Knopfloch, an den Hände hielten sie kleine Kinder, die grünes Eis verspeisten. Alte Männer saßen auf den Bänken vor der Stadtbücherei, die Jüngeren lehnten an der Mauer. Polizisten standen mitten auf der Straße und leiteten den Verkehr um. Jeder hatte einen Kommentar über das Wetter abzugeben. Wie viel Glück wir doch hätten, dass es so schön sei, Gott sei Dank, und möge es den Frühling und den Sommer hindurch so bleiben.

Dann tauchte endlich die Parade auf, angeführt von einer Gruppe jugendlicher Soldaten in grüner Uniform. Sie marschierten in strenger Formation und versuchten nicht zu grinsen, wenn sie in der Menge jemanden erkannten. Dahinter spielten die Schulkapellen, flankiert von ihren aufmerksamen Lehrern. Sie gaben auf Trommeln, Akkordeons und Blechflöten traditionelle irische Weisen zum Besten. Fast alle Kapellen hatten ein Maskottchen: Es gab kleine Mädchen, als Kleeblatt verkleidet, ihre Gesichter umgeben von großen, grünen Pappblättern; Miniaturausgaben des Heiligen Patrick mit Bischofsmützen aus grün und gold bemaltem Papier; amerikanisch anmutende Funkenmariechen in kurzen Röcken und Cowboystiefeln, die vor einer großen flatternden Trikolore Pompons und Schlägel herumwirbelten.

Vier Zugpferde zogen einen Umzugswagen aus Metall, auf dem ein winziges Pony stand und ein Schmied in Lederschürze auf seinen Amboss hieb.

»Es ist lächerlich, dass sie das zuerst zeigen«, sagte Mary Margaret O'Connell, die ich getroffen hatte, als ich Dag bei TBC-Untersuchungen auf ihrem Bauernhof geholfen hatte. »Jeder, der nach ihnen kommt, wird in die Pferdeäpfel treten.«

Unter den Tanzmariechen auf dem zweiten Wagen lag ein kleiner, in die irische Trikolore gewickelter Hund träge auf einem Stuhl, alle viere von sich gestreckt. Mary Margaret schnaubte verächtlich.

»Jetzt schau sich einer Batty McCarthys Hund an. Kläfft und springt der nicht sonst jeden an? Die müssen die arme Kreatur mit Drogen voll gepumpt haben.«

Auf dem Umzugswagen von *Keating's Bar* standen ein Dutzend oder mehr offensichtlich angeheiterte Personen, die sich um eine Theke drängten und Champagner tranken. Mary Margaret, die schon im zarten Alter von zwölf Jahren der Abstinenzler-Vereinigung *Pioneer Total Abstinence* beigetreten war und seitdem keinen Tropfen Alkohol mehr angerührt hatte, gab Laute der Missbilligung von sich. Sechs weitere Umzugswagen zogen vorbei. Am besten gefiel mir einer mit mehreren als Bergbauern verkleideten Männern, die auf alten verrosteten Fahrrädern saßen. Sie trugen zerschlissene, mit einfacher Schnur gegürtete Mäntel und hatten ihre Hosen in die dicken Wollsocken gestopft. »Ich glaube, die Tierarztpraxis sollte nächstes Jahr auch einen Umzugswagen ausstatten«, sagte ich zu Mary Margaret. »Mein Mann könnte hinten stehen und am laufenden Band Lämmer gebären.«

»Das ist mal eine gute Idee. Wenn Frank O'Leary damit einverstanden ist, sag ihm, mein Mann und ich spielen die Rolle der verarmten Bauern. Den Text kennen wir in- und auswendig.«

Die Parade zog bis zum östlichen Ende der Hauptstraße, wo die elf Richter der Jury in einem Anhänger saßen und über die Preisverteilung abstimmten. Mary Margaret zeigte auf die einzige Frau unter den Richtern.

»Die Frau da oben ist aus England. Sie kam erst vor zehn Monaten hierher, und schon ist sie überall dabei und hat sich jedem Verein und jedem Komitee angeschlossen. Gestern habe ich gehört, dass man sie ausgewählt hat, beim Gottesdienst die heilige Kommunion zu verteilen, obwohl einige von uns schon ihr ganzes Leben hier verbracht haben.«

»So was nennt man sozialen Aufstieg.«

»Genau«, stimmte sie zu. »Ganz genau!«

Als die Gewinner bekannt gegeben und die Preise verliehen wurden, ertönte Jubel und Applaus. Aber die Menschenmenge war bereits in Auflösung begriffen, magisch angezogen von den Pubs, wo man dann zum wichtigen Teil des Tagesgeschäfts überging.

Die alte Tradition, jedes Jahr am 17. März *pota Phadraic,* den »Kelch des Heiligen Patrick« zu leeren, wurde in Cahersiveen mit fast religiösem Eifer gepflegt. An diesem Abend herrschte auf der Hauptstraße Partystimmung, die Musik drang aus den Eingängen, die Menschen zogen von Pub zu Pub und gaben sich gegenseitig Tipps, wo man am meisten *craic,* Spaß, haben konnte. Die Party von *Keating's Bar* hatte bereits auf dem Umzugswagen begonnen und die Feierlaune war während der letzten fünf Stunden mächtig gestiegen. Eine kleine Kapelle konkurrierte mit lautem Gejohle und Gelächter. Wir gesellten uns zu den Leuten, die dicht gedrängt um die Bar standen, und versuchten, die Aufmerksamkeit der Bedienung zu erhaschen.

»Super hier, nich?«, grölte uns ein Mann immer wieder zu. »Ich bin aus Süd-London hergezogen und nich für Geld und gute Worte würd ich wieder zurückgehn. Super, nich?«

Im *Skellig Rock* herrschte eine etwas ruhigere Atmosphäre. Eine hübsche Kassiererin, die ich aus dem Supermarkt kannte, saß mit traurigem Blick allein an der Theke und weigerte sich, mit den jungen Männern zu reden, die in regelmäßigen Abständen zu ihr herüberwankten.

Auf dem Weg zum *Daniel O'Connell* trafen wir vor einem Geldautomaten auf eine umhertaumelnde Gruppe von jungen Leuten um die zwanzig. Der Automat hatte sich nicht nur geweigert, Geld auszuspucken, sondern auch noch die eingeführte Plastikkarte verschluckt.

»Du Huure!«, brüllte der Besitzer der Karte die Maschine an, während seine Freunde kreischten vor Lachen. »Du verflixter Bastard von einer Hure!«

An einer Mauer neben dem Eingang des Pubs standen einige Teenagerpärchen in leidenschaftlicher Umarmung. Die Tür zur Lounge öffnete sich schwungvoll, weitere Teenager mit Bierflaschen in der Hand strömten heraus. Die Bäuche der Mädchen waren ganz der Mode, nicht aber der Kälte entsprechend entblößt, die Jungen hatten ihre Haare mit viel Gel getrimmt. Innen schmetterte ein gewaltiger Chor inbrünstig irische Weisen. Mindestens hundert Betrunkene grölten den Text von *Foggy Dew, The Leaving of Liverpool, Dirty Old Town* und *Home on the Range,* ohne sich auch nur im Mindesten um die Melodie zu kümmern.

»Ich glaube, wir sind ein bisschen zu spät dran«, sagte Dag bedauernd.

Nachdem wir zwei Stunden lang beobachten durften, wie sich die Leute massenweise betranken, beschlossen wir, nach Hause zu fahren. Auf dem Weg zu unserem Auto kamen wir an einem Pub mit dem Namen *Bowlers* vorbei. Bisher war die Kneipe immer geschlossen gewesen, wenn wir vorbeikamen, aber jetzt sah man durch die milchigen Fensterscheiben noch Licht. Von innen drang ein irisches Traditional an unser Ohr, gespielt auf einem einsamen Akkordeon. Ungefähr eine Minute lang verharrten wir auf dem Gehsteig und lauschten, dann steckten wir die Köpfe zur Tür hinein. Zu unserer großen Überraschung erblickten wir Ted Donnelly auf einem hohen Barhocker, der einem Publikum von acht Leuten etwas vorspielte. Der Wirt und seine Frau standen hinter dem Tresen und drei Männer mit Tweedjacken und Mützen lehnten davor. Neben Ted stand eine Frau mit einer großen Handtasche aus

Plastik. Ein Pärchen mit einem Jack-Russell-Terrier saß auf einer Bank an der Wand.

»*Dougeen*!«, rief Ted und unterbrach seinen Vortrag. »Ich bin hocherfreut, Sie zu sehen. Hocherfreut. Und Ihrer Frau geht's auch gut? Kommen Sie und setzen Sie sich. Was wollen Sie trinken? Whiskey, oder?«

Im Raum hatte bereits jeder glasige Augen, inklusive das Schaf, dessen Kopf an der Wand hing. Es war ein Schaf mit langem Fell und großen, beeindruckenden Hörnern.

»Was hat es mit dem Schaf auf sich?«, fragte ich Ted.

»Es ist ausgestopft, Marie«, sagte er ernst. »Präpariert, könnte man auch sagen.«

Die Frau neben ihm war auf ihrem Hocker unruhig geworden. »Spiel weiter, Ted«, bettelte sie.

Er schüttelte den Kopf. »Ich hab genug gespielt, Eileen.«

»Spiel weiter, ach bitte! Spiel uns das Lied vom Schaf, Ted.«

»Ah, nein.«

»Ich würde das Lied vom Schaf gern hören«, warf Dag ein.

»Ja, natürlich würden Sie das!«, pflichtete sie ihm bei. »Es handelt von einer wahren Geschichte und Ted hat es selbst geschrieben.«

Nach viel Überzeugungsarbeit ließ er sich doch noch umstimmen. Sein Lied hatte eine Walzermelodie und handelte von einigen Bauern in der Gegend, die um ein weibliches Lamm Karten spielten.

Vier Runden spielten sie um den Preis,

lautete die dritte Strophe,

zwei spielten sie in Coors, in Bahaghs und in Carhan
je eine auf gleiche Weis.
Fol Dew und Stack, die Gewinner der ersten,
konnten kaum warten,
und so zogen sie nach Bahaghs, sich zu holen, den Braten.

Der Mann neben Ted forderte die Frau des Wirts zum Tanzen auf. Sie war so gut gepolstert wie er knochig, aber er schwang sie selbstbewusst über das Linoleum und kam nicht aus dem Takt. Die plötzlichen Bewegungen in seinem Sichtfeld regten den Jack-Russell-Terrier auf. Er hockte in Angriffsposition unter der Bank und bellte unaufhörlich die beiden Beinpaare an.

Der Wirt, ein beleibter Mann Mitte sechzig, zog einen Hocker und einen Holzring hinter dem Tresen hervor. Er stellte den Hocker vor den Jack Russell, der prompt darauf sprang. Als er den Ring ein paar Meter vom Hocker entfernt in die Luft hielt, sprang der Hund ohne zu zögern hindurch. Immer wieder zeigte der Hund dasselbe Kunststück: auf den Hocker und dann durch den Ring, den der Wirt immer weiter weg zog, bis das kleine Tier praktisch horizontal durch die Luft springen musste, um den Ring zu erreichen. Der Hund entwickelte während dieses Kunststücks einen solchen Eifer, dass er gar nicht bemerkte, dass sich noch zwei Beinpaare über den Boden bewegten. Die Frau neben Ted sauste für die letzten Strophen des Liedes mit einem anderen Bauern übers Parkett.

Patty Moriarty, sehr erzürnt, warf die Karten in die Luft,
sagte, zur Hölle damit, ich spiel nicht mit einem Schuft.
Der Bursche schnell beruhigt, das Spiel nahm seinen Lauf,
Die letzte Runde kam schon bald darauf.

Gott sei gnädig den Burschen, die um dieses Lamm rangen,
mögen sie nun nicht mehr darum bangen.
Seinen Schlachter würde ich wirklich gern kennen,
und ein Stück dieses Bratens mein Eigen nennen.

»Letzte Woche habe ich mit meinem Nachbarn um ein Kalb gespielt«, sagte einer der Bauern zu Dag. »Und ich hab es gewonnen. Ein feines rotbraunes Kalb.«

Ted zwinkerte mir zu.

»Ach, das kommt hier häufiger vor, Marie. Wenn dein Mann nicht gut auf dich aufpasst, wird er eines schönen Tages merken, dass man dich verspielt hat.«

Es war nach Mitternacht, als wir das *Bowlers* verließen, aber der Wirt ging diesmal nicht nach dem gleichen Schema vor, rechts und links nach einem *garda* zu schauen, bevor er uns zur Tür hinausließ.

»Heute drücken sie beide Augen zu«, versicherte er uns.

Ich fuhr heim und überlegte mir, dass ich weit und breit wahrscheinlich die einzige nüchterne Person am Steuer war. Auf halbem Wege sahen wir auf einem Feld das Licht einiger Taschenlampen aufleuchten.

»Das sind die O'Sheas, da wett ich drauf«, sagte Dag, als ich meine Fahrt verlangsamte. »Die sind jetzt jede Nacht hier draußen. Frank sagt, die werden bald ganz beduselt sein von dem Schlafmangel, den sie während der Lammungszeit noch erleben werden.«

Er kurbelte sein Fenster herunter.

»Kevin, sind Sie das?«

»Ja, hallo, Dag!«, ertönte eine Stimme.

»Schauen wohl nach den Schafen, was?«

»*Ay*, und nach dem Fuchs, dem Bastard. Der hat letzte Nacht zwei neugeborene Lämmer gerissen. Wird aber nicht mehr viel Gelegenheit haben, sich noch mehr zu schnappen, wenn wir ihn erwischen, und da kannst du Gift drauf nehmen, mein Junge.«

»Ich kann ihn riechen«, dröhnte eine andere Stimme aus der Dunkelheit. »Er ist ganz in der Nähe, der Mistkerl. Haben Sie gerade viel zu tun?«

»Nein, ich hab heute Nacht keinen Dienst, also rufen Sie mich nicht an, okay?«

»Ich hoffe nicht, mein Junge, ich hoffe nicht. Viel Glück denn auch, viel Glück!«

Fünfzehn

Kurz vor sieben Uhr morgens ging unser Nachbar Patrick immer an unserem Haus vorbei, um die trächtigen Mutterschafe auf der Weide zu füttern. Über der Schulter trug er einen Sack mit Kraftfutter. Sobald die Schafe ihn sahen, brachen sie in ein wildes, verzweifeltes Blöken aus.

Bevor Dora bei uns einzog, hatte ich trotz dieses Lärms problemlos weiterschlafen können, aber jetzt wurde sie von dem Lärm geweckt und bereits ihr erster Schrei nach Milch trieb mich aus dem Bett und die Treppe hinunter, um ihr Fläschchen herzurichten.

Wenn Patrick den Hügel zu seinem Haus wieder hinuntertrottete, warf er mir häufig einen Blick zu. Mit meinem verwuschelten Haar, dem langen Nachthemd, mal nur einem Pullover, mal noch einer Regenjacke darüber, hockte ich im nassen Gras und fütterte ein Lämmchen mit der Flasche. Ich muss wohl einen seltsamen Anblick geboten haben. Ich habe mich oft gefragt, was er wohl dachte, wenn er grüßend seinen Stock schwenkte.

»Ah, wir hatten auch Hauslämmer«, sagte er taktvoll, als ich endlich den Mut aufbrachte, ihn anzusprechen. »Man hängt sehr an ihnen und es ist schwer, sie dann im September zum Schlachter zu bringen. In einem Jahr verloren wir sieben Mutterschafe wegen Listeriose und da hatten wir neun Lämmer im Haus.«

»Es war der Wahnsinn«, fügte seine Frau Margaret hinzu. »Hier ging es zu wie in einer Kinderkrippe. Gerade, wenn man drei von ihnen fütterte, eine Flasche in jeder Hand und eine zwischen den

Beinen, kamen auch schon die nächsten sechs Lämmer und stupsten einen von allen Seiten an.«

Wir standen im trüben Sonnenlicht vor ihrem Haus. Die Töchter hatten mich bei einem Spaziergang mit Dora erspäht und waren herausgelaufen, um mit ihr zu spielen. Ich war nicht so verkrampft, wenn ich meine Nachbarn bei Spaziergängen mit Dora traf, weil sie immer guten Gesprächsstoff lieferte.

»Ah, sie ist wirklich zum Knuddeln«, sagte Margaret, als sie ihre Töchter dabei beobachtete, wie sie Dora um einen Stapel Torf jagten. »Hat sie nicht ein hübsches Gesichtchen? Sie sieht so anders aus als unsere Lämmer.«

»Wenn sie größer werden, machen sie Probleme«, warnte Patrick. »Als unsere Lämmer größer waren, liefen sie den Touristen nach, die bei uns zu Gast waren, und lungerten den ganzen Tag vor der Tür herum, weil sie gefüttert werden wollten.«

Während die meisten Touristen nichts gegen die Schafe gehabt hätten, habe ein Pärchen jedoch einmal großen Anstoß an Patricks und Margarets Esel Neddy genommen. Diese uralte, zerlumpte Kreatur mit zu langen Hufen, die sich vorne hochbogen, verbrachte ihr Leben damit, äußerst gemächlich über die Weiden der Gegend zu streifen.

»Die Kinder lieben es, ihn zu füttern«, erzählte mir Patrick. »Sie geben ihm Brot und Kuchen und ab und zu eine gekochte Kartoffel. Manchmal gibt die Jüngste ihm Süßigkeiten ab, aber mit denen hat er große Probleme, weil sie ihm in den Zähnen hängen bleiben. Und immer, wenn er ein Kind sieht, denkt er, es sei gekommen, um ihn zu füttern. Letzten Sommer hatten Touristen aus England unser Cottage gemietet. Sie hatten einen kleinen Burschen dabei, vielleicht fünf Jahre alt, würd ich sagen. Eines Morgens liefen die drei gerade den Feldweg hinunter, als Neddy sich auf sie zu bewegte. Kaum hatte der Typ den Esel erblickt, stieß er einen Angstschrei aus, als ginge es um sein Leben. Er packte sein Kind und rannte, seine Frau keuchend hinterdrein. Der Esel fand das Ganze natürlich sehr lustig und lief langsam hinter ihnen her.

Dora beobachtet Maria beim Füttern von Neddy, dem Esel.

Die haben sich dann tatsächlich hinter dem Gatter verschanzt und ihn angeschrien, als sei er eine wilde Bestie und wolle ihr Kind verspeisen. Danach haben sie nie wieder diesen Weg genommen, sondern immer den großen Umweg über die Weide gemacht, wenn sie zur Straße wollten.«

»Lächerlich«, sagte Margaret und schüttelte den Kopf. »Unser Neddy ist so alt, der braucht doch eine halbe Minute, um mit den Augen zu blinzeln.«

Am Tage ließen wir Dora im Freien umherlaufen und sie schnüffelte auch bereits mit großem Interesse an Grasklumpen und saugte an den langen, flachen Blättern der Montbretien, die überall im Garten wild wuchsen. Immer wenn sie mich aus dem Cottage kommen sah, eilte sie mir mit fröhlichem Blöken entgegen, stupste mit der Nase gegen meine Beine und folgte mir anhänglich auf Schritt und Tritt. Der einzige Moment des Tages, an dem ich mich ihrer Aufmerksamkeit entziehen konnte, war die Zeit zwischen Mittags- und Vier-Uhr-Fütterung, in der sie sich gewöhnlich auf ein Nickerchen in ihren Pferch zurückzog. Dann stahl ich mich davon und fuhr mit dem Fahrrad nach Cahersiveen, um dort Einkäufe zu erledigen.

Auf meinem Weg in die Stadt traf ich fast immer dieselben Leute, die ihren täglichen Beschäftigungen nachgingen: eine Frau, die beim Power Walking die kleine Straße hinauflief, einen Mann, der seinem Hund auf der Landstraße Auslauf verschafft, und eine Nonne mit Rosenkranz zwischen den Fingern, die betend die Brücke überquerte. Ich war wie sie ein Gewohnheitstier und meine Bewegungen auf der Hauptstraße folgten einem immer gleichen Muster: ins Postamt, hinüber zu *Sheepan's*, um ein paar Eier von Freilandhühnern zu kaufen, weiter zur Bank, hinüber zum Supermarkt, zu *Quirke's* Zeitschriftenhandel, hinunter zu Jim Currant, dem Schlachter, wieder zurück zu Johnny Apples Obst- und Gemüsestand vor der Stadtbücherei und schließlich zurück nach Hause. Mittlerweile war mir alles sehr vertraut geworden und die Ladenbesitzer hielten mich nicht mehr für eine Touristin, sondern erkannten mich als eine der regelmäßig bei ihnen einkaufenden Hausfrauen.

»Wie geht's dem Gatten?«, pflegten sie mich zu begrüßen. »Hat er viel zu tun? Ah, es ist eine hektische Jahreszeit für Bauern und Tierärzte, ganz bestimmt.«

Die Osterferien nahten und in Cahersiveen tauchten die ersten Reisebusse des Jahres auf. Sie boten Tagestouren um den *Ring of Kerry* und fuhren dabei auch durch die Stadt, quetschten sich zwischen die zu beiden Seiten der Hauptstraße geparkten Autos und verursachten regelmäßig einen Verkehrsstau. Es waren monströse Doppeldeckervehikel in grellen Farben, gesteuert von übertrieben aggressiven Fahrern, die die kleineren Fahrzeuge aus dem Weg drängelten und dabei eine Horde Busreisender über Mikrofon ununterbrochen auf dem Laufenden hielten. In Cahersiveen erfreuten sich diese Busse keiner großen Beliebtheit. Sie brachten dem Ort wenig ein, denn sie hielten nur für ein kurzes Mittagessen im *Park Hotel* am westlichen Ende der Stadt.

Solche Touren hatten nichts mehr gemein mit denen, die in einem alten Büchlein der Eisenbahngesellschaft *GS and WR* beschrieben wurden. Damals fuhren Touristen mit dem Zug von Killarney nach Cahersiveen, wo sie in *Leslie's Railway Hotel*, das sich jetzt *Daniel O'Connell* nannte, ein »vorzügliches Mittagsmahl« einnahmen. Dann bestiegen sie eine »Reihe erstklassiger, mit guten Rössern bestückte Vierspänner, die speziell für Mr. Leslie gebaut worden waren«, und machten sich auf den Weg nach Waterville, wo sie im *Butler Arms Hotel* die Nacht verbrachten. Um zehn Uhr am nächsten Morgen fuhren sie in ihren Kutschen weiter nach Sneem, um dort im herrlichen *Parknasilla Hotel* zum Lunch einzukehren. Gegen 16 Uhr an diesem Tag hatten sie Kenmare erreicht, wo sie den Zug bestiegen, um wieder nach Killarney zurückzufahren.

Scharen von Radfahrern, die sich mit ihren großen Helmen, Panoramasonnenbrillen und hautengen, knallbunten Lycra-Anzügen wie Außerirdische ausnahmen, setzten im Kampf gegen die Busse auf dem *Ring of Kerry* ihr Leben aufs Spiel. Der Rauch stieg in Kringeln aus den Schornsteinen der Ferienhäuser und in den Geschäften sah man neue Gesichter, Leute in brandneuen Aran-Pullovern, Wachsjacken und Schirmmützen, die *Fodor's Guide to Ireland* unter dem Arm mit sich herumtrugen. Über Nacht tauchten in den Supermärkten Produkte auf, die ich dort nie zuvor gesehen hatte: Crème fraîche, griechische Oliven, Pappadams, Balti-Paste und guter australischer Wein. Doch bis auf ein paar welke, bräunliche Kopfsalate gab es immer noch keine Salatzutaten. Ich hielt vergebens Ausschau nach interessanteren Gemüsesorten als Kartoffeln, Karotten, Steckrüben und Zwiebeln oder exotischeren Obstsorten als den Grapefruits, Orangen oder Bananen, die ich regelmäßig bei Johnny Apple erstehen konnte.

Eines schönen Nachmittags Ende März hatte Johnny vor seinem normalen Klapptisch einen neuen, kleinen Stand errichtet. Erstaunt starrte ich auf die Kartons mit Shiitake und Austernpilzen, auf Endivien, roten Romana und Feldsalat, Tomatillos, Schalotten, Maiskolben, Peperoni, Kichererbsen, Bohnenkeime, Sternfrucht, Kiwis, ja, ich sah sogar Kokosnüsse – da lag eine ganze Auswahl von Dingen, die ich nicht einmal im Traum in Cahersiveen zu finden erwartet hätte.

»Alles komisches Zeugs!«, rief Johnny mir zu. »Ich dachte, ich schau mal, wie's läuft.«

Es schien gut zu laufen. Eine vornehm gekleidete Frau hielt mit ihrem Wagen vor dem Stand und kaufte schnell einen ganzen Haufen der komischen Gemüsesorten ein.

»Was machen Sie denn damit?«, erkundigte sich Johnny.

»Es eignet sich wunderbar, um es in der Pfanne zu braten«, ließ sie ihn wissen.

Ein alter Mann mit Backenbart hielt an und sah mir bei meinem Einkauf zu.

»Sind diese Pilze hier«, beobachtete er, »nicht die, die man im Wald sammelt? Und dieser Salat, gehört der nicht zu der Sorte, die man blanchiert? Und diese kleinen Dinger, sind das Tomaten? Wie isst man die?«

»Bei den Tomatillos bin ich mir nicht so ganz sicher«, gestand ich. »Ich glaube, man verwendet sie in der mexikanischen Küche.«

»Vielleicht sollte ich ein paar zum Probieren kaufen«, sagte er, »kann ja nichts schaden, oder?«

Johnny nahm sich meine Taschen vor, schätzte mit dem Auge das Gewicht des Inhalts und rechnete schnell alles im Kopf zusammen. Das Ergebnis betrug 9 Euro, eine Rekordsumme unter den Einkäufen an seinem Stand.

»Sie sind ja ganz verrückt nach diesem komischen Zeugs«, sagte er glücklich.

Ich machte mich mit meinem Rad auf den Heimweg, fuhr über die Brücke und freute mich auf den Salat, den ich an diesem

Abend kredenzen würde. Eine steife Brise wehte über den Fluss und erzeugte auf der Wasseroberfläche kleine Wellen. Zu meiner Rechten fiel der Kamm des Knocknadobar schroff zum Tal hin ab. Zu meiner Linken zeichnete sich am Flussufer die Silhouette der Ruinen des Schlosses von Ballycarbery, der einstigen Festung des McCarthy Clans, gegen den Himmel ab. Ich quälte mich den Hügel hinauf, am Friedhof von Kilvarnogue vorbei und bog dann auf die alte Landstraße ein. In den obersten Ästen einiger hoch gewachsener Bäume bauten die Krähen eifrig an ihren Nestern. Eine kam herab und landete mit einem großen Zweig im Schnabel auf einer Mauer. Sie flog davon, als ich vorbeifuhr, und nahezu postwendend trat eine Misteldrossel mit einem Schnabel voller Gras an ihre Stelle.

Auf einer Wiese lag ein Kälbchen eng bei seiner Mutter. Auf dem Rücken der Kuh saß eine Elster und lauste ihr das Fell. Ich hielt an Kevin O'Sheas Weide und bewunderte seine neugeborenen Lämmchen, die auf einem Teppich aus gelben Primeln umhertänzelten. Auf der anderen Seite des Wegs stand ein kleiner Schrein. Er war mit weiß getünchten Steinen wie eine Grotte gebaut, eine in einen Holzrahmen gefasste Glasscheibe bedeckte die Vorderseite. Dahinter, neben der Marienstatue, stand eine Vase mit frischen Osterglocken und Weidenzweigen, an denen dicke, flauschige Kätzchen hingen. Diese Grotte markierte die Position der nahe gelegenen Quelle des Heiligen Fursey, eines irischen Missionars des 6. Jahrhunderts. Im Kampf mit einem bösen Geist, der ihm eine verlorene Seele entgegengeschleudert hatte, erlitt er eine Nackenverletzung. Die zurückgebliebene Narbe wurde zu seinem Markenzeichen. Fursey hatte sich regelmäßig in dermaßen tiefe und lange Trancezustände begeben, dass seine Mitbrüder ihn mehrmals für tot gehalten und für die Beerdigung hergerichtet hatten. In Trance hatte er Visionen von Himmel und Hölle, die er in ausdrucksstarken Gedichten festhielt, die Dante stark beeinflusst haben sollen.

Genau hinter dem Schrein markierte ein weißes Kreuz den Beginn des Pilgerwegs zum Gipfel des Knocknadobar. 1888 hatte der Kanonikus Brosnan hier die 15 Stationen des Kreuzweges errichtet, während er den Bau der Daniel O'Connell Gedenkkirche in Cahersiveen überwachte. Seit dieser Zeit wandern jedes Jahr im Spätfrühling Pilger den Knocknadobar hinauf. Dieses Ereignis ist eigentlich ein schwacher Abglanz des Lughnasa-Festes, eines keltischen Brauchs, der den Beginn der Erntezeit einläutete und einst überall in Irland mit Gipfelfeuern, üppigen Festmahlen und Stieropfern gefeiert wurde.

Als ich in den Schrein spähte, hielt Peggys Auto neben mir.

»Hallo! Beten Sie? Wie geht es Ihrem Hauslämmchen? Warum bringen Sie es nicht mal bei uns vorbei? Wir haben jetzt auch ein Hauslamm, einen kleinen Schafbock. Kommen Sie doch mal mit Dora bei uns vorbei, dann können die beiden zusammen herumspringen.«

Später an diesem Nachmittag machte ich mich mit Dora auf den Weg zu Peggy und trug sie die Hälfte des Wegs. Auf den Wiesen unterhalb unseres Cottages erblühten die ersten winzigen Sandveilchen, ihre zarten lila Blüten wippten auf zerbrechlich geneigten Blütenstängeln. Blasse Primeln schmiegten sich in Büscheln an die Mauern und in der Mitte des Weges sprossen neues Gras und Butterblumen. Chloe stand am Fuße der Auffahrt und kaute auf den frischen Trieben des Fuchsienbusches herum, während die anderen Schafe und Lämmer schnuppernd den Stapel Torf vor dem Eingang zu Peggys Haus erkundeten. Peggy lehnte in der Eingangstür und erwartete uns.

»Da sind Sie ja. Und Dora haben Sie auch mitgebracht.« Sie ließ den Blick über den Hof schweifen und rief dann ins Wohnzimmer, wo ihr Sohn Peter saß.

»Wo ist Mikey?«

»Im Stall. Soll ich ihn holen?«

»Ja, mach das, hol ihn her.«

Unter einem Baum stand ein kleiner aus Holzresten und rostigem Blech gezimmerter Stall. Peter entfernte das Holzbrett, das die Tür sicherte, und Sekunden später kam ein Lamm herausgewirbelt. Mikey, ein reinrassiger *Scotch-Blackface*-Schafbock, war eine Woche alt. Mit seinem sauberen weißgelockten Fell, der schwarzen Nase und den schwarzen Fesseln, seinen winzigen, runden Ohren und Hornansätzen war er hübsch genug, um für ein Spielzeuglämmchen Modell zu stehen. Im Vergleich dazu wirkte Dora mit ihrer schlammbraunen Färbung, dem dürren Hals und den Riesenohren fade und ungepflegt, aber das machte sie mir nur umso sympathischer. Mikey zeigte großes Interesse an Dora und lief im Kreis um sie herum, doch sie ignorierte ihn völlig und schenkte den Hunden, die in der Nähe lagen, weitaus mehr Aufmerksamkeit.

»Sie weiß nicht, dass sie ein Schaf ist«, meinte Peggy. »Manchmal scheinen sie es einfach nicht zu merken. Bitte, kommen Sie rein, lassen Sie uns ein Gläschen trinken.«

Ein ganzes Rudel Lämmer und Hunde folgte uns ins Wohnzimmer. Michael saß wie immer auf der Bank gegenüber vom Fenster und Peggys ältliche Mutter thronte in einem Lehnsessel dicht am Kamin. In ihrem Schoß lag ein Stock, das Kinn lag auf der Brust und sie schien sich im Tiefschlaf zu befinden. Doch als die Lämmer an ihr vorbeistaksten, fuhr sie abrupt hoch, schnappte sich ihren Stock und versetzte Mikey damit einen kräftigen Hieb.

»Lämmer«, grummelte sie schlecht gelaunt. »Im Haus haben die *nichts* zu suchen.«

Ungerührt ließ sich Mikey außer Reichweite am Feuer nieder und legte sich gefährlich dicht in die Nähe der glühenden Torfbriketts.

»All unsere Hauslämmer liegen da«, sagte Peggy. »Sie mögen die Wärme. Auf der Weide kann man sie leicht erkennen, denn eine Seite ihres Fells ist immer versengt.«

Ich setzte mich neben Michael auf die Bank. Peggy zauberte einen kleinen Klapptisch hervor, den sie vor uns aufstellte. Flugs hatte sie ein paar Kräcker mit Butter sowie Gläser mit Sherry und Whiskey darauf angerichtet. Dann holte sie die Fläschchen für Dora und Mikey. Beide Lämmer zogen so eifrig an den Saugern, dass sie ihnen aus dem Maul rutschten und die Milch über ihre Nasen spritzte. Als die Fütterung beendet war, kamen die Hunde sofort herbeigelaufen, um den Lämmern die Gesichter sauber zu lecken.

»Sie sind wieder auf dem Berg umhergewandert«, sagte Michael. »Ich hab Sie gesehen.«

»Haben Sie keine Angst, so allein da oben?«, fragte Peggy.

»Angst wovor?«, erkundigte ich mich vorsichtig.

Der Berg mit seinen dunklen Abhängen und tanzenden Nebelschwaden schien mir oft rätselhaft und ich konnte mich noch genau erinnern, wie sehr es mich nach dem Fund des toten Schafes in der Bienenstockhütte gegruselt hatte.

»Man munkelt, es gäbe böse Geister da oben«, berichtete Peggy.

»Ach, Nonsens«, schaltete Michael sich ein.

»Hast du nicht gehört, was Tom Batty erzählt? Er sagt, er musste dort oben den Teufel mit dem Kruzifix abwehren.«

»Tom Batty hat 'ne Meise, Mam«, sagte Peter, der an der Küchentür lehnte.

»Genau, das hat er!«, stimmte Michael zu.

»Was ist mit *Sagart?*«, beharrte Peggy. »Es gibt genug andere außer Tom Batty, die Angst vor *Sagart* haben, und ich würde mich auch fürchten, daran vorbeizulaufen. Ich hab gehört, wie Albie in der *UN Bar* schreckliche Geschichten darüber erzählt hat.«

Sagart, das gälische Wort für Priester, bezeichnete einen Altarfelsen weit oben auf dem Knocknadobar. Solche Felsen stammten aus der Zeit um 1695, als die Engländer Strafgesetze gegen die irischen Katholiken erließen, weil sie sich auf die Seite König James II. geschlagen hatten. Diese bis 1829 in Kraft gebliebenen Gesetze untersagten allen Katholiken die Teilnahme am bürgerlichen Leben, enthoben sie des Wahlrechts und der Teilnahme am Schulunterricht und verboten die Ausübung ihrer Religion. Aber die Iren ließen sich nicht beugen und hielten weiterhin regelmäßig an abgelegenen Orten ihre Gottesdienste ab, wobei flache Felsen den Priestern gewöhnlich als Altäre dienten. Die Kenntnis dieser speziellen Felsen für den Gottesdienst wurde von Generation zu Generation weitergegeben und bis heute zollt man ihnen gemeinhin großen Respekt.

Peggy behauptete jedoch, der Altarfelsen von Knocknadobar wäre vor langer Zeit von übernatürlichen Kräften vereinnahmt worden und viele Menschen hätten in seiner Nähe Schreckliches erlebt. Um die Jahrhundertwende hatte der letzte Ritter von Kerry, der auf Valentia residierte, aber auf der Halbinsel Iveragh einige versprengte Ländereien besaß, einen Mann auf den Knocknadobar geschickt. Der Mann sollte eine Nacht auf dem Berg verbringen, um verdächtige Wilddiebe aufzuscheuchen. Oben beim *Sagart* stieß ihm dann etwas Furchtbares zu. Er floh im Dunkeln den Berg hinunter und rannte den ganzen Weg nach Kells, wo er den ersten Zug zurück zur Insel Valentia nahm. Wie alle anderen Opfer des *Sagart* zuvor weigerte er sich, Details des Schreckens zu erzählen, den er erlebt hatte, aber er warnte jeden davor, dem Felsen zu nahe zu kommen.

Peggy lief häufig den Berg hinter ihrem Haus hinauf, um nach Schafen zu suchen, aber den Knocknadobar bestieg sie nur einmal im Jahr zusammen mit einer großen Gruppe Menschen, die mühsam den Berg erklommen, um an den Stationen des Kreuzweges zu beten.

»Schade, dass Sie die Wallfahrt verpassen. Ist ein schöner Ausflug. Obwohl, manchmal haben wir ekelhaftes Wetter und dann ist es erbärmlich.«

Im Jahre 1929, so erzählte sie mir, hätten sich ein paar Nonnen auf dem Berg verirrt. Schwester Attracta, Schwester Stanislaus, Mutter Joseph, Mutter Birdie und Schwester Bernadette vom Kloster *Cahersiveen Presentation* hatten die Erlaubnis der Ehrbaren Mutter erhalten, auf eigene Faust auf die Wallfahrt zu gehen. Was die

Religiosität betraf, hatten die Nonnen viel gemeinsam, aber konditionell bestanden in der Gruppe große Unterschiede. Zwei Nonnen erreichten zuerst den Gipfel und kamen auf dem Rückweg an den anderen drei Nonnen vorbei, die sich immer noch bergauf quälten. Als die langsameren Nonnen schließlich die letzte Station in Gipfelnähe erreichten, zogen Wolken auf und verschleierten ihnen den Rückweg. Sie versuchten den Abstieg, hatten sich aber schnell hoffnungslos verirrt. Die Dunkelheit brach herein und da die Nonnen immer noch nicht zum Kloster zurückgekehrt waren, schlug man im Dorf Alarm.

Zwei Trupps suchten die ganze Nacht nach den drei Frauen. Man begann die Hoffnung schon aufzugeben, da hörten die Suchenden aus der Ferne einen schwachen Gesang. Als sie näher kamen, erkannten sie eine Hymne: »Du Mutter der Gnaden, reich uns die Hand auf all unsern Wegen durchs irdische Land!«

Nachdem sie fast neun Stunden lang bei Nebel und Dunkelheit umhergeirrt waren, hatten sich die erschöpften Nonnen einfach niedergelassen, um den Tagesanbruch abzuwarten. Es war eine gute Entscheidung gewesen, denn die Lampen der Retter enthüllten bald, dass die frierenden, verängstigten Nonnen gefährlich nahe an einem hohen, steilen Abgrund gesessen hatten. Nur wenige Schritte weiter und sie wären in den sicheren Tod gestürzt.

»Auf dem Knocknadobar muss es auch ein paar gute Geister geben«, sagte ich am Ende von Peggys Geschichte.

»Ja, muss es wohl«, stimmte sie zu und füllte mein Sherryglas wieder auf.

Dora lag, die Beine unter ihrem Körper verborgen, neben mir auf dem Boden. Mikey ließ sich wohlig vom Feuer versengen, die Hunde lagen mit wachsamem Blick auf die geöffnete Eingangstür im Flur, wobei ihre Schwänze wedelnd über den Boden wischten. Seit Patrick mir vor ein paar Tagen von seinem Kummer erzählt hatte, als er sein Hauslamm zum Schlachter bringen musste, zerbrach ich mir den Kopf über Doras Schicksal. Jetzt kam mir eine Idee.

»Besteht vielleicht die Möglichkeit«, fragte ich Peggy unsicher, »dass Sie Dora nehmen, wenn wir wegziehen?«

»Natürlich könnten wir das!«, rief sie mit offensichtlicher Entzückung. »Sie wird Mikeys Spielgefährtin sein. Aus ihr wird mal ein feines Mutterschaf, wenn ihre Zeit gekommen ist. Wenn Sie zurückkommen, hat sie ganz bestimmt schon ihre eigenen Lämmchen geboren, ja, sie wird selber Lämmchen haben.«

Sechzehn

Dem März folgte ein April mit einigen sonnigen, böigen Tagen. Die dennoch gelegentlich durchziehenden Schauer zauberten immer wieder Regenbögen an den Himmel. Dora verbrachte die meiste Zeit in unserem Garten. Nachdem sie anfangs nur an den Blättern der Montbretie genuckelt hatte, war sie nun zum Abzupfen von Gänseblümchen und Wegerichblättern übergegangen, die sie in einem Stück verschluckte. Dieser neue Nahrungsbestandteil hatte allerdings keinerlei Einfluss auf ihren Appetit für Milchersatznahrung, die sie sich bei jeder Fütterung mit erstaunlicher Geschwindigkeit zu Gemüte führte, wobei ihre Flanken sich sichtbar aufblähten. Hatte sie das Fläschchen erst einmal geleert, pflegte sie eine geschützte Stelle im Garten aufzusuchen und sich dort so lange auf der Stelle zu drehen, bis sich eine Kuhle gebildet hatte, und dort, die Nase der Sonne und dem Wind zugerichtet, zufrieden einige Stunden lang zu verweilen.

Mit Doras zunehmender Selbstständigkeit stieg auch meine Ruhelosigkeit, ich wollte nicht mehr zu Hause sitzen und vermisste es, mit Dag über die Halbinsel zu fahren. Unsere Nachbarin Margaret und ihre Töchter hatten angeboten, das Lamm jederzeit zu füttern, und eines Nachmittags beschloss ich, auf das Angebot zurückzukommen. Nach dem Mittagessen fuhr ich mit Dag in Richtung Inny Valley, um ihm bei seinen Untersuchungen zu helfen.

Das Tal erstreckte sich von den hohen Bergen an der Spitze der Halbinsel Iveragh über zwanzig Kilometer bis zum ausladenden Bogen der Bucht von Ballinskellig. Wir folgten der schlechten

Straße entlang der Bucht und mussten mehrmals auf alten buckeligen Steinbrücken den Inny River überqueren. Auf der anderen Seite angekommen, führte uns ein Feldweg an einem dunklen See entlang, der vor Millionen von Jahren durch Eisablagerungen entstanden war. Von diesem erhöhten Aussichtspunkt wirkte die ganze Landschaft wie lebendig gewordener Geographieunterricht. Wir blickten auf die vor zweihundert Millionen Jahren während der großen Armorikanischen Verwerfung entstandenen Gebirgsrücken im Osten und Westen der Halbinsel, die Eis und Witterungseinflüsse auf ihre heutige Größe reduziert hatten. Dazwischen lagen die Täler, die das Meer überflutet hatte und die die heutige Küste mit ihren Buchten und Halbinseln bildeten. Felsbrocken mit Schrammen und Streifen, die der Gletscher zurückgelassen hatte, als er vor 20 000 Jahren schließlich schmolz und die Halbinsel Iveragh freilegte, lagen wie gestrandete Wale beiderseits des Feldweges und boten nun einen Ruheplatz für Michael Whooleys Schafe, die dort ungerührt ihre Grasmahlzeit wiederkäuten.

Michael wohnte in einem kleinen, gelb gestrichenen Haus mit blauen Türen und Fensterrahmen. Im Gemüsebeet davor blühte *Phormium*, große Sukkulenten mit schwertähnlichen, fleischig verdickten Blättern, die im Wind zitterten.

»Ostwind«, begrüßte Michael uns düster. »Aus dem Osten ist außer den drei Weisen noch nie was Gutes gekommen.«

Seine Augen hatten die Farbe des Mittelmeers und waren voller Traurigkeit. Während Dag sich um seine Tiere, ein Kalb mit Durchfall und ein Schaf mit Klauenentzündung kümmerte, erzählte mir Michael von seiner zwei Jahre zuvor verstorbenen Frau.

»Sie war eine gute Gärtnerin. Sie hat uns das ganze Jahr über mit Gemüse versorgt. Als wir heirateten, war sie noch ein junges Mädchen, noch nicht mal dreißig Jahre alt und die Witwe eines unserer Nachbarn. Nachdem er gestorben war, machte ich ihr einen Antrag und sie gab schnell ihre Einwilligung. Natürlich haben sich die Leute hier die Mäuler zerrissen, weil ich doppelt so alt war wie sie und sie doppelt so groß wie ich. Aber wir waren beide so einsam und was konnte es schon schaden? Man kam gut mit ihr aus und das war ein Segen, weil ich ein alter Junggeselle war und so dickköpfig, wie Junggesellen eben sind. Eines Sonntags nach dem Gottesdienst, sie hatte einen Braten in den Ofen geschoben, kam sie hier heraus, um Kohl zu holen. Als sie nicht wiederkam, hab ich nach ihr gesucht. Sie lag im Matsch, neben ihr der Kohlkopf, den sie hat holen wollen. Es war ein Herzinfarkt, der sie getötet hat, eine schreckliche Sache bei einem so jungen und munteren Menschen. Eigentlich hätte sie mich begraben sollen und nicht umgekehrt.«

Es gab keine Kinder, die ihn hätten aufmuntern können. Während ihrer zehnjährigen Ehe hatten sie versucht, Kinder zu bekommen, aber die Frau hatte zweimal ihr Baby verloren.

»Jetzt isses alles nur noch traurig. Meine alten Freunde sterben alle weg und es gibt keinen Ersatz für sie. Die Fremden kommen und kaufen ihre Häuser. Die Leute vom Forstwirtschaftsamt kommen, kaufen ihr Land und pflanzen Bäume darauf.«

Er starrte einen Moment lang hinunter ins Tal.

»Forstwirtschaft und Fremde«, fügte er verbittert hinzu. »Diese beiden ruinieren das gute alte Irland.«

Ich folgte seinem Blick über den See und das Inny Valley. In der sumpfigen Moorlandschaft standen einige kleine Höfe und ein paar isolierte Ferienhäuser, die bis zur Sommersaison leer stehen würden. Plantagen mit in Reih und Glied gewachsenen Sitka-Fichten in Einheitsfarbe drängten sich in Zwietracht mit der kargen, zerklüfteten Umgebung die Hänge hinauf. Die beachtenswerten Zuschüsse, die Bauern für das Anpflanzen von Bäumen auf ihrem Land erhielten, hatten viel Missstimmung hervorgerufen. Uns waren bereits Berichte über Brandstiftung in der Gegend zu Ohren gekommen, bei denen ganze Plantagen niedergebrannt waren und die *gardaí* keinen Schuldigen finden konnte.

Michael zeigte auf einige Häuser.

»Das hier gehört Deutschen, da sind Engländer drin und da drüben wohnen Kanadier. Im Sommer kommen sie alle her und finden es herrlich. Ich weiß nicht, warum.«

»Die Gegend ist sehr schön«, sagte ich leise.

»Finden Sie? Wir sehen so was wahrscheinlich nicht. Es ist ein hartes Land, das ist es.«

Auf unserem Rückweg durch das Tal pflückte ich etwas Heidekraut und Riedgras und flocht es zu einem kleinen Kranz, den ich auf das Armaturenbrett legte.

»Wozu soll das gut sein?«, fragte Pat O'Brien, ein vergnügter junger Bauer aus der Gegend um die Bucht von Ballinskelligs.

»Zur Dekoration«, sagte ich zu ihm. »Vielleicht stecke ich ihn in einen Briefumschlag und schicke ihn nach Kanada.«

»Ich hab im Fernsehen eine Sendung darüber gesehen, wie die Kanadier alle ihre Bäume abgeholzt haben. Noch ein paar tausend Jahre und Sie werden dort wahrscheinlich 'ne Menge Torfmoore haben.«

Der Hof von Pat Casey war sauber und ordentlich. Ein neuer Land Rover stand vor seinem großen, modernen Kuhstall.

»Ich hab hier einen Bullen stehen, der normalerweise immer guter Dinge ist«, sagte er zu Dag. »Aber heute Morgen war er träge und jetzt hat's ihn hingehauen.«

Ein Bulle, der auf mich so groß wirkte wie ein Rhinozeros, lag auf dem Betonboden einer geräumigen Box, während ein anderer, kleinerer, teilnahmslos um ihn herumtrottete.

»Wie lange liegt der hier schon so?«, fragte Dag.

»Ich fand ihn um die Mittagzeit, da lag er hier.«

»Ist der andere Bulle ruhig?«

»Er kann schon fuchtig werden, aber heut ist er müde, weil er gestern den Kühen hinterhergerannt ist. Der wird Ihnen nichts tun.«

Dag schwang seine Beine über die niedrige Tür. Er strich mit der Hand über die ungeheuren Flanken des ausgestreckten Bullen. Er untersuchte Augen, Nüstern und Maul, hörte mit dem Stethoskop einige Stellen seines Körpers ab und maß die Rektaltemperatur. Der Bulle hielt während dieser Untersuchungen still, nur seine rosa Ohren zuckten. Sein Kamerad hingegen wurde unruhig und begann, auf und ab zu laufen.

»Der Abdomen ist gespannt, Pat«, sagte Dag. »Und er hat einen Pansenstillstand. Könnte er vor kurzem Futter erwischt haben, von dem du nichts weißt? Zuckerrüben oder Nüsse vielleicht?«

Pat lehnte sich gegen das Gatter und dachte über die Frage nach.

»Jetzt, wo Sie's sagen, ja, hat er. Diese Kerle sind mir heute Morgen ausgebüxt, als ich sie hereingetrieben habe, und bis ich diesen großen Burschen hier zu fassen kriegte, hatte er seine Nase schon in einen Haufen Rüben gesteckt, die ich im Hof liegen gelassen hatte.«

»Wie viele hat er gegessen?«

»Das kann ich nicht sagen. Es können nicht allzu viele gewesen sein, denn ich hab ihn ziemlich schnell zu fassen gekriegt.«

Dag zog ein Paar Plastikhandschuhe für Rektaluntersuchungen aus der Hosentasche. Es handelte sich hier nicht um gewöhnliche Handschuhe, denn sie reichten bis zu seinen Achseln. Er kniete sich hin, schob seine Hand, Ellenbogen und Oberarm in den Bullen. Zum Glück war das Tier zu dösig, um sich um solcherlei Demütigungen zu scheren. Die übel riechenden Verdauungsreste, die Dag aufstöberte, bestätigten seinen Verdacht. Eine Dosis Zuckerrüben hatte im Pansen, einem sensiblen Gärungsorgan, zu einer Übersäuerung geführt, die Säure wurde vom Blutkreislauf aufgenommen und der Bulle litt nun unter Vergiftungserscheinungen.

»Es ist ziemlich ernst«, sagte Dag, als er aus der Box kletterte. »Ich werde ihn intravenös gegen die Azidose behandeln und dann geben wir ihm Medizin für seinen Pansen.«

Während er zum Auto lief, um alles Nötige zu holen, stand ich neben Pat, atmete den warmen, süßlichen Geruch des Stalls ein und lauschte den Kühen in den anderen Boxen beim Mampfen ihres Futters. Sie taten mir Leid, waren sie doch den ganzen Winter über eingesperrt.

»Wann werden Sie die Kühe auf die Weide lassen?«, fragte ich Pat.

»Nicht vor Juni. Ich mag sie auch nicht so lange drin lassen, aber vorher wird es für sie nicht genug Gras geben. Die EU sagt, wir müssen jeder Kuh fast einen Hektar zur Verfügung stellen. Gutes Pachtland kostet 160 Euro pro Hektar, mehr kann ich mir nicht leisten.«

Dag kam bald mit Nadeln, Flaschen und Schläuchen zurück.

»Können Sie ihn am Nasenring festhalten, Pat?«

Pat schien keinerlei Probleme im Umgang mit dem Bullen zu haben, aber als Dag mit der Nadel nach der Halsschlagader des Tieres suchte, wandte er den Blick ab. Dag hatte sie bald getroffen und schon rann das Blut in einem gleichmäßigen Strom heraus, bildete auf dem braunen Dung eine erst dunkelrote, dann schnell in helles Scharlachrot übergehende Lache. Schnell befestigte Dag einen Schlauch an der Nadel und steckte ihn auf eine Flasche.

»Maria, kannst du mal herkommen und die Flasche halten?«, rief er mir zu.

Ich rührte mich nicht vom Fleck. Die Vorstellung, auch nur einen Fuß in die Box zwischen diese beiden Bullen setzen zu müssen, ließ mich zur Salzsäule erstarren.

»Maria?«

»Bist du sicher, dass das wirklich nötig ist?«

Pat fing Dags verärgerten Blick auf und versuchte, mir Mut zuzusprechen.

»Diese Burschen werden Ihnen nichts tun. Die sind zu abgelenkt, um sie anzugreifen.«

Vorsichtig lief ich auf Zehenspitzen durch die Box und ließ den stehenden Bullen nicht einen Moment aus den Augen.

»Stell dich hier hin und halt die Flasche hoch«, wies Dag mich an. »Ich muss zusehen, dass die Nadel nicht herausrutscht.«

Aus der Nähe wirkte der Bulle noch riesiger als vorher. Nur seine Augen hatten eine relativ normale Größe. Um mich zu beruhigen, konzentrierte ich mich auf sie und beobachtete, wie sich die blassen Wimpern des Tieres beim Zwinkern auf und ab bewegten. An der Wand zur angrenzenden Box hatten sich einige Kühe versammelt und beobachteten neugierig das Schauspiel. Eine streckte ihren Hals nach Pat aus, der den Bullen immer noch an der Nase festhielt und fing an, den Rücken seines Pullovers abzuschlecken. Als wir bei der dritten Flasche mit Infusionslösung angekommen waren, kam der andere Bulle herbeigetrottet, um seinen Kumpel zu beschnuppern, und streifte mich dabei am Rücken.

»Weg da!«, donnerte Pat.

Der Bulle trollte sich, doch während der weiteren Behandlung stand ich stocksteif da und wagte mich nicht mehr zu rühren.

»Ich glaube, wir schaffen es ohne Operation«, sagte Dag und zog die Magensonde heraus, mit der er die Medizin eingeführt hatte. »Aber er braucht morgen früh noch weitere Infusionen, ich komm dann wieder.«

»Hätten Sie vielleicht Zeit für eine weitere Untersuchung?«, fragte Pat zaghaft.

Dag warf ihm einen wissenden Blick zu. In der Hoffnung, die Anfahrtskosten zu sparen, lauerten Bauern ihm sogar häufig auf, wenn er an ihren Höfen vorbeikam.

»Mein Cousin Finbarr hat eine Kuh mit Durchfall. Sie steht unten an der Straße auf der Weide. Ich fahre vor und zeige Ihnen den Weg.«

Wir folgten seinem Land Rover ein paar Kilometer und parkten dann vor einem Tor. Auf der angrenzenden Weide stand ein fensterloser Stall mit niedrigem Blechdach. Finbarr, Zigarette im Mundwinkel, lehnte dagegen.

»Die Kuh ist drinnen«, begrüßte er uns und schnippte seine Zigarette ins Gras.

Sie lag ausgezehrt und matt in der Ecke. Dag kniete sich hin und untersuchte sie im Licht der geöffneten Tür.

»Wie lange hat sie schon Durchfall?«

Entrückt suchte Finbarr mit seinen Augen die Mauer ab, als läge die Antwort irgendwo dort verborgen.

»Seit einigen Tagen, würde ich sagen.«

»Sie hat kein Fieber, aber sie ist sehr dehydriert«, teilte Dag ihm mit. »Ich gebe ihr eine Infusionslösung und einige Pulver.«

Er duckte sich gerade unter der Stalltür durch, um zum Wagen zu gehen, als Pat losposaunte. »Was ist mit den Pulvern, die du ihr gestern geben solltest, Finbarr? Die, die der andere Tierarzt dir gegeben hat?«

Dag hielt inne und drehte sich langsam um.

»Der andere Tierarzt?«

Finbarrs Augen suchten das Stalldach ab.

»Ah, nun ja, Mike O'Leary war gestern da. Aber sollte sie die Pulver nicht heute kriegen und nicht gestern, Pat?«

Pat seufzte und schüttelte den Kopf. »Wo sind sie, Finbarr? Die Pulver?«

»Nun, ja«, sagte sein Cousin vage. »Kann ich nicht ganz genau sagen.«

Dag kehrte mit drei Flaschen Infusionslösung vom Auto zurück. Er gab dem Tier gerade die letzte Flasche, als plötzlich ein Schatten das Licht, das durch die offene Stalltür drang, blockierte.

»Ah, Jesus, meine Mutter«, murmelte Finbarr und verzog sich in den äußersten Winkel des Stalls.

Mrs. Casey war eine drahtige, kleine Person mit harten, funkelnden Augen und einem kräftigen Händedruck.

»Sind Sie die Frau dieses Mannes?«, fragte sie mich. »Sie sind ein nettes Mädel! Wie gefällt es Ihnen hier? Seien Sie herzlich willkommen, wir sind froh, dass Sie hier sind.«

Als sie aber den Zustand der Kuh erkannte, verschwand ihr Charme urplötzlich und sie ließ eine Schimpftirade auf Finbarr ab.

»Wer hat Schuld, dass sie jetzt krank ist, hm? Hast hier letzte

Nacht gesessen, völlig weggetreten, deine Zigaretten geraucht und die arme Kuh brauchte was zu trinken! Du bist wirklich ein nutzloses Subjekt!«

Sie holte Luft und drehte sich dann wieder zu mir um.

»Sieben Kinder hab ich in diese Welt gesetzt, einer schlimmer als der andere, und Finbarr ist der Schlimmste von allen!«

»Bei Gott, Finbarr«, kicherte Pat, in sicherer Entfernung hinter der Kuh, die er an der Nase hielt, »du hast wirklich ein ruhiges Leben.«

»Ist es ein Wunder, dass ich keine Frau habe?«, murmelte Finbarr zurück.

Unglücklicherweise war seiner Mutter dies nicht entgangen.

»Was ist mit Philomena?«, platzte sie heraus, packte ihn am Ohr und zog kräftig daran. »Wem haben wir es zu verdanken, dass sie dich sitzen gelassen hat? War das meine Schuld? Erzähl mir das mal! Vier Jahre lang hast du ihr den Hof gemacht und sie war ein feines Mädel, oh ja. Aber sie wär immer noch da, würde immer noch auf dich warten. Und wo wärst du? Im Pub mit deinen Kumpanen, da wärst du. Ah, mein Bürschchen, hast deine Chance vertan. Jetzt bist du 28 Jahre alt und wirst nie wieder eine Frau wie Philomena finden, merk dir meine Worte.«

»Er hat noch viel Zeit, Mrs. Casey«, sagte Dag beschwichtigend und entfernte Schlauch und Nadel vom Hals der Kuh.

»Dag war 28, als ich ihn kennen gelernt habe«, fügte ich hinzu.

»Nun, dann beten wir zu Gott, dass es noch Hoffnung gibt«, seufzte sie. »Und für dich auch, Pat. Vielleicht heiratest du dein Mädel ja jetzt, wo du mit ihr ein Kind hast und alles.«

Dag und ich starrten Pat an, der errötete.

»Sie haben mit ihrer Freundin ein Kind, Pat?«, fragte ihn Dag.

»Die Kirche ist streng dagegen«, sagte Mrs. Casey. »Aber es ist doch in Himmels Namen besser, erst einmal mit jemandem zusammen zu leben und herauszufinden, ob man ihn überhaupt mag. Meine Tochter ist in Wales, lebt mit ihrem Freund zusammen. Er ist ein feiner Bursche und seine Leute auch.«

»Das hast du am Anfang nicht gesagt«, erlaubte sich Finbarr zu bemerken, während er an seinem Ohr rieb. »Du hast ihn fast weggegrault, als er das erste Mal hier zu Besuch war.«

»Nun«, verteidigte sie sich und strich mit den Händen die Schürze glatt, die sie unter ihrem Mantel trug. »Damals mochte ich die Waliser nicht, wegen dieses Walisers da drüben, der seine Frau nach Strich und Faden versohlt. Ich dachte, die wären alle gleich.«

Dag stand auf und tätschelte die Kuh.

»Mehr kann ich im Moment nicht für sie tun. Vergessen Sie nicht, ihr zweimal am Tag die Pulver zu verabreichen. Die Chancen stehen nicht gut, fürchte ich. Sie ist nicht sehr stark.«

Mrs. Casey wirbelte noch einmal um Finbarr herum.

»Das hast du verbockt, Finbarr, erst hast du sie angeschafft, da hab ich dir schon gesagt, dass sie nichts taugt, kannst du nicht einmal was vernünftig machen?«

»Jetzt hör aber auf, Mama, du bringst diese Leute in Verlegenheit«, sagte Finbarr und drückte sich an ihr vorbei aus der Stalltür.

»Du wirst sie mir auf eine Tasse Tee vorbeibringen«, kreischte sie hinter ihm her, als wir zu unseren Autos zurückliefen. »Und es wird Zeit, dass du deine Rechnung bezahlst! Die Tierarztpraxis hat schon bei mir angerufen, du hast es geschafft, denen über dreihundert Euro zu schulden. Und dass du mir ja nicht wieder diese arme Kuh vergisst, oder du bekommst es mit mir zu tun!«

»Hat Sie Ihre Mutter auch so auf 'm Kieker?«, fragte Finbarr mich reumütig und sah Mrs. Casey nach, die über die Felder zurück zu ihrem Cottage marschierte.

»Ohne sie wären Sie verloren«, neckte ich ihn.

»Das stimmt. Sie ist eine großartige Frau, aber bei Gott, manchmal kann sie einen zur Verzweiflung treiben.«

Pat und Finbarr bestanden darauf, dass wir den kurzen Weg zu Mrs. Caseys Haus vorausführen. Als wir in die Einfahrt bogen, brausten die beiden Männer in ihrem Land Rover davon und winkten uns noch einmal fröhlich zu.

Vor dem weißen Cottage war ein Ziegenbock mit langem Bart angepflockt, auf den Fensterbänken standen Blumentöpfe mit rosa Plastikgeranien. Mrs. Casey führte uns in die Küche. Sie hatte Kuchen und Kekse auf ihren besten Tellern aufgetragen, ein Wasserkessel dampfte auf dem Kohleofen und auf einem Tablett standen Becher, Milch, Zucker und ein Glas löslicher Kaffee.

»Unterwegs fiel mir ein, dass Sie ja aus Kanada kommen, also sagte ich mir, diese Leute werden wohl Kaffee trinken, keinen Tee, und Gott sei's gedankt hatte meine Nachbarin welchen zum Borgen. Aber Sie müssen ihn sich selbst machen, ich hab davon keine Ahnung.«

Wir saßen zu beiden Seiten des Kohleofens unter einer Wäscheleine, auf der ein paar Männerhemden trockneten. Mrs. Casey lehnte mit dem Rücken am Spülbecken und die Worte sprudelten ihr nur so über die Lippen, kaum dass sie einmal Luft holte.

»Als mein Mann noch lebte, Gott hab ihn selig, war dies eine Sozialwohnung. Vorher hatten wir jahrelang zur Miete gewohnt, ich damals mit sechs Kindern und er hatte Nachtschicht, kam in der Früh nach Hause, wenn ich die Kinder für die Schule fertig machte. Es war ein ganz schön hartes Leben, deshalb bin ich manchmal unter der Woche bei meiner Mutter geblieben, aber wir haben uns nicht verstanden, sie wollte mir immer vorschreiben, was ich tun sollte. Später, als unser letztes Kind zur Welt kam, haben wir dieses Haus bekommen, dann ist er krank geworden und danach taugte er zu nichts mehr, jahrelang saß er auf diesem Stuhl, in dem Sie jetzt sitzen, es war schrecklich anzusehen, vor drei Jahren ist er gestorben und mein Herz ist immer noch gebrochen ...«.

Tränen traten ihr in die Augen und rannen die Wangen hinunter. Sie wischte sie mit dem Schürzenzipfel ab, holte tief Luft und erzählte weiter.

»Drei Kinder wohnten immer noch bei mir, aber die haben nichts nach Hause gebracht, nur ab und zu mal ein bisschen Essen, also hab ich dem Amt gesagt, es wohnen nur zwei von uns hier und da wollten die nur 30 Euro Miete die Woche. Nehmen Sie doch ruhig noch mehr Kuchen und lassen Sie mir ja die Kekse nicht über, die werden nur schlecht. Dann klopfte es eines Tages an der Tür, eine Frau vom Amt stand im Eingang und sagt, sie hat gehört, es gibt hier vier von uns und nicht zwei, also wurde die Miete auf 90 Euro die Woche erhöht. Ich sag ihr, drei bringen nichts nach Hause, aber sie sagt, so sind die Regeln, und dann fragt sie mich, warum ich das Haus nicht kaufe, dass es langfristig gesehen billiger käme, und das hab ich dann gemacht und jetzt muss ich nur noch dreitausend Euro abbezahlen. Ich heize mit Torf, seit 30 Jahren hab ich das gleiche Stückchen Torfmoor gepachtet, ich hab einen Mann an der Hand, der kommt und sticht es für mich und dann leg ich es selber zum Trocknen und mach Briketts draus und ein Freund hilft mir, es in den Anhänger zu laden und im Schuppen zu stapeln und, ist das nich ein Ding, ein Sohn lebt immer noch unter meinem Dach und ich muss mir meine Briketts selber holen? Finbarr schwebt auf einer Wolke, hängt hier rum und raucht den ganzen Abend, schmaucht diese üblen Stäbchen und isses ein Wunder, dass meine Decke schwarz ist? Er geht nur am Samstag weg, dann ist er mit seinen Freunden unterwegs in der Stadt, und ich bin einsam, aber ich kann ihn ja nicht für immer an mich binden, oder?«

Wir blieben, so lange wir konnten. Als wir uns schließlich verabschiedeten, nahm sie meine Hände.

»Es ist schön, dass es Ihnen hier gefällt, und ich hoffe, Sie entschließen sich zu bleiben«, flüsterte sie mir zu. »Aber das Leben hier ist hart. Gott hat diesen Teil Irlands zuletzt gemacht und er hat vergessen, ihm seinen Segen zu geben.«

Siebzehn

Während der ersten Aprilwoche, die Glockenblumen spitzten soeben aus den Hecken, schlug das Wetter um und wurde kalt und böig. Als ich eines Morgens mit Dora auf den Hängen des Knocknadobar stand, sah ich ungeheure Wolkenmassen aus dem Westen heranrollen, die mit dem Licht auf dem Wasser in der Bucht von Dingle ein reges Spielchen trieben. Innerhalb von Minuten hieb der Regen stechend auf uns ein. Auf der Suche nach einem Unterstand rannten wir den Hügel hinunter und vertrieben dabei ein Brachvogelpärchen aus ihrem Nest im Ginster, sie flogen vor uns her, mal auf, mal ab und ließen erbarmungswürdige Schreie ertönen.

Ich hatte mich mittlerweile an das Wetter gewöhnt und fand seine jähen Umschwünge erfrischend. An diesem Nachmittag fuhr ich gut gelaunt gegen Wind und Regen mit dem Fahrrad in die Stadt, denn der Gedanke, dass ich auf dem Rückweg doppelt so schnell wieder bergab gepustet würde, erfüllte mich mit Freude. Als ich mich den Weg hinaufquälte, traf ich auf Dennis. Er schleppte einen mit Efeu umrankten Zweig hinter sich her und sah erschöpft aus.

»Efeu ist gut für die Mutterschafe, wenn sie gerade ein Lämmchen bekommen haben«, erklärte er mir. »Es gibt ihnen Kraft.«

»Gab's heute Morgen neue Lämmchen?«, fragte ich.

»Vier. Und ein Kalb.«

»Dag hatte gestern Nacht viel zu tun.«

»Ich weiß. Ich hab sein Auto gehört.«

»Sie müssen mal zu uns rüberkommen, Dennis.«

»Mach ich. Aber ich komm nicht, solange die Schafe noch lammen. Da hab ich keine Ruhe.«

Eine Weile lang schaute er mir dabei zu, wie ich langsam und knarrend in die Pedalen trat. Dann rief er mir hinterher: »Nur ein Narr fährt einen Berg hinauf!«

Die Lammungszeit hatte ihren Höhepunkt erreicht. Die Herden auf den Weiden im Tal vermehrten sich praktisch vor unseren Augen. Jeden Morgen erblickten neue Lämmer das Licht der Welt. Die ersten Stunden ihres Lebens brachten sie damit zu, unsicher neben ihren Müttern umherzustaksen, aber es dauerte nicht lange, da tollten sie munter durch die gelben Primeln und den Stechginster.

Alle Leute, die mit der Landwirtschaft zu tun hatten, arbeiteten jetzt ohne Pause. Tag und Nacht blieben die Schäfer auf der Weide, kümmerten sich um die neugeborenen Lämmer oder Mutterschafe mit Geburtskomplikationen. Schlaf ohne Unterbrechung und regelmäßige Mahlzeiten wurden für Dag zu einem Luxus und er setzte sich selten zum Essen an den Tisch, ohne dass das Telefon klingelte oder jemand an die Tür klopfte. In unserer Küche sah es aus wie in der OP-Vorbereitung, überall waren Eimer, Scheren, Seile, Spritzen und Flaschen mit Antiseptikum. In manchen Nächten standen Autos und Anhänger in unserer Einfahrt Schlange und auf dem Picknicktisch wurden Geburten wie am Fließband abgefertigt. Die meisten dieser Geburten waren erfreuliche Ereignisse und aus Dags Arbeit gingen gesunde Lämmer, erleichterte Mutterschafe und zufriedene Bauern hervor. Aber die Lammungszeit hatte auch eine Schattenseite, die sich mir langsam enthüllte.

Eines Morgens betrachtete ich beim Anziehen mein Spiegelbild und sah, dass etwas an meiner rechten Brust hing. Schaudernd starrte ich auf den roten Punkt auf meiner Haut und die daran hängende kleine, krebsähnliche Kreatur.

»Dag?«, rief ich der bewegungslosen Gestalt im Bett hinter mir zu.

Er rührte sich nicht.

»Dag, wach auf!«

Mein alarmierter Ton löste ein Rascheln im Bettzeug aus und brachte Dag, der sich noch die Augen rieb, an meine Seite.

»Das ist eine Schafzecke«, konstatierte er mit großem Interesse. »Die muss von Dora auf dich übergesprungen sein.«

Er erklärte mir freudestrahlend, dass die Zecke Beine und einen Kopf habe, die sich jetzt tief in meine Haut gegraben hätten. Die kleine Kruste sei ihr Unterleib, der sich mit Blut aus meinem Körper voll sog.

»Mach's weg«, sagte ich gepresst. *»Schnell.«*

Er schüttelte den Kopf.

»Wir können sie nicht so einfach rausziehen, dann würde sie reißen und ihr Kopf und ihre Beine wäre immer noch in dir drin. Haben wir etwas Vaseline? Wenn man sie dick mit Fett einschmiert, dann erstickt die Zecke, und das ganze Ding wird am Ende einfach abfallen.«

»Wie lange dauert das?«

»Vielleicht einen Tag.«

Ich beschloss, den Tag nicht damit zu verbringen, zu Hause zu hocken und mir über die Zecke unter meinem Pullover Gedanken zu machen. Nach dem Frühstück ging ich zu unserer Nachbarin Margaret und fragte sie, ob sie Dora füttern könne, solange ich mit Dag unterwegs sei.

»Aber sicher, mach ich doch gern«, sagte Margaret, »sie ist so ein Schatz.«

»Das hab ich auch gedacht, bis sie mir eine Zecke verpasst hat.«

»Sie haben eine *sciortain*? Ah, die fangen wir uns dauernd, darüber muss man sich keine Sorgen machen. Aber danach juckt es immer fürchterlich.«

Dags erster Hausbesuch führte ihn zu Mary Clifford nördlich von Caherdaniel. Mit ihren grauen Locken, die unter dem Kopftuch hervorlugten, wirkte sie sehr zerbrechlich. Ihr Hof stand ungeschützt vor dem vom Meer herüberwehenden Westwind im Schatten eines Berges. Dahinter erhoben sich wie in einem natürlichen Amphitheater steile, in einem Halbkreis angeordnete Stufen, auf denen sich ein Teppich aus vom Regen rostrot gefärbtem Farn ausgebreitet hatte. Weiter unterhalb, am Fuße des Berges, wo das Land wieder ebener wurde, erstreckte sich ein Flickenteppich aus kleinen, erstaunlich grünen und urbaren Feldern. Sie zeugten von vielen Jahren härtester Arbeit, bei der aus dem Feld geklaubte Steine zu Mauern aufgeschichtet wurden und von der Küste angeschleppte, mit Mist vermischte Algen den Feldern zu mehr Fruchtbarkeit verhelfen sollten. Der Hof befinde sich seit fünf Generationen in den Händen von Marys Familie, erzählte sie uns, eine Situation, die hier nicht häufig vorkäme: Die meisten Leute hier hätten ihr Land erst um die Jahrhundertwende erstanden, als die Großgrundbesitzer von den Ländereien vertrieben worden waren, oder in den Zwanzigerjahren nach der Teilung Irlands. Jetzt sei sie Witwe und bewirtschafte ihren Hof allein. Ihre drei Kinder, allesamt Mädchen, hätten geheiratet und wären nach Killarney, Trimoleague in der Grafschaft Cork und nach Norfolk in England gezogen.

»Die, die in Übersee lebt«, sagte Mary und meinte damit ihre Tochter in England, »die möchte heimkommen, aber die Häuser hier sind für sie zu teuer geworden. Sie kann nicht glauben, was mit den Preisen passiert ist. Sie sind in Schwindel erregende Höhen gestiegen.«

»Das kommt alles nur wegen der Ausländer, die hierher ziehen«, sagte ich wissend.

»Ja, genau«, stimmte sie zu, ohne auch nur den leisesten Anflug von Ironie in der Stimme.

»Warum zieht Ihre Tochter nicht hier bei Ihnen ein?«

Mary zögerte einen Augenblick und verzog dann schmerzlich das Gesicht. Es tat mir Leid, dass ich gefragt hatte.

»Sie interessiert sich nicht für die Landwirtschaft und ihr Mann auch nicht. Die jungen Leute heutzutage wollen in der Stadt wohnen, mit Freunden, die am Abend was unternehmen, und nicht hinter den Bergen versauern.«

Ihr neuer Wellblechschuppen war gut durchlüftet und trocken. Mary hatte ihn in eine Geburtsstation verwandelt, von den hohen Wänden hallte das Blöken der Schafe und das Klackern der Hufe auf den Holzlatten wider. In den meisten der geräumigen Boxen standen Mutterschafe, die sie zum Gebären hineingetrieben hatte. Als wir vorbeiliefen, schauten sie mit ernstem Blick und sanft fragenden Augen zu uns herauf. Das kranke Mutterschaf lag auf einem dicken Strohlager und war durch Holzpaletten von ihrem Lamm getrennt. Mary sei das Schaf in der Früh, als sie ihren ersten Kontrollgang des Tages machte, aufgefallen.

»Ich dachte, es hätte Schmerzen im Hinterbein, als es so humpelte«, erzählte sie Dag. »Aber sie hat das Lamm weggetreten und

Dag bei seiner täglichen Arbeit mit den Lämmern.

als ich sie zu fassen bekam, hab ich ihre Zitzen gesehen. Ich tippe auf Mastitis.«

Als Dag das geschwollene Euter sanft untersuchte, stöhnte das Schaf vor Schmerzen laut auf.

»Ich weiß, mein Mädchen, das ist nicht schön«, sagte er besänftigend.

Er maß ihre Temperatur und nachdem er ihr das Thermometer aus dem Hinterteil gezogen hatte, wischte er es am Fell ab. Mary hatte die richtige Diagnose gestellt: Das Mutterschaf hatte ei-ne mit Fieber verbundene Entzündung der Milchdrüse. Die einzige effektive Behandlungsmethode bestand aus der Gabe von Antibiotika. Dag warnte Mary, dass er wahrscheinlich das Schaf retten könne, ihr Euter von nun an jedoch nicht mehr seine Funktion erfüllen dürfe. Die Mutter würde ihr Lamm nicht aufziehen können.

»Ah, ich hab eine Idee.« Sie warf einen Blick auf ein einsames Schaf, das in einer Box am anderen Ende des Stalls stand. »Ich glaube, ich könnte das Schaf da drüben dazu bringen, es großzuziehen. Erst heute Morgen haben die Krähen ihr Lamm, einen kleinen Schafbock, getötet.«

»Die Krähen?«, wiederholte ich ungläubig.

»Die haben ihm glatt die Augen ausgehackt, diese Bastarde. Manchmal töten sie sie, indem sie ihnen die Zunge herausziehen. Ich hab sogar mal gesehen, wie sie ein Lamm angegriffen haben, das noch nicht einmal ganz auf der Welt war, es war erst halb aus der Mutter raus. Schrecklich, so was mit anzusehen, das kann ich Ihnen sagen«.

Sowohl Nerze als auch Füchse fielen über ihre Herde her.

»Füchse sind echte Gauner«, sagte Mary. »Jimmy Murphy, der drüben bei Bolus Head, der hat schrecklichen Ärger damit. Seine Felder reichen bis zu den Klippen und sie verstecken sich in Höhlen unter den Abhängen, da kann Jimmy sie nicht erwischen. Letztes Jahr hat er über vierzig Lämmer an Füchse verloren. Einer hat ein fast zwei Monate altes Lamm erwischt, ein gutes, großes Lamm war das, und der Bastard hat den Kopf und den halben Hals glatt abgebissen. Seine Mutterschafe sind völlig unbedarft, die lammen direkt am Abhang und wenn die armen Lämmchen herauskommen, fallen sie runter in den Tod und es gibt nichts, was sie aufhalten könnte.«

Als wir zum Auto zurückliefen, sah ich eine tote Krähe mit ausgestreckten Flügeln in der Fuchsienhecke.

»Um ihre Freunde abzuschrecken«, erklärte Mary.

»Und warum hängen Sie nicht auch ein paar Füchse auf?«, erkundigte ich mich.

»Oh, Meister Fuchs ist viel zu clever für so einen Trick«, sagte sie.

Auf dem Weg zum Hof von Paddy Curran in der Nähe von Waterville blieben wir hinter einem Reisebus hängen, der einer Schafherde hinterherfuhr. Der Busfahrer hupte ununterbrochen, aber die beiden Schäfer ignorierten ihn und zogen seelenruhig ihres Wegs, offensichtlich waren sie nicht geneigt, ihre Schafe wegen ein wenig Verkehr zu hetzen.

Paddy lebte in einem kleinen, niedrig gebauten Cottage. Seine Mutter kam an die Tür. Sie führte uns über den Hof zu einer Steinmauer mit Stacheldraht, an dem Schafwolle und die Überreste schwarzer Futtertüten im Wind flatterten. Sie zeigte über die Mauer auf ein Feld, das sich einen Hügel hinaufzog.

»Paddy ist dort oben«.

Er stand mit seinem Hund am Ufer eines kleinen Baches. Seine Hände steckten in den Hosentaschen, die Zigarette hing an der Unterlippe und er starrte auf einige Schafe auf der Wiese. Die Tiere befanden sich in einem erbarmungswürdigen Zustand. Drei von ihnen stolperten im Kreis herum. Andere lagen, die Köpfe nach hinten gestreckt, wie Kommazeichen zusammengerollt im Gras.

»Wahrscheinlich erschieß ich sie am besten gleich, die Kerle«, sagte Paddy, als wir bei ihm ankamen.

Er war ein schlaksiger Mann Anfang dreißig und wirkte wie ein Taugenichts.

»Den ganzen Morgen über ging es ihnen zunehmend schlechter. Ich war kurz davor, Sie anzurufen und Ihnen zu sagen, dass Sie nicht mehr zu kommen brauchen, damit ich mir das Geld sparen kann.«

»Nun, jetzt, wo ich schon mal hier bin, schauen wir mal, was ich tun kann«, sagte Dag. »Hatten Sie auf diesem Hof schon mal die Springkrankheit?«

Paddy nickte. »Die hatte ich tatsächlich. Letztes Jahr habe ich siebzig Schafe daran verloren. Mike O'Leary ist ein ums andere Mal zu mir rausgekommen. Er sagte, es seien Zecken. Also hab ich die Herde gegen Zecken behandelt und immer noch wurden Tiere krank. Dann hat Mike ein paar Schafe zur Untersuchung nach Tralee überwiesen. Die Leute in Tralee sagten, es handele sich um Zecken. Also hab ich meine Weiden in Brand gesetzt. Und jetzt steh ich hier und hab noch mehr kranke Schafe. Keiner von euch hat eine verflixte Ahnung, was los ist, und ihr erfindet einfach Geschichten.«

»Haben Sie die Schafe jemals mit Silofutter gefüttert?«

»Mach ich nicht, weil Mike mich letztes Jahr davor gewarnt hat. Ich hab sie stattdessen mit Heu und Kraftfutter gefüttert, das hat mich ein Vermögen gekostet. Glauben Sie, es könnten trotzdem wieder Zecken sein?«

Ich lauschte ihrer Unterhaltung mit steigender Unruhe und versuchte, dem Drang, mich wie wild an der Brust zu kratzen, zu widerstehen.

»Wenn Sie auf Ihrem Hof schon öfter die Springkrankheit hatten, dann stehen die Chancen gut, dass Zecken der Auslöser sind«, sagte Dag. »Diesen Tieren geht es richtig schlecht, Paddy. In diesem Stadium können wir nicht mehr viel für sie tun, fürchte ich.«

»Sie meinen, es wäre besser, wenn sie unter der Erde wären?«

»Ich glaube, ja. Sonst sterben sie nur einen schrecklichen Tod.«

»Ich hab noch mehr Schafe in der Nähe von meinem anderen Haus. Da ist eins, das hat dasselbe. Können wir mal hingehen und uns das anschauen?«

Paddy und sein Hund kletterten auf den Rücksitz unseres Autos und er zeigte uns den Weg. Ungefähr 800 Meter weiter stand ein kleiner, einsamer Bungalow mit Ausblick auf eine desolate Sumpflandschaft. Die Außenwände waren in grellem Orange gestrichen und der Garten zu beiden Seiten des Hauses war komplett eingeebnet und mit Kies bedeckt. Paddy war stolz auf das Haus, er sei gerade erst damit fertig geworden, erzählte er uns, und er habe vor, es im Sommer an Touristen zu vermieten.

»Während der Hauptsaison kann ich 300 Euro die Woche dafür kriegen«, sagte er zuversichtlich. »Wenn Sie Kanadier kennen, die hier Urlaub machen wollen, würden Sie mich empfehlen?«

Abgesehen von seinem Hund war kein anderes Tier in Sicht.

»Wo ist dieses kranke Schaf, Paddy?«, fragte Dag.

»Ah, es ist auf der anderen Seite des Hügels. Warten Sie hier, ich hole es.«

Er zog mit seinem Schäferhund los, während wir uns wartend gegen die Fensterbank seines Hauses lehnten.

»Ich glaube, er wird schon jemanden finden, der hier wohnen will«, sagte Dag wenig überzeugt, als er durch das schmutzige Fenster in ein leeres Zimmer spähte. »Wenigstens ist es friedlich hier.«

Ich bückte mich, um ein aus dem Kies sprießendes Büschel Unkraut zu zupfen.

»Was genau ist die Springkrankheit, Dag?«

»Es ist eine Art Enzephalitis, die mit Lähmungszuständen und Krämpfen einhergeht. Die meisten Schafe mit dieser Krankheit sind dem Tod geweiht. Andere Tierarten können auch davon befallen werden.«

»Auch Menschen?«

»Sicher.«

»Und was genau haben die Zecken damit zu tun?«

»Sie übertragen den Virus, der die Krankheit auslöst«, sagte Dag und erhob sich, als ein Pfiff ertönte. »Schau, da kommen sie.«

Paddy und sein Hund rannten hinter mindestens fünfzig Schafen den Hügel herunter. Sie trieben sie über eine Mauer und in den Hof und der Hund drängte sie wild bellend, mal hierhin, mal dorthin jagend, zwischen uns und dem Auto zusammen.

»Ich musste den ganzen Haufen zusammentreiben, um das eine zu erwischen«, übertönte Paddy das Bellen und Blöken.

Er stürzte sich in die Herde, schnappte sich ein Schaf, klemmte es zwischen die Beine und trieb es herüber zu Dag. Es zeigte die Symptome der Springkrankheit, die zitternden Beine, das Kopfrucken und die Neigung, zu einer Seite auszubrechen.

»Ihm geht's nicht ganz so schlecht wie den anderen«, sagte Dag. »Ich werde ihm einen speziellen Cocktail spritzen, dann schauen wir mal, ob es hilft. Aber seine Chancen stehen schlecht.«

»Am besten knall ich sie alle ab«, sagte Paddy trübsinnig. »Ich geb die ganze Landwirtschaft einfach auf. Ich kauf mir ein Boot, angle im Sommer ein bisschen und leb im Winter von der Stütze.«

»Wollen Sie wirklich Fischer werden?«, fragte Dag ihn, während er die Schafe untersuchte.

»Ah, nein, ich werde leicht seekrank. Aber vielleicht verkaufe ich den Hof und kauf dafür ein Pub. Wirte haben's leicht. Den ganzen Tag drinnen, wo's warm ist, und jedes Mal, wenn sie ein Pint zapfen, verdienen sie gutes Geld.«

»Viele Wirte werden zu Alkoholikern.«

»Klar. Ich bin schon Alkoholiker«, sagte Paddy. »Was würde das noch ändern?«

Wieder zurück im Auto schaute ich unter meinen Pullover und sah, dass die Zecke abgefallen war und sich auf meiner Haut eine rote Schwellung gebildet hatte. Ich wühlte in meiner Kleidung herum und fand die Kreatur schließlich, ein ekliger rotschwarzer Sack, den ich aus dem Fenster schnippte.

Als wir den Feldweg hinunterfuhren, fragte Dag: »Wie geht es dir?«

»Was meinst du?«

»Du siehst ein wenig erhitzt aus.« Er nahm eine Hand vom

Lenkrad und legte sie auf meine Stirn. »Ich glaube, du hast erhöhte Temperatur. Das ist das erste Anzeichen.«

»Wovon?«

»Springkrankheit. Jetzt hör mir genau zu. Wenn deine Lippen anfangen zu zittern oder du im Kreis herumläufst, sag mir *sofort* Bescheid. Wenn wir den Virus gleich behandeln, dann hast du noch eine Chance.«

Ich starrte ihn mit weit aufgerissenen Augen an.

»Wenn du erst Krämpfe hast«, fuhr er fort, »und deine Beine gelähmt sind, dann können wir nichts mehr tun.«

Er warf mir aus den Augenwinkeln einen verstohlenen Blick zu. Als er losprustete, traktierte ich ihn mit den Fäusten.

»Du Bastard!«, kreischte ich. Mein Angriff brachte uns ins Schleudern und wir konnten gerade noch Paddys neuer Bruchsteinmauer ausweichen.

Achtzehn

Am Sonntag vor Ostern herrschte in der *East End Bar* eine gedrückte Stimmung. In der Früh hatte eine Beerdigung stattgefunden. Die Leute tranken zum Gedenken an die Verstorbene, die junge Frau eines Bauern aus der Gegend. Die Männer hielten Gläser mit Stout in den Händen, die Frauen nippten an Ginger Ale oder Sherry und unterhielten sich mit gedämpften, bestürzten Stimmen, käuten miteinander alle Details der Tragödie wieder, die ihnen bis dahin zu Ohren gekommen waren.

»Das is 'ne ganz schreckliche Sache, wenn man jemanden so jung begraben muss.«

»Das arme Mädel, gerade erst 32 und mit zwei so bezaubernden Kindern. Man könnte sich keine bessere Ehefrau und Mutter vorstellen.«

»Ja, genau. Sie war eine reizende Mutter, das war sie wirklich. Die Kinder werden ohne sie verloren sein, die armen Kreaturen. War das nicht schrecklich, wie schnell sie vom Krebs zerfressen war?«

»Zerfressen! Überall! Erst vor sechs Wochen ist sie krank geworden und da hatte er sich schon überall reingebohrt. Die Ärzte waren machtlos.«

Wir standen etwas abseits am Tresen und nahmen nicht an der Unterhaltung teil, bis Ted Donnelly sich mit einem Drink zu uns gesellte.

»Kommen Sie bald mal bei mir vorbei, wenn Sie Zeit haben«, sagte er zu Dag, »dann nehme ich Sie mit in die Berge zu meinen Schafen.«

Ich hielt es für unwahrscheinlich, dass Dag, der gegenwärtig eine Flut von Schafen und Lämmern zu versorgen hatte, in seiner wertvollen Freizeit auch noch mit Bergschafen zu tun haben wollte, aber seine Antwort bekundete Interesse.

»Nächsten Samstag hab ich frei, Ted.«

»Kommen Sie doch in der Früh, dann gehen wir zusammen hoch und Mary macht uns danach Frühstück.« Ted hielt inne und überlegte ein paar Sekunden lang. »Es sei denn, es wird wieder jemand beerdigt. Wenn eine Beerdigung stattfindet, dann ist es besser, Sie kommen an einem anderen Tag.«

Beerdigungen waren auf der Halbinsel Iveragh wichtige Ereignisse, jeder Tod wurde als persönliches Unglück erlebt. Die Menschen verfolgten die Todesnachrichten, die zweimal täglich im Lokalrundfunk gesendet wurden, mit großem Interesse.

»*Radio Kerry* hat Nachricht von folgenden Todesfällen erhalten«, hob die Sprecherin würdevoll an. »Dem Tod von Joe MacCarthy aus Foilmore. Der Tote wird heute Abend um 18.30 Uhr vom Beerdigungsinstitut Creen zur Daniel O'Connell Gedächtniskirche in Cahersiveen überführt. Die Totenmesse wird morgen um 11 Uhr gelesen. Danach findet auf dem Friedhof Kilvonargue in Cahersiveen das Begräbnis statt.« Nach einer feierlichen Pause fuhr sie fort. »Dem Tod von Mary Fitzgerald aus Knocknagoshal. Die Totenwache wird im Haus gehalten. Der Leichnam wird heute Nachmittag um 17 Uhr vom Haus der Verstorbenen zur *Saint Mary's Church* in Knocknagoshal überführt ...« und so weiter.

In den Geschäften und Pubs hörte ich, wie die Leute Todesnachrichten weiterverbreiteten. Handgeschriebene, mit schwarzen Samtbändern und Spitze eingefasste Karten, die an den Haustüren entlang der Hauptstraße prangten, kündigten die Termine für Überführung und Totenmesse an. In *Quirke's* Zeitungsladen stand ich in der Schlange hinter Leuten, die Andachtskarten kauften, auf denen ein Versprechen gegeben wird, einen Gottesdienst für die Seele eines Verstorbenen zu bezahlen.

Als die junge Mutter starb, hatte sich zur Totenwache im Begräbnisinstitut eine wahre Menschenmenge versammelt. Zwei Tage später fanden sich erneut viele Leute ein, um der Überführungszeremonie des Leichnams in die Kirche beizuwohnen, der dann über Nacht dort aufgebart wurde. Am nächsten Morgen hatten die Büros und Geschäfte an der Hauptstraße geschlossen, damit die Menschen die Totenmesse besuchen konnten. Autos parkten in zweiter und dritter Reihe und in der Kirche gab es nur noch Stehplätze. Nach dem Gottesdienst folgten die Trauernden in einer Prozession dem Leichenwagen bis zum Friedhof. Der Sarg wurde in die Erde gesenkt, die letzten Gebete gesprochen, dann machten sich die Leute auf in die Pubs, um Erinnerungen an die Tote auszutauschen, sie zu ehren und weitere Anekdoten über tödliche Unfälle, Krankheiten und das Unglück anderer zu erzählen.

Bald nach unserer Ankunft im Pub kam das Gespräch auf einen alten Fischer und seine Frau, die vor kurzem in der Nähe unseres Cottages im Hafen ertrunken waren. Ich hatte die beiden einmal ganz kurz getroffen, als ich mit Dora auf der Pier spazieren gegangen war. Sie waren mit ihrem alten, blauen Lieferwagen zum Angeln gekommen. Der Mann hatte mein Lämmchen bewundert.

»Ich kann nicht glauben, dass er 79 Jahre alt war«, sagte ich zu Ted Donnelly. »Er sah viel jünger aus.«

»Ja, ja, der war noch recht munter für sein Alter.«

»Warum sind sie ertrunken?«

»Das weiß keiner, Marie, das weiß keiner, und darin besteht die wahre Tragödie. Der Tag war so windstill, sie hätten ihr eigenes Spiegelbild im Meer sehen können. Es macht keinen Sinn, überhaupt keinen Sinn.«

»Ich glaube, sie haben zu viel Fisch gefangen und das Boot ist unter dem Gewicht gesunken«, mischte sich ein Mann ein.

»Oder vielleicht war es einfach Zeit für sie zu gehen«, sagte ein anderer.

»Es ist wirklich ein Segen, dass sie zusammen von uns gegangen sind und nicht einer von ihnen allein zurückgeblieben ist, der um den anderen trauert«, sinnierte Ted.

»Aber schrecklich für die Familie, sowohl den Vater als auch die Mutter zu verlieren«, sagte ein anderer.

»Schrecklich!«, erschollen die Stimmen im Chor. »Ganz schrecklich!«

Am folgenden Freitag schaltete ich die Todesnachrichten im Radio ein. Ein Mann aus Cahersiveen war gestorben, die Beerdigung sollte am nächsten Morgen stattfinden. Statt Ted am Samstag zu besuchen, verbrachten wir also einen entspannten Morgen daheim und fuhren dann zum Mittagessen in die Stadt. Auf der Hauptstraße herrschte eine merkwürdige, fremdartige Stimmung. Dicht gedrängt standen Menschentrauben in den Eingängen der Geschäfte, die Kragen gegen den kühlen Wind hochgeschlagen und den Blick abgewandt.

»Die Totenmesse muss wohl immer noch im Gange sein«, sagte ich, als wir nach einem Parkplatz suchten. »Vermutlich warten diese Leute darauf, sich dem Trauerzug zum Friedhof anzuschließen.«

»Und warum sind sie dann nicht in der Kirche?«, fragte Dag. »Die kann doch nicht dermaßen voll sein.«

Zuerst nahmen wir in *Craneen's Pub* einen schnellen Drink. Dag kannte einige der Bauern an der Theke und erkundigte sich nach ihren Tieren, aber die Antworten fielen einsilbig aus, Konversation war nicht erwünscht. Wir bestellten Bier und Erdnüsse. Garth Broks trällerte aus einem Kassettenrekorder hoch oben im Regal, die Bedienung zapfte zwei Pints Stout und summte dabei mit. Als sie die Gläser vor uns auf die Bierdeckel stellte, drang durch die Countrymusik der klagende, durchdringende Klang eines Dudelsacks an mein Ohr.

»Mach die Musik aus«, raunzte einer der Männer die Bedienung an. Sie gehorchte schweigend.

Das Dudelsackspiel schien sich von der Kirche her zu nähern und wurde immer lauter. Die Männer erhoben sich, nahmen ihre Hüte und wandten sich der bis auf den oberen Teil undurchsichtigen Milchglasscheibe zu. Ich rutschte von meinem Barhocker und stieß Dag an.

»Was ist hier los?«, fragte er.

»Der Trauerzug«, flüsterte ich. »Steh auf. Es ist ein Zeichen der Ehrerbietung.«

Ich stellte mich auf Zehenspitzen und lugte durch die Scheibe. Ein einsamer Dudelsackspieler schritt langsam am Pub vorbei. Hinter ihm liefen Männer mit schwarzen Baskenmützen, schwarzen Pullovern und dunklen Sonnenbrillen in zwei Reihen. Dann kam der Sarg. Er war in die Trikolore der irischen Republik gehüllt, trug einen üppigen Blumenschmuck und lastete auf den Schultern von sechs Männern. Es folgte der Trauerzug mit mindestens zweihundert Menschen, der sich stetig vergrößerte, weil nun auch die Menschentrauben aus den Eingängen traten, um sich anzuschließen.

Im Pub herrschte eisiges Schweigen, bis auch die letzten Nachzügler vorbeigeschritten und die Dudelsackmusik in der Ferne verklungen war. Dann setzten die Männer ihre Hüte wieder auf und wandten sich ihren Drinks zu.

»Was sollte denn dieser ganze Aufzug?«, erkundigte sich Dag.

Mit meinem unverkennbar britischen Akzent wollte ich ihm nicht unbedingt erklären, dass wir soeben Zeugen der Beerdigung eines Mitglieds der illegalen *Irish Republican Army* geworden waren und dass der Trauerzug am Stadtrand innehalten würde, maskierte Männer mit Gewehren aus einem Auto steigen und über dem Sarg zu Ehren des Verstorbenen mehrere Schüsse abgeben würden. Stattdessen sagte ich nichts und konzentrierte mich auf mein Bier. Einer der Bauern beugte sich zu uns herüber.

»Die Kuh, die Sie bei mir untersucht haben, die macht sich jetzt prächtig, jawohl. Aber ich hab da ein Kalb mit schlimmem Husten. Haben Sie einen Vorschlag, was ich dagegen machen kann?«

Die junge Frau reckte sich zum Kassettenrekorder hoch, Garth Brooks trällerte erneut seine Weisen und die Atmosphäre im Pub entspannte sich wieder.

Nach dem Mittagessen gingen wir in die *East End Bar,* wo wir den Rest des Nachmittags verbrachten. Der Pub war voller eleganter, schwarz gekleideter Menschen, aber scheinbar wollte hier keiner über den Mann sprechen, dessen Beerdigung sie soeben besucht hatten. Als wir uns nach ihm erkundigten, wurde die Frage mit einem Schulterzucken abgetan. Schließlich zog uns ein Bauer ins Vertrauen.

»Er war einer von den *alten Jungs*«, raunte er bedeutungsvoll. »Man beerdigt sie in dieser Gegend noch immer mit allen Ehren und die *gardaí* drücken ein Auge zu. Zerbrechen Sie sich nur nicht den Kopf darüber.«

»Warum waren alle so nervös?«

»Es geht um die *alten Wunden*«, flüsterte er. »Sie schmerzen noch immer. Für die Menschen ist es schwer, sie zu vergessen.«

Ich dachte zurück an den Bürgerkrieg, an die fünf einheimischen Republikaner, die von ihren eigenen Landsmännern an eine Tretmine gefesselt und in die Luft gejagt worden waren.

»Sie meinen so was wie die Märtyrer von Bahaghs?«

Das Gesicht des Bauern verschloss sich und er zog sich zurück.

Diese Erfahrung hatte ich immer wieder gemacht. Die meisten Menschen, denen wir in Pubs oder auf den Bauernhöfen begegnet waren, redeten liebend gern über alle möglichen Themen, aber die irische politische Geschichte und besonders der Bürgerkrieg wurden in einen Mantel des Schweigens gehüllt.

An diesem Abend rief ich meine Mutter in Manchester an und erzählte ihr von der Beerdigung. Sie lauschte schweigend. Diskussionen über die irische Geschichte hatte sie stets strikt verweigert. Nun fragte ich sie, warum.

»In Irland sind schreckliche Dinge geschehen«, sagte sie. »Die Menschen wollen nicht mehr daran denken. Was soll es bringen, wenn man ständig an der Vergangenheit rührt. Ist es nicht schlimm genug, was man damals erleiden musste?«

»Aber an der Beerdigung haben Hunderte von Menschen teilgenommen«, gab ich zurück. »Also wollen sie sich doch erinnern.«

»Ah, nun, davon gibt es immer welche«, lautete ihr Kommentar und damit war das Thema für sie erledigt.

Einige Tage später bog ich bei meinem Rückweg aus der Stadt in einen Feldweg ein, der mich zum Friedhof von Kilvarnogue brachte. Ein schmiedeeisernes Tor, mit Kette und Schloss versperrt, verwehrte den Zutritt, aber das Loch in der Steinmauer war breit genug, dass ich mich hindurchzwängen konnte. Der Friedhof war klein, die Gräber lagen dicht an dicht und zwischen ihnen sprossen lange Gräser, Glockenblumen, Efeu und Farnkraut. Die meisten Grabsteine boten eine großartige Aussicht über die Flussmündung und auf den Knocknadobar, dessen steile Abhänge im Licht erstrahlten. Während ich umherlief, stießen meine Füße im Gestrüpp immer wieder an Steine, kleine, stummelige Steine, die gerade noch aus der Erde ragten, ein Zeichen dafür, dass es sich hier um sehr, sehr alte Gräber handelte. Es gab viele Familiengräber, einige waren lang und schmal, als ob die Leichen stehend begraben worden wären. Auch Sigerson Clifford lag hier, der gefeierte Dichter aus der Gegend.

Einige der neueren Gräber waren mit Vasen voller ausgeblichener Seidenblumen und Marienfiguren in durchsichtigen Plastikkugeln geschmückt. Auf einem lagen ein Hummerkorb, ein Plastikdelfin und ein großer, wie ein Schiff geformter Kranz verwelkter Blumen. Ich fragte mich, ob dies hier wohl die Ruhestätte des im Hafen ertrunkenen Fischers und seiner Frau sei. Mir fiel ein, dass ihre Eltern gerade nach der Hungersnot geboren worden sein mussten und dass beide während des Bürgerkriegs noch kleine Kinder gewesen waren. Hätten sie länger gelebt, wären wir vielleicht öfter auf der Pier ins Gespräch gekommen. Es gab vieles, was ich sie über die Vergangenheit hätte fragen wollen, sinnierte ich, und noch mehr, worüber sie Schweigen bewahrt hätten.

Neunzehn

Die Tage vor Ostern brachten katastrophales Wetter. Beim Erwachen sahen wir nach sturmgepeitschten Nächten oft eine dünne Schneedecke auf den Bergen liegen und auf den Fensterbänken häuften sich die Hagelkörner. Sintflutartiger Regen ergoss sich über das Land. Die Bäche auf dem Knocknadobar schwollen an, der mitgerissene Torf verlieh dem geräuschvoll über Steine und Felsen rauschenden Wasser eine bräunliche Farbe. Die Wiesen am Fuße unseres Cottages waren überflutet und verwandelten sich in flache Seen, aus denen Schilf und Ginsterblüten ragten. Mutterschafe, die vorher noch hier gegrast hatten, zogen mit ihrem Nachwuchs in höhere Gefilde und viele fanden in unserem relativ trockenen Garten Unterschlupf. Um dem beißenden Wind zu entkommen, schmiegten sich die völlig durchnässten und zitternden Lämmer eng an die Steinmauern. Ein Lämmchen, dem die Nabelschnur noch vom Bauch hing, schien mir dermaßen schwächlich, dass ich mit der Absicht, es am Kamin etwas aufzuwärmen, hinauslief und es auf den Arm nahm. Aber die Mutter hatte etwas dagegen, sie hielt mit gesenktem Kopf auf mich zu und protestierte grell blökend, bis ich ihr Baby wieder zurückgab.

Am Gründonnerstag hörte es gegen Mittag endlich auf zu regnen. Der blaue Streifen am westlichen Horizont verbreiterte sich, die Gegend erstrahlte in einem erstaunlich klaren Licht und ich entdeckte an der Silhouette des Knocknadobar völlig neue Formen. Die Lämmchen trauten sich ein paar Schritte weit von der Steinmauer weg und schüttelten sich wie junge Hunde. Als dann

Maria und Dora am Fuße des Knocknadobar.

das Sonnenlicht durch die Wolkendecke brach und ihre Körper erwärmte, erwachten sie zu neuem Leben, sprangen und tollten herum, ein Ausbund an schierem Glück.

Doch dieses Glück war nur von kurzer Dauer, am frühen Nachmittag stürmte eine neue Front über uns hinweg, rüttelte an den Dachziegeln und fuhr jaulend in die Schornsteine.

»Ich muss auf der anderen Seite des Bergs ein paar Hausbesuche machen«, sagte Dag während seiner kurzen Mittagspause. »Warum kommst du nicht einfach mit? Bei diesem Wetter sieht die Bucht von St. Finian einfach phantastisch aus.«

Draußen herrschte ein so starker Wind, dass ich die Autotür nur mit einem Kraftakt öffnen konnte. Einige von Dags Aufzeichnungen und Rezepten wurden vom Rücksitz geweht und trieben in spiralförmigen Bewegungen über die Felder.

Von Cahersiveen aus fuhren wir einige Kilometer in südliche Richtung, dann nach Westen in ein kleines Fischerdorf namens Portmagee, benannt nach einem berühmten Schmuggler aus dem 18. Jahrhundert, der hier sein Unwesen getrieben hatte. Die Reihenhäuser, die die einzige kleine Straße durch das Dorf säumten, leuchteten in hellem Blau, Gelb und Mintgrün. Sie boten Aussicht auf die an der Pier festgemachten Fischerboote, auf einen Kanal, dessen Fluten jetzt weiße Schaumkronen trugen, und auf die samtigen Felder von Valentia Island.

Jenseits des Dorfes stieg die Straße zu einem Bergpass an. Unter uns erstreckte sich das Moor, ein brauner Teppich in unzähligen sanften Erdtönen. Darüber hob sich das Land zu einer mit gelbem Riedgras bewachsenen Bergschulter und stieß schließlich auf einige Klippen, die aus Schwindel erregenden Höhen jäh in den tosenden Ozean hinabstürzten.

»Es gibt da eine Geschichte von der Tochter eines Bauern, die irgendwo hier Selbstmord begangen hat«, erzählte Dag mir. »Sie rannte bis zum Rand der Klippen und dann einfach weiter. Ihr Vater versuchte, sie aufzuhalten, aber er hat sie nicht mehr erwischt.«

Unser Auto schaukelte im Wind, während wir die Bergschulter

Skellig Michael.

erklommen. Schlagartig veränderte sich die Landschaft. Vor uns erstreckte sich ein grünes Talbecken mit hügeligen Feldern und kleinen Steinmauern, das von Landzungen, Stränden und dem offenen Meer begrenzt wurde. Zwölf Kilometer von der Küste entfernt thronten zwei beeindruckende Felspyramiden im Meer, von allen Seiten den an die Küste krachenden Wellen ausgesetzt. Das waren die Skellig Rocks. An einem Tag wie heute war es schier unvorstellbar, dass sie 600 Jahre lang von frühchristlichen Mönchen bewohnt wurden, deren einziges Transportmittel zerbrechliche, mit Häuten bezogene Boote gewesen waren.

Als wir den Hof von Dan Golden erreichten, hatte eine von Westen herangezogene dichte Wolkendecke die Skelligs bereits vollständig verhüllt.

»An einem schönen Tag hat man einen großartigen Ausblick auf die Felsen«, versicherte Dan. »Is wirklich ein übles Wetterchen, aber kalt isses nich.«

Scheinbar ungerührt von Wind und strömendem Regen stand er vor seinem kleinen Haus und gab Dag eine präzise Einführung in die lange medizinische Vorgeschichte seiner lahmenden Kuh. Während sie sich unterhielten, inspizierte ich den Mini, der auf seiner Achse am Boden lag und im Gras vor sich hin rostete. Autowracks gehörten auf den Bauernhöfen der Halbinsel zum alltäglichen Landschaftsbild, aber dieses Exemplar war ungewöhnlich, weil es scheinbar als Lagerraum diente. Es war vollgestopft mit Werkzeugen, Kalbungsutensilien, Strick- und Seilenden, leeren schwarzen Milchkannen, durchtränkten Pappkartons und zum Bersten gefüllten schwarzen Mülltüten.

»Wollen wir jetzt nach der Kuh sehen?«, schlug Dan vor. »Sie ist eine gute, ruhige Kuh und wird Ihnen keinen Kummer machen.«

Sein Hof zog sich einen kleinen Hügel hinunter. Wir versanken bis zu den Knöcheln in einer dicken Matsch- und Dungschicht. Mehrere Kühe streunten zwischen den Ställen am Fuße des Hofes umher. Eine von ihnen humpelte auffällig.

»Sie lahmt stark«, sagte Dag stirnrunzelnd. »Es könnte sich um einen Abszess handeln. Wir müssen sie in den Notstand treiben, damit ich ihren Huf untersuchen kann.«

Ich suchte in einem Türeingang Schutz und beobachtete, wie er sich langsam dem Tier näherte und ihm ein Halfter anlegte. Während er sie zum Notstand führte, schien sie noch kooperativ, aber als sie die Öffnung erreichte, blieb sie plötzlich stocksteif stehen und weigerte sich, auch nur einen weiteren Schritt zu tun.

»Husch, husch, husch!«, rief Dan und wedelte mit den Armen. »Los, rein da mit dir, du Früchtchen, *rein* da!«

Dies verfehlte völlig seinen Zweck und brachte die Kuh nur in Rage, sie schüttelte ihren Kopf und wich zur Seite aus. Dag versuchte geduldig, sie in den Notstand zu locken, aber die Kuh hatte da andere Vorstellungen und verharrte mit gesenktem Kopf, die Halsstarrigkeit in Person. Schließlich schlang er das Seilende ihres Halfters um das Gestänge des Notstands und zurrte es fest. Diese Bewegung ließ ihn nur noch tiefer in den Schlamm sinken, der sich mittlerweile gefährlich seinem Stiefelschaft näherte.

»Okay, Dan«, hörte ich ihn sagen. »Wir schieben sie rein.«

Ein so großes und unwilliges Tier bewegen zu wollen schien mir ein aussichtsloses Unterfangen, aber die beiden Männer waren wild entschlossen. Sie stemmten sich mit dem Rücken gegen die Hinterbacken der Kuh und schoben sie, als gelte es, ein Auto den Hügel hinaufzubewegen. Es war fast unmöglich, in dem Morast einen Halt zu finden, folglich schlitterten und glitschten sie bei diesem geballten Kraftakt nur umher. Diesem heldenhaften Einsatz zum Trotz bewegte sich die Kuh nicht einen Zentimeter weiter.

»Okay, versuchen wir es anders«, keuchte Dag, als sie schließlich aufgaben. Schlamm zierte seine Wange vom Auge bis zum Mund. »Du machst das Seil wieder los, Dan, und ich treibe ein paar von den anderen Kühen zuerst in den Notstand. Wenn wir Glück haben, läuft sie hinterher.«

Er watete durch den Schlamm, wedelte mit den Armen und brachte zwei Tiere dazu, sich in den Notstand zu trollen. Als die Kuh einen winzigen Schritt in dieselbe Richtung tat, schöpften wir Hoffnung. Doch dann blieb sie wiederum stocksteif stehen.

»Ich knall dich ab, verflixt!«, meckerte Dan sie wütend an. »Ich buddle ein Loch und schmeiß dich rein, du Früchtchen!«

Mittlerweile fing ich an, die Zähigkeit dieser Kuh fast schon zu bewundern. Der Bauer und sein Tierarzt waren komplett am Ende mit ihrem Latein und hatten zu extremen Maßnahmen gegriffen. Sie nahmen jeder ein Bein, hoben unter hohem Kraftaufwand das Hinterteil der Kuh ein paar Zentimeter vom Boden hoch, wobei sie gleichzeitig nach vorne schoben und sie damit zwangen, vorwärts zu gehen. Zehn Minuten später hatte die Kuh mit ihrer Nase fast den Eingang des Notstands erreicht und die Männer waren erschöpft. Sie machten eine Pause und während sie ihren Rücken streckten und sich für den nächsten Angriff wappneten, hatte die Kuh Mitleid mit ihnen. Ohne weitere Aufforderung trabte sie lässig in den Notstand.

»Sie ist normalerweise so ruhig«, sagte Dan, als Dag ihren Huf ausschälte. »Was in Gottes Namen hat sie heute nur so bockig gemacht?«

»Bei den Frauen ist es manchmal ganz genauso, Dan«, sagte Dag und drehte sich augenzwinkernd zu mir um.

»Da hast du Recht, mein Junge. Aber ich hab's lieber mit einer widerspenstigen Kuh zu tun als mit einem widerspenstigen Weibsbild, darauf kannst du dich verlassen!«

Die unheilvoll graugrünen Wellen in der Bucht von St. Finian tobten und krachten an den gelben Strand. Unterhalb der ungeschützten Straße nach Bolus Head, die entlang der Klippen verlief, zerstäubte der Wind die Gischt der erst anschwellenden, dann mit explosiver Wucht an den rauen Felsen zerschellenden Wellen zu sprühenden Wolken. Der Bauernhof, dem wir als Nächstes einen Besuch abstatten wollten, lag irgendwo am Ende der Straße. Dag sollte eine Kuh mit Rückenverletzung behandeln.

»Wie kann sich eine Kuh denn den Rücken verletzen?«, fragte ich.

Wellen in St. Finian's Bay.

»Vielleicht hat sie sich verhoben«, neckte er mich. »Oder sie hat ihn sich beim Aufstehen gezerrt. Oder vielleicht hat sie ein 900 Kilo schwerer Bulle ein wenig zu heftig bestiegen. Was meinst du?«

Liam O'Sullivan kam uns schon entgegen.

»Steife Brise heute!«, begrüßte er uns. Er hatte sich eine Wollmütze über die Ohren gezogen und seine Nasenspitze war von der Kälte knallrot.

Liam hatte Dag im Auftrag seines Onkels Peter, dem die Kuh mit den Rückenproblemen gehörte, angerufen. Wir folgten ihm über eine sumpfige Wiese, vorbei an einem Traktor, auf dessen Gabel eine Holzpalette lag, zu einer Gruppe von Männern und Kindern, die sich um eine Kuh versammelt hatten. Andere Kühe näherten sich neugierig gaffend dem kranken Tier und dazwischen hüpften gescheckte Bachstelzen auf und ab. Onkel Peter war ein kleiner Mann mit wackeligen, faulen Zähnen, die sich beim Sprechen in seinem Mund hin und her bewegten.

»Sie war brünstig und eine der größeren Kühe hat sie immer wieder besprungen«, überschrie er das Tosen des Windes. »Bis gestern lief sie noch ganz normal, aber dann fing sie so an.«

Er spreizte die Beine und stolperte, die Kuh imitierend, umher, was bei den Kindern Lachkrämpfe auslöste.

»Als ich heute Morgen hier rauskam, lag sie am Boden und jetzt steht sie nicht mehr auf.«

Dag zog sein Taschenmesser aus der Hosentasche, öffnete die Klinge und piekste damit an mehrere Stellen entlang des Rückens, um ihre Sensibilität zu testen. Sie spannte die Muskeln an und der Schweif bewegte sich, bis er ihre Hüften traktierte und sie darauf keinerlei Reaktion zeigte. Als Nächstes strich er mit den Händen an der Wirbelsäule entlang vorsichtig bis zu ihrem Nacken. Schließlich trat er einen Schritt zurück und betrachtete sie aus unterschiedlichen Perspektiven.

»Ihr Becken hat sich um zwei Zentimeter verschoben«, sagte er zu Peter. »Alles, was ich tun kann, ist, ihr Schmerztabletten zu geben, damit sie sich besser fühlt, und Entzündungshemmer, damit die Schwellung abklingt. Den Rest muss sie selber erledigen. Es ist wichtig, dass Sie sie jetzt reinbringen, irgendwohin, wo der Boden nicht glatt ist, damit sie nicht ausgleitet, wenn sie versucht, sich aufzurichten. Vielleicht ist es sogar gut, wenn Sie zusätzlich eine Dungschicht ausstreuen, damit sie einen sicheren Stand hat. Kriegen Sie das hin?«

»Jawoll, das kriegen wir hin«, sagte Peter.

Liam fuhr mit dem Traktor so weit rückwärts, dass die Holzpalette fast die Flanke der Kuh berührte. Als die Männer sie daraufrollten, muhte sie herzzerreißend.

»Ah, es ist schrecklich zu erleben, wie eine Kreatur solche Schmerzen hat«, sagte Peter traurig, als Dag ihr eine Spritze gab. »Ein bisschen Whiskey würde ihr gut tun.«

»Der gehört nicht zu meiner Grundausstattung«, sagte Dag zu ihm.

»Wirklich nicht? Vor ein paar Jahren gab es einen Tierarzt, der auf Whiskey schwor. Ich hab ihn oft dabei gesehen, wie er den Tieren Whiskey in den Rachen gekippt hat. Warum ist das nun wieder aus der Mode gekommen?«

Der Gedanke an Whiskey und die Hoffnung auf ein trockenes warmes Plätzchen ließen uns an einem Pub in Portmagee anhalten. Wir saßen neben dem Kamin, doch das Feuer war fast erloschen, daher bestellten wir zu unserem heißen Grog noch einige Briketts und ein Feuerzeug.

»Ist Ihnen kalt?«, fragte der Mann hinter der Theke. »Ah, ist schon ein fürchterliches Wetter da draußen.«

»Wir haben es mit dem Südwestwind zu tun, und der bringt immer Regen mit sich«, sagte ein Mann mit gepflegtem Bart an der Theke. »Sie sind früh dran mit Ihrem Urlaub.«

Als er erfuhr, dass wir eine Weile hier lebten, gesellte er sich zu uns an den Tisch. Dermot stammte aus Südkerry und war vor zwanzig Jahren nach London gezogen, kam aber jedes Jahr an Ostern zu Besuch.

»Portmagee ist jetzt ein völlig anderer Ort. Als ich ein junger Mann war, waren die Häuser noch nicht bunt gestrichen, alles war grau. Es gab einen Pub namens *Mary Ellen,* er war dunkel und schmutzig und die Männer, die dort tranken, waren traurig und einsam, hatten nichts Besseres zu tun, als in ihrer Freizeit zu klagen und in ihre Pints zu heulen. Wenn mich Touristen nach einem netten Pub fragten, in dem sie was trinken könnten, hab ich sie immer ins *Mary Ellen* geschickt. Der Gedanke, dass sie in diese schmutzige Spelunke mit den herumschniefenden Männern traten, brachte mich zum Lachen.«

Als er erfuhr, dass wir seit Februar in Kerry wohnten, war er überrascht.

»Niemand mit gesundem Menschenverstand würde freiwillig den Winter hier verbringen«, sagte er, »die sind lang und deprimierend. Wenn man allein ist, ist es natürlich noch schlimmer. Diese alten Bauern drüben im Tal, die haben echte Probleme damit. Da gibt es keinen Pub und auch keinen Bus in die Stadt. Vor ein paar Jahren haben sich drei unverheiratete Bauern aufgehängt, einer nach dem anderen. Wahrscheinlich war es ansteckend. Die Einsamkeit und Isolation haben ihnen den Garaus gemacht. Es ist ein schrecklicher Ort für allein stehende Männer. Keine heiratswilligen Frauen und nichts, was man in seiner Freizeit tun könnte. Ich bin mittlerweile geschieden und meine Kinder sind erwachsen, aber hier würde ich nie wieder leben wollen. Niemals.«

Er nahm einen langen Zug von seinem Pint und starrte aus dem Fenster auf die Fischerboote, die an der Pier festgemacht hatten.

»Nirgendwo auf der Welt gibt es einen Ort wie Südkerry. Ich vermisse es, ganz ehrlich, und wenn ich weg bin, kann ich es kaum erwarten, wieder herzukommen.«

Zwanzig

Karfreitag herrschte in den Geschäften von Cahersiveen ein reges Treiben, denn jeder wollte seine Einkäufe noch vor dem langen Wochenende erledigen. Die Schlachter machten mit dem Verkauf von Lammkeulen ein gutes Geschäft und bei Johnny Apple war Rosenkohl schon gegen Mittag praktisch ausverkauft. Zwischen 15 und 16 Uhr leerten sich die Straßen jedoch und es wurde gespenstisch still. Es herrschte *holy hour*, die heilige Stunde zum Gedenken an den gekreuzigten Jesus, während derer die meisten in der Kirche waren, um dem Gottesdienst und den Stationen des Kreuzes beizuwohnen, oder aber zu Hause saßen und sie sich im Fernsehen anschauten.

Für den Rest des Tages und auch am Abend blieb es ruhig in der Stadt. Am Karfreitag wurde kein Alkohol verkauft oder ausgeschenkt, in den Supermärkten waren die Wein- und Spirituosenregale mit Tüchern verhängt und die Pubs hatten an diesem Tag und auch am Abend ihre Pforten geschlossen. Nur diejenigen, die gut vorbereitet waren, konnten sich an diesem Abend ein Gläschen genehmigen – und das war, wie wir später vermuteten, auch der Grund, warum Dennis McCarthy schließlich beschloss, uns einen Besuch abzustatten.

Ich stand gerade an der Küchenspüle und schälte Kartoffeln, als ein Klopfen am Fenster mich aufblicken ließ. Ein altes, verwittertes Gesicht drückte sich an die Scheibe, die Kinnlade hing herunter und die Augen starrten mich unverwandt an. Ich gefror zur Salzsäule und beäugte die Geistererscheinung in stummem Entsetzen. Erst als seine Lippen sich bewegten, wurde mir klar, dass es sich um das Gesicht von Dennis McCarthy handelte. Er rief mir etwas zu. Zuerst konnte ich ihn nicht verstehen, denn das Blut hämmerte laut in meinen Ohren. Er warf mir einen verärgerten Blick zu und grölte: »Ist jemand *zu Hause?*«

Ich legte neue Torfbriketts in das Feuer und brachte Dennis einen Aschenbecher. »Sie haben mich zu Tode erschreckt«, erklärte ich ihm. »Ich glaube, wir brauchen beide erst mal einen großen Drink.«

»Fürwahr«, stimmte er eifrig zu. »Nehmen Sie vielleicht einen Whiskey?«

Ich goss den Whiskey ein, während er mit der Zigarette gegen den Aschenbecher klopfte. Seine arthritischen Finger bewegten sich nur langsam und seine langen, bläulich unterlaufenen Fingernägel zierte ein dicker Schmutzrand.

»Tut mir Leid, dass ich Sie erschreckt habe. Ich hab den Wagen von Ihrem Mann nicht gesehen. Ich war mir nicht sicher, ob es richtig ist, Sie zu besuchen. Aber ich bin ein ganzes Stückchen gelaufen und wollte nicht den ganzen Weg gekommen sein, nur um dann wieder umzudrehen.«

Er setzte sein Glas an und trank die Hälfte des Whiskeys in einem Schluck. Dann wischte er sich die Lippen ab und fuhr in seiner langsamen, bedächtigen Sprechweise fort.

»Im Mittsommer waren mal ein paar Touristen hier. Ich bin in der Abenddämmerung vorbeigekommen, um sie zu begrüßen. Ich hatte eine Heugabel dabei, warum, weiß ich nicht mehr. Ich klopfte an das Fenster dieses Zimmers. Eine Frau hat genau da gesessen, wo Sie jetzt sitzen. Sie sah hoch und hat einen solchen Schrei losgelassen, dass ich vor lauter Schreck auf und davon bin. Ich hab gehört, dass sie und ihr Mann am nächsten Tag wieder ausgezogen sind. Sie haben dann in einer Pension in der Stadt übernachtet.«

Er hatte es abgelehnt, seinen Mantel auszuziehen, und saß dicht am Feuer, seine Füße mit den großen Schuhen hatte er auf dem

Kaminsockel deponiert und sein Gesicht nahm bald eine tiefrote Färbung an. Ich hatte mich gefragt, wie alt Dennis wohl war, denn ich nahm an, dass die Lebensumstände bei ihm, wie bei vielen anderen Bauern auch, zu einem vorzeitigen Altern geführt hatten. Aber als ich ihn fragte, wich er aus.

»Mein Arzt ist in der Stadt. Wenn man dem eine Frage stellt, dann gibt der nie eine klare Antwort. Von dem kann ich noch viel lernen. Ist das nicht das Auto Ihres Mannes, das ich da kommen höre?«

Die Anwesenheit eines weiteren Mannes im Zimmer ließ Dennis sichtlich aufatmen.

»Ich hab einen Farbfernseher, ein Radio und ein Telefon«, erzählte er uns. »Es gibt nur eins, was ich nicht habe. Raten Sie mal, was das ist«

»Ein Faxgerät?«, riet ich.

»Konversation?«, schlug Dag vor.

»Sie haben Grips!«, rief Dennis und griff nach Dags Knie. »Und Sie sind ein weitgereister Mann. Es ist schon lange her, dass ich mir eine Landkarte angeschaut habe. Die Großen Seen, liegen die nicht zwischen Kanada und Amerika? Ich hab mal einen Mann getroffen, der erzählte, südlich von diesen Seen gäbe es Wildpferde. Schwarze Pferde. Haben Sie die gesehen? Und haben Sie in Kanada Appaloosas? Das sind schöne Tiere. Die kamen mal mit einem Zirkus hierher. Eine Frau ist den ganzen Weg aus Dublin gekommen, um mich wegen ihres Appaloosas zu befragen. Sie versuchte, seine Abstammung herauszufinden. Jeder, sogar Leute aus einem so weit entfernten Ort wie Tralee, hatten ihr empfohlen, mit Dennis McCarthy zu sprechen. Sie fragte mich, ob sie einen Kassettenrekorder benutzen dürfe. Ich habe es ihr erlaubt. Dann erzählte ich ihr die letzten neunzig Jahre der Geschichte ihres Pferdes.«

Ich erkundigte mich nach seinen Ponys auf dem Berg.

»Die sind ein Hobby«, sagte er. »Einmal hatte ich zwei Ponys, die für mich den Pflug zogen, wenn ich den Boden für die Kartoffelsaat vorbereiten musste. Diese Ponys wussten alles. Um 12 Uhr haben die angehalten, sind über den Bach getrottet und haben getrunken. Ich hab sie dann immer mit Hafer gefüttert und dann sind sie wieder an die Arbeit gegangen. Jetzt halte ich nur zum Spaß Ponys. Nur mit einem Hobby, das Spaß macht, bleibt man gesund.«

Er lehnte unsere Einladung zum Abendessen mit anschließender Heimfahrt ab und erhob sich nach zwei weiteren, schnell gekippten Whiskeys aus dem Sessel.

»Wenn Sie mal Hilfe brauchen, Dennis, rufen Sie mich einfach an und ich komme vorbei«, bot Dag ihm an.

»Das weiß ich«, sagte er. »Aber ich brauche keinen Tierarzt. Ich weiß selber, wie ich meine Tiere behandeln muss. Es gibt Leute, die das nicht können, aber ich kann's.«

Der Ostersonntag begann kalt und sonnig. Dag hatte Dienst und, wie von Mike O'Leary bereits vorausgesagt, war nicht viel los.

»Die Bauern sind alle beim Gottesdienst«, sagte er, »und dann im Pub.«

In der Früh kamen ein paar Bauern mit Mutterschafen oder Lämmern vorbei, die untersucht werden mussten. Zwischendurch bereitete Dag eine Lammkeule fürs Abendessen zu. Er wollte sie marinieren, konnte aber keinen Topf finden, der für dieses Unterfangen groß genug wäre. Also beschloss er, einen seiner langen Latexhandschuhe zu benutzen. Er schob die Keule hinein, goss die Marinade darüber und verknotete das Ende. Es war eine geniale Lösung, aber der Anblick war Ekel erregend, denn das durchsichtige Plastik klebte an dem rohen Fleisch und die braune Marinade lief in die Ausbuchtungen für Finger und Daumen.

Gegen 11 Uhr fuhr ich mit dem Fahrrad in die Stadt, um mir die Sonntagszeitungen zu besorgen. Der Zeitungsladen platzte aus allen Nähten mit fein gekleideten Menschen, die vor dem Gottesdienst noch schnell ein paar Schokoladenostereier besorgen wollten. Vor der Kirche verkauften zwei ältere Herren weiße Papierlilien zur Erinnerung an die Toten des Osteraufstands von 1916. Ich musste an meinen Vater denken, der sein Leben lang ein überzeugter Republikaner gewesen war, kaufte eine und befestigte sie an meinem Kragen.

Scharen von Menschen kamen herbei, strömten über die Stufen durch das hohe Kirchenportal. Ein Teil von mir wollte ihnen folgen und mit ihnen Ostern feiern. Als ich ein Kind war, hatten mich meine Eltern immer mitgenommen zur Oster-Vigil in der Nacht zum Ostersonntag. Die Kirche war in Dunkelheit getaucht, jeder in der Gemeinde hielt eine Kerze, die wir eine nach der anderen anzündeten. Ich kann mich noch daran erinnern, wie ich aufgeregt die Kerze hielt und mein Vater sich herunterbeugte, um sie mit seinen Händen zu schützen, damit der Docht Feuer fangen konnte. Die magische Atmosphäre der Zeremonie hielt mich in Bann, die Kirche war von Hunderten flackernder Kerzen erleuchtet, die merkwürdige Schatten an die hohen gotischen Decken warfen. Dann die atemlose Spannung, bis die Stimme des Priesters »CHRISTUS IST AUFERSTANDEN!« donnerte, die Kirche urplötzlich in hellem Licht erstrahlte und meine Kopfhaut kribbelte.

Die Menschen standen im Kirchenportal, die Kirche war brechend voll. Ich hörte den sonoren Chor der Antworten – Herr, erbarme dich unser, Christus, erbarme dich unser. Der Gottesdienst hatte begonnen. Ich zögerte, schob mein Fahrrad aber dann doch auf die Straße. Zu lange schon war ich eine abtrünnige Katholikin gewesen, ich konnte nicht mehr zurück.

Als ich nach Hause kam, fand ich Dora vor, wie sie Grasbüschel abriss und hinunterschluckte, ein Verhalten, das sie erst seit einigen Tagen zeigte. Außerdem hatte sie den Geschmack von Blumen entdeckt und ich konnte nur erstaunt zusehen, wie sie sich die Blüten der Butterblumen, Gänseblümchen und Sandveilchen zu Gemüte führte. Jetzt gab es keinen Zweifel mehr, dass sich unser Lamm auf dem besten Wege befand, ein Schaf zu werden. Sie war doppelt so groß, ihr Hals war fülliger und ihre Knie schlugen beim Gehen nicht mehr gegeneinander. Als ich mein Fahrrad abstellte, trottete sie hinüber in den Schutz einer Steinmauer, ließ sich nieder und sah sehr entspannt aus. Dann verlief plötzlich ein krampfartiges Zucken durch ihre Flanken, ähnlich einem schweren Schluckauf. Ihr Gesichtsausdruck zeigte Besorgnis, dann bewegte sie ihren Unterkiefer, erst zögerlich, dann mit großem Eifer, von einer Seite zur anderen.

»Jetzt hat sie auch endlich gelernt wiederzukäuen«, sagte Dag stolz, nachdem ich ihn gerufen hatte, um sich das anzusehen. »Jetzt schau genau hin, in einer Minute wird sie das, was sich in ihrem Mund befindet, hinunterschlucken, dann kommt noch ein Schluckauf und dann fängt sie wieder von vorne an.«

Dag erklärte mir, dass Schafe, wie andere Wiederkäuer, in der Wildnis ständig auf Wanderschaft gewesen seien, immer auf der Flucht vor Raubtieren. Ihr Verdauungssystem sei so angelegt, dass die Tiere immer nur im Vorübergehen ihre Mahlzeiten erhaschen konnten, um diese dann später an einem sicheren Ort zu zerkauen und zu verdauen.

»Sie ist definitiv reif für die Entwöhnung, Maria.«

Ich wusste, dass er Recht hatte. Aber um Viertel vor eins, als Dora beharrlich nach ihrer Mahlzeit verlangte, gab ich nach und nahm mir vor, am nächsten Tag mit dem Entwöhnen zu beginnen.

Den ganzen Nachmittag über war es ruhig. Dag schob den Braten in den Ofen und ich bereitete das Gemüse vor. Um sieben Uhr war unser Abendessen fast fertig.

»Mach nicht zu lange«, sagte Dag, als ich hinausging, um Dora ihr letztes Fläschchen zu verabreichen. Als sie es geleert hatte, saß ich noch eine Weile auf der Mauer im hinteren Teil unseres Gartens. Dora stand still neben mir. Für den nächsten Tag waren weitere Stürme vorhergesagt, aber die Nacht war merkwürdig still, kein Wind, keine Wolke jagte über den Himmel, nur der Halbmond hing am dunkelblauen Firmament und daneben blinkte ein einsamer Stern. Im Gras raschelte ein kleines Tier, vielleicht ein Nerz. In den Ästen einer nahen Silberweide flatterte ein Vogel umher und hinter uns ertönte das kummervolle Blöken einiger Schafe von der Weide. Dora schüttelte den Kopf und gab ein leises

Blöken von sich. Als ich mich hinunterbeugte, um sie zwischen den Ohren zu kraulen, hörte ich ein Auto. Prompt blitzten die Scheinwerfer auf, wurden größer und erhellten schließlich mit langen Strahlen unsere Auffahrt. Noch bevor das Auto zum Stehen kam, wurde die Beifahrertür aufgerissen.

»Ist der Tierarzt zu Hause?«, rief ein Mann. »Wir haben hier ein Mutterschaf in Not, sie hat seit Stunden Wehen.«

Dag eilte mit einem Eimer Wasser herbei. Schnell hatte er seine Hand in das Innere des Schafs geschoben, das hechelnd und stöhnend im Gras lag, die beiden Hinterbeine von einem der Bauern gen Himmel gehalten. Als ich hineinging, um mehr Wasser und Zeitungen aus der Küche zu holen, lief Dora hinter mir her. Ich freute mich aufrichtig auf diese Ostergeburt und war gespannt auf Doras Reaktion auf ein neugeborenes Lämmchen, das hustend und den Kopf schüttelnd neben ihr im Gras liegen würde.

Aber als wir wieder herauskamen, war irgendetwas Merkwürdiges im Gange. Statt des fröhlichen Neckens herrschte eine Atmosphäre angespannten Schweigens. Dags Arm war nun von einem Latexhandschuh bedeckt, den ich ihn vorher nie bei der Geburt eines Lamms hatte tragen sehen, und zu seinen Füßen stand ein Pappkarton.

»Die Spritze beginnt zu wirken«, sagte er zu den beiden Männern. »Jetzt spürt sie nicht mehr so viel.«

»Das ist ein Segen«, sagte einer.

Sie trugen das Mutterschaf zum Picknicktisch hinters Haus. Zwei kleine Beine ragten aus ihren Hinterteil, die Geburt schien kurz bevorzustehen.

»Das hier könnte übel riechen«, sagte Dag.

Bevor ich noch nach dem Grund fragen konnte, hatte er sich ein vorher auf den Tisch gelegtes Skalpell gegriffen, rund um einen der kleinen Hufe geschnitten und dann die Haut der Beine der Länge nach aufgeschlitzt.

»Was machst du denn?«, stieß ich hervor, als er ein gehäutetes Bein in seiner Hand hielt.

»Das Lamm ist schon 'ne ganze Weile tot«, sagte er und warf den abgetrennten Körperteil in den Karton. Er machte sich an dem anderen zu schaffen. »Es ist aufgedunsen und verfault in seiner Mutter. So etwas mach ich wirklich nicht gerne.«

Dora steckte ihren Kopf in den Karton und beschnupperte seinen Inhalt. Im Hintergrund erspähte ich den alten Nachbarshund auf der Lauer.

»Ich bringe Dora weg«.

Bevor ich aber die Flucht ergreifen konnte, bat mich Dag, ihm eine Flasche Gleitmittel aus dem Kofferraum seines Autos zu holen.

»Kannst du es mir bitte auf die Hände spritzen?«, bat er und streckte seine Hand und seinen Arm vor mir aus. »Es ist ziemlich trocken im Körper.«

Vorsichtig manövrierte er seine Hand wieder in das Innere des Tieres.

»Also, los geht's. Ich kann nur hoffen, dass es in einem Stück abgeht.«

Ein fürchterlicher Gestank drang hervor, als Dag die Überreste des Lamms hervorzog. Der Bauer, der das Schaf festhielt, rümpfte angeekelt die Nase und drehte sein Gesicht zur Seite. Ein Kopf mit großen Hornansätzen kam zum Vorschein, danach folgte schnell der restliche Körper, eine Grauen erregende, übel riechende Lumpenpuppe, die er in den Karton warf. Der Bauer ließ das Mutterschaf los, dann drehte er sich um und hustete und spuckte ins Gras.

»Wenigstens geht es der Mutter jetzt besser, Gott sei Dank«, sagte er, als er sich wieder gefangen hatte.

Aber die Mutter war völlig erschöpft und von ihren langen Qualen schrecklich geschwächt. Als Dag eine Spritze mit Antibiotika aufzog, rollten ihre Augen nach hinten, ihr Kopf wurde schlaff und sie starb lautlos und ohne Umstände. Wir alle standen ein paar Sekunden lang still und starrten auf sie herab.

»Tja, nun gut«, seufzte der Bauer. »Hab die Reise wohl umsonst gemacht, aber wenigstens hab ich es versucht.«

Er und sein Freund hievten den Leichnam und den Pappkarton hinüber zum Auto und gingen dann ins Haus, um sich die Hände zu waschen. Ich führte Dora hinüber zum Pferch, sie trottete bereitwillig hinein, und als ich das Gatter schloss, tat sie nur ein oder zweimal blökend ihren Protest kund.

»Gute Nacht, Kleines«, sagte ich und rieb ihre Nase, die sie durch den Kaninchendraht gesteckt hatte.

Das Aroma von Lammbraten mit Knoblauch und Rosmarin erfüllte die Küche. Die beiden Männer saßen am Tisch und tranken Whiskey. Dag stand an der Küchenspüle und schrubbte wütend seine Hände.

»Sogar mit Plastikhandschuhen dringt der Geruch von totem Lamm an die Haut«, beschwerte er sich.

In der Hoffnung, mich genug fassen zu können, um unser Abendessen zu verspeisen, schenkte ich mir einen großzügigen Drink ein.

»Tut mir Leid wegen Ihres Schafs und des Lamms«, sagte ich dem Bauern.

Er zuckte mit den Schultern und ließ seine Hand über die Bartstoppeln auf seinem Kinn fahren.

»Tja, so isses nun mal«, sagte er seufzend. »Geburt und Tod – als Schäfer gewöhnt man sich daran.«

Einundzwanzig

Um 6.30 Uhr am Ostermontagmorgen fuhren wir in Richtung Cahersiveen und stritten uns dabei lebhaft wegen unseres Lamms. Wir hatten vor, fast den ganzen Tag mit Ted Donnelly in die Berge zu gehen, wenn er nach seiner Herde sah. Ich wollte unseren Nachbarn eine Nachricht an der Tür hinterlassen und sie bitten, Dora am Mittag ihr Fläschchen zu geben, aber Dag bestand darauf, dass dies eine perfekte Gelegenheit wäre, sie von der Flasche zu entwöhnen.

»Dann kriegt sie Hunger!«, jammerte ich.

»Genau. Und wenn sie genug Hunger hat, dann wird sie endlich mehr Gras fressen.«

»Wie kannst du nur so *grausam* sein?«

»Hast du gesehen, wie die Mutterschafe ihre Lämmer abstillen, Maria? Sie stoßen sie von ihrem Euter weg. Dora ist ein Schaf und kein Baby.«

Als wir an Teds kleinem weißem Haus ankamen, öffnete sich die dunkelgrüne Tür und er trat heraus. Über seiner Tweedjacke trug er einen Parka. Ein Fernglas hing an seinem Hals und er hielt drei Spazierstöcke in der Hand, geschnitzt aus den gebogenen Ästen des Haselnussstrauches.

»Hallo, wie geht es Ihnen? Solln wir mal losgehen?« Er überreichte jedem von uns einen Stock. »So, die dürfen Sie behalten. Ich mache sie selber. Sie sollten nicht ohne Stock in die Berge gehen. Und wenn Sie jemals in der Nacht unterwegs sein sollten, nehmen Sie sie auf jeden Fall mit und die Elfen werden Ihnen nichts tun, weil das Holz des Haselnussstrauchs viel Gutes enthält. Warten Sie kurz auf mich, ich hole Lass.«

Aus einem reetgedeckten Schuppen auf der anderen Seite des Hofes ertönte gedämpftes Bellen. Ted schob die Tür auf und eine Schäferhündin scharwenzelte heraus. Lass war eine kleine, sanfte Kreatur mit einem blauen und einem braunen Auge. Sie folgte Ted zu seinem Auto, hüpfte in den Kofferraum, rollte sich in einem Nest aus Starterkabeln, Seilen und Werkzeugen zusammen und leistete keinerlei Widerstand, als er den Kofferraumdeckel über ihr schloss.

»Wir fahren alle zusammen in einem Fahrzeug«, schlug Ted vor. »Dann kann ich Sie nicht verlieren.«

In der Früh hatte Ted bereits nach den Schafen gesehen, die neben seinem Haus weideten. Es handelte sich um die »Zwillingsgeburten«, Mutterschafe, die er Ende Februar nicht mehr in die Berge zurückbrachte, nachdem eine Ultraschalluntersuchung gezeigt hatte, dass sie Zwillinge trugen. Seine anderen Schafe weilten an den Hängen des Teermoyle, dem höchsten Gipfel der Halbinsel Iveragh, dessen gälischer Name »nackter und ungeschützter Berg« bedeutete.

Ted fuhr mit hoher Geschwindigkeit über die engen, kurvenreichen Landstraßen. Zu beiden Seiten ragten Steinmauern auf, die über und über mit gelben Schlüsselblumen bewachsen waren. Nach einigen Kilometern bogen wir in einen Feldweg ein und vor uns eröffnete sich ein weites, einsames Tal, dessen mit Schafen gesprenkelte und von Steinmauern durchzogene Hänge sich bis hoch zum kargen Gipfel des Teermoyle zogen. Eine Reihe von Schafgittern, runde Eisenstäbe über kleinen Gräben, verlangsamte unsere Fahrt.

»Das Land hier gehört alles mir«, sagte Ted, als wir über das erste Gitter rumpelten. »Und was können Sie hier sehen, *Dougeen*? Felsen, hab ich Recht? Nur Felsen und ein bisschen Gras dazwischen und wir Idioten nennen es Felder. Mit diesem Land kann man nichts anfangen, es taugt nur für die Schafe. Ah, aber jetzt kommen wir in abgelegene Gefilde. Das nächste Dorf liegt 20 Kilometer entfernt und das erste Auto kam erst 1957 hier herauf. Ich kann mich noch an den Tag erinnern. Der Wagen gehörte einem Mann, der hinter diesen Bergen lebte. Ich arbeitete gerade mit einem Bauern zusammen, half ihm dabei, seine Schafe zu scheren. Wir stellten uns alle so hin, dass wir das Auto vorbeifahren sehen konnten. Danach haben wir lange Zeit kein anderes Fahrzeug mehr hier gesehen.«

In einem Feld am Wegesrand erspähte er ein Lamm, das in einem Schilfbüschel Unterschlupf gefunden hatte.

»Das hat wohl das Mutterschaf hierher gebracht, damit es vor der Witterung geschützt ist, während sie woanders ein wenig grast«, erklärte er. »Manchmal legen sie sie in eine Bodensenke oder zwischen die Baumwurzeln. Man muss wissen, wo man suchen soll. Letzte Woche fand Carmel während einem dieser Hagelstürme ein Lamm in einer alten Waschschüssel, die sie auf den Hof geworfen hatte. Die Schüssel war auf die Seite gekippt und da lag doch tatsächlich ein Lamm drin, vor Wind und Regen geschützt, während die Mutter in der Nähe graste.«

Wir fuhren ein Stückchen weiter, dann kurbelte er das Fenster herunter und starrte auf ein kräftiges kleines Lämmchen mit einer ungewöhnlichen Zeichnung. Ein Bein und die Hälfte seines Körpers waren schwarz und der Rest strahlte in reinstem Weiß.

»Das ist ein schöner junger Schafbock«, sagte Ted. »Vor zwölf Tagen auf die Welt gekommen.«

»Sie können sich an ihn erinnern?«, fragte ich.

»Aber freilich, Marie, freilich. Ich kann mich an all meine Schafe erinnern. Der Schäfer lebt bei seiner Herde. Und das weibliche Schaf, das bleibt immer in einer bestimmten Berggegend und ihre Tochter wird auch in dieser Gegend bleiben. Also kann ich zu diesem Berg hinaufschauen und weiß immer, wo die verschiedenen Schafe sind.«

Am Ende des Feldweges stießen wir auf ein heruntergekommenes Cottage mit zwei Zimmern. Ted hatte dieses Haus und das dazugehörige Land vor ungefähr fünfzehn Jahren gekauft und übernachtete während der Lammungszeit häufig hier. Sein Bett bestand aus einer schmalen Bank unter dem Fenster, auf der sich Decken, ein Kissen und einige Ausgaben der *Irish Sun* türmten. Auf einem Holztisch standen gesprungene, befleckte Becher, eine Schachtel mit Teebeuteln, eine Flasche Milch und ein elektrischer Wasserkocher. Die Wand über dem alten, großen Kamin war schwarz vom Rauch der Jahrzehnte. An einem alten Kochgestell hing ein Topf, darunter lag ein frischer Haufen Torfasche. Ted fegte die Asche beiseite, um ein paar Zweige und einige Torfbriketts zu einem Haufen aufzuschichten. Innerhalb von wenigen Minuten prasselte ein kleines Feuer.

»Das wird immer noch glühen, wenn wir zurückkommen«, sagte er. »Dann können wir unsere Zehen daran aufwärmen.«

Aus einem dreieckigen Schrank in einer Ecke des Zimmers zauberte er eine halb leere Flasche Whiskey und drei Gläser hervor und schenkte jedem von uns großzügig ein.

»Kippen Sie das weg und dann ziehn wir los.«

Als er den Kofferraum seines Wagens öffnete, sprang Lass mit wedelndem Schwanz heraus. Sie heftete sich an seine Fersen und lief mit ihm zu einem Feld hinter dem Cottage. Die meisten Mutterschafe, die dort grasten, hatten Lämmer an ihrer Seite, aber eines stand hochträchtig nahe am Gatter und aus ihrem Hinterteil hingen rote Hautfetzen. Ted stand auf seinen Stock gestützt und betrachtete sie nachdenklich.

»Sie hat heftige Wehen. Noch heute Mittag wird es ein neues Lamm geben.«

Langsam öffnete er das Gatter, dabei drang ein Geräusch wie ein sanftes Blöken aus seiner Kehle. Das Mutterschaf stand sehr still und betrachtete ihn aufmerksam. Als sie jedoch dicht hinter ihm Lass erblickte, senkte sie den Kopf und hielt auf den Hund zu, jagte ihn quer über das Feld und stieß mit den Hörnern nach ihm, bis Ted einen hohen Pfiff von sich gab. Lass lief auf der Stelle zu ihm zurück.

»Wir lassen sie erst mal in Ruhe und schauen später noch einmal nach ihr«, sagte Ted. »Schauen wir mal, wie es in den anderen Abteilungen aussieht.«

Wir liefen zügig weiter, hüpften über Bäche, die sich durch die Felder zogen, und wateten durch sumpfiges Gelände. Am Ufer eines Baches stand in der Nähe eines Stechginsterbusches ein Mutterschaf mit schwarzem Stern auf der Stirn und blökte verloren vor sich hin.

»Schauen Sie sich diese arme Kreatur an«, sagte Ted. »Vor zwei Tagen hat sie ein Lamm auf die Welt gebracht, genau hier an diesem Bach. Das Lamm ist ins Wasser gefallen und bis ich es gefunden hatte, war es zu spät, es war schon ertrunken. Also hab ich das tote Tier unter diesem Busch begraben und die Mutter weicht seitdem nicht von der Stelle, Tag und Nacht.«

Ein Stückchen weiter blieb er plötzlich stehen und zeigte mit seinem Stock auf einen blutigen Hautfetzen im Gras. »Hier stand letzte Nacht, kurz nach Mitternacht, ein Mutterschaf in den Wehen. Heute Morgen hab ich sie noch nicht gesehen.«

Seine dunklen Augen suchten das große Feld ab.

»Da sind sie.« Er deutete auf ein für mich nicht vom Rest der Herde zu unterscheidendes Mutterschaf und ihr Lamm. »Die Mutter ist selber noch ein winzig kleines Schaf, ich hab mir Sorgen um sie gemacht. Aber jetzt schauen Sie sich das an, sie hat ein Lämmchen hervorgebracht, das fast so groß ist wie sie und die beiden sehen, Gott sei Dank, recht gesund aus.«

Immer, wenn er verräterische Hautfetzen fand, hielt er nach einem neugeborenen Lamm Ausschau, dabei suchte er häufig auch in den Binsen und Schilfbüscheln. Wenn er eins gefunden hatte, untersuchte er sein Hinterteil auf Spuren schwarzer Fäkalien, die es absetzte, wenn es die Biestmilch getrunken hatte. Wenn die Mutter nicht in der Nähe war, rief Ted sie herbei, indem er die spitzen Blöklaute des Lamms imitierte. Sie kam jedes Mal angaloppiert, hielt abrupt inne, wenn sie Ted erblickte, musterte ihn verwirrt und wandte sich dann ihrem Baby zu.

Auf unserem Weg zu den höher gelegenen Feldern trafen wir auf ein gebärendes Mutterschaf. Es lag im Schutz einer Steinmauer und keuchte und stöhnte unter der offenkundigen Anstrengung.

»Ich würde sagen, sie schafft das gut alleine, was meinen Sie, *Dougeen?*«, fragte Ted, nachdem er sie eine Weile still betrachtet hatte. »Wir können weitergehen und sie sich selbst überlassen.«

Dag zog es vor zu bleiben und ein paar Fotos zu machen.

»Eine normale Geburt kriege ich nicht oft zu sehen«, sagte er, legte sich mit dem Bauch auf das nasse Gras und richtete die Kamera auf das Hinterteil des Schafes.

Ted drehte sich mit amüsiertem Gesicht zu mir um. »Ist es nicht erstaunlich, was ein Mann in seiner Freizeit so alles anstellt? Wir lassen ihn hier machen. Sind Sie bereit für ein bisschen Bergsteigen, Marie? Wir müssen noch etwas weiter.«

Ich hatte Mühe, Ted zu folgen, der behände über Mauern und steile Abhänge kletterte. Nach zehn Minuten hielt er an, schickte Lass vor, um eine Gruppe Schafe und Lämmer zusammenzutreiben, damit er sie besser sehen konnte, und gönnte mir so die erste willkommene Pause.

»Hoch da! Zurück!«, rief er Lass zu und bedeutete ihr mit Pfiffen und Stock die gewünschte Richtung. Wendig und flink jagte sie um die kleine Herde herum, brachte sie die Anhöhe herunter und trieb sie dann zwischen uns und die Steinmauer.

»Diese Schafe leben normalerweise hoch oben am Berg, ganz nah am Himmel«, sagte Ted und ließ seinen Blick über sie schweifen. »Ich hab sie zum Lammen hier heruntergebracht und jetzt sind sie ganz wild darauf, wieder zurückzukehren. Können Sie das Gatter da oben sehen? Da stehen sie immer herum und reiben sich, in der Hoffnung, durchschlüpfen zu können. Anfang nächsten Monats werden mein Sohn, Lass und ich sie zum Stall am Haus hinuntertreiben, damit sie gekennzeichnet werden und ihre Medizin bekommen. Und dann werden diese Bergschafe wieder frei gelassen, damit sie dahin zurückkehren können, wo sie sein wollen, dem Himmel nah.«

Wir standen mit dem Rücken zum Berg. Winzige Blümchen – weißer Waldsauerklee, blauer Frühlingsenzian und violette Hainveilchen – blühten zwischen den Überresten des Farnkrauts vom letzen Jahr. Die Hügel zogen sich bis zum Horizont, wo ihre Silhouette fast transparent zu werden schien. Hoch über uns ballten sich graue Wolken zusammen und zogen, von Regen kündend, über den Himmel. Teds Gesicht sah verfroren aus und seine Fingerkuppen waren weiß. Lass lag, den Kopf auf den Pfoten, ruhig zu seinen Füßen.

»Hier oben ist es friedlich, Marie«, sagte er leise. »Aber das Land ist schlecht, taugt nur für die Schafzucht und denen, die damit zu tun haben.«

Als wir wieder nach unten liefen, beschrieb er mir seinen Lebensrhythmus. Jeden November, erzählte er, wurden alle Schafe, die 18 Monate oder älter waren, den Berg hinuntergetrieben, fünf Wochen lang zu Befruchtungszwecken bei den Schafböcken gelassen und dann wieder auf höhere Lagen zurückgebracht. Im Februar kamen sie zur Ultraschalluntersuchung wieder ins Tal und Schafe, die mit Zwillingen trächtig waren, blieben auf den Feldern unweit seines Hauses. Im März wurden dann alle trächtigen Schafe nach unten gebracht und im April kamen die Lämmer. Einen Monat später wurden alle Mutterschafe und Lämmer gegen Zecken behandelt und gegen Maulgrind geimpft, eine Krankheit, die Pusteln an den Lippen verursacht, und dann wieder auf den Berg getrieben. Im Juni kehrten die Schafböcke zur Kastration ins Tal zurück. Im Juli holte Ted alle Schafe zum Scheren, dies taten er und sein Sohn noch mit der Hand und ohne elektrische Schergeräte. Zu diesem Zeitpunkt wählte er die Lämmer zum Verkauf aus. Den restliche Sommer konnten die Schafe in Ruhe auf den Bergweiden grasen. Im September wurden die zum Verkauf stehenden Lämmer nach unten getrieben und direkt in den Anhänger Richtung Markt verladen. Die alten Schafböcke, denen »die Puste ausgegangen war«, wie Ted es nannte, wurden durch neue ersetzt.

»Also sind im Oktober alle Schafe auf dem Berg«, stellte er abschließend fest. »Außer den Schafböcken, die lassen wir hier unten und füttern sie für ihren Einsatz im November mit Hafer. Dann geht das Ganze wieder von vorne los.«

»Ständig den Berg hinauf- und wieder herunterlaufen, das klingt anstrengend.«

»Wir sind ganz gut eingespannt, aber die meiste Arbeit erledigen die Hunde.«

»Ist das nicht anstrengend für die Schafe, wenn sie so hin- und hergescheucht werden?«

»Es ist gar nicht so wild, Marie. Die Schafe laufen nur fünf oder vielleicht sechs Tage im Jahr den Berg hinauf und wieder herunter. Die restliche Zeit bleiben sie überwiegend an einem Ort.«

Er hatte einen Umweg gemacht, um mir einen großen, runden Felsblock zu zeigen. Darauf befanden sich zwei perfekt gemeißelte Kreise, einer innen, der andere außen und zu beiden Seiten waren wie Tassen geformte Vertiefungen auszumachen. Es handelte sich um frühgeschichtliche Kunst, gefertigt von Menschen, die mit Spitzen aus Stein oder Metall die Oberfläche der Felsen bearbeitet hatten. Zeugnisse dieser »Felsenkunst« trifft man überall auf der Halbinsel, sie stammen vermutlich aus der späteren Jungsteinzeit. Ihre Bedeutung und ihr Zweck blieben bisher ungeklärt.

»Ich glaube, dass diese Markierungen etwas mit Sonnenverehrung zu tun haben«, sagte Ted. »Aber andere behaupten, es könnten Sternkarten sein.«

Er zeigte mit seinem Stock auf einen etwas weiter oben gelegenen Grashügel. »Das dort ist auch ein Überrest aus früheren Zeiten, eine alte Ringfestung, die von unseren fernen Vorfahren erbaut wurde. Da gibt es unterirdische Gänge, aber ich bin noch nie reingegangen, nicht mal als Kind. Es heißt, dass man sich eine Knochenkrankheit holt, wenn man in diese Festungen geht.«

Als wir den Berg wieder hinunterkamen, hatte Dags Fotomodell ihr Lämmchen zur Welt gebracht, das bereits am Euter seiner Mutter saugte. Auch das zuvor von Lass gejagte Mutterschaf

Maria und Ted in seinem Cottage am Fuß des Teermoyle Mountain.

hatte eine erfolgreiche Geburt hinter sich gebracht, ein winziger Schafbock machte, von seiner Mutter beleckt und gestupst, seine ersten unsicheren Schritte.

»Die Welt hat einen Neuzugang«, sagte Ted stolz. »Schauen Sie, sie ist verrückt nach ihm. Ist die Natur nicht fabelhaft?«

Wieder beim Cottage angekommen, versammelten wir uns mit einer Runde Whiskey um das Torffeuer, um Hände und Füße zu wärmen.

»Wenn wir gleich wieder nach Hause gehen«, warnte Ted uns vor, »erzählt ihr bloß nichts von unseren Drinks.«

Hinter »ihr« verbarg sich seine Gattin Carmel, eine kräftig gebaute Frau mit feinem, zu Dauerwellen gekräuseltem Haar, grünen Augen und einer direkten, großzügigen Art.

»Das ist doch nicht nötig«, schalt sie mich, als ich anfing, mich vor der Küchentür meiner Stiefel zu entledigen. »Wir haben öfter Hunde, Katzen oder Lämmer hier drin.«

Der Raum wurde von einem altmodischen Torfherd erwärmt. Darauf dampfte ein Wasserkessel und Carmel holte Teller mit gebratenem Speck, Würstchen, Blutwurst, Leber, Spiegeleiern und Tomaten aus dem Ofen, die sie vor uns auf den Tisch stellte. Das hier habe ich für euch warm gestellt«, sagte sie und stellte noch ein paar dick mit Butter bestrichene Weißbrotscheiben sowie Becher mit starkem Tee dazu.

»Nun esst mal ruhig drauflos, ich kann leicht von allem noch mehr machen.«

Ted aß schnell und verlor während der Mahlzeit keine Worte. Mehrere Male spähte er aus dem Fenster zu seinen Schafen und Lämmern, die draußen auf der Wiese standen.

»Er liebt seine Schafe«, erzählte Carmel mir. »Wir haben dreihundert Schafe und er kennt jedes einzelne von ihnen. Manchmal gehe ich raus und schaue nach den Schafen mit Zwillingen. Wenn ich dann wiederkomme und ihm sage, dass eines von ihnen Wehen hat, fragt er mich: ›Welches ist es denn?‹ und ich sage: ›Bist du noch gescheit, Mann? Es war ein Schaf, für mich sehen sie alle gleich aus.‹ Aber er kann sie unterscheiden, er erkennt sie an der Zeichnung auf ihren Gesichtern.«

Sie hielt inne und schaute ihn liebevoll an.

»Ah, aber auch ich liebe diese Lebendigkeit. An Frühlingsabenden kann ich mich stundenlang gegen die Mauer lehnen und den Lämmern beim Spielen zusehen. Das mache ich lieber als die Seifenopern im Fernsehen anzuschauen. Das stimmt wirklich, ich sehe das viel lieber.«

Das jüngste Kind des Paares, die neunzehnjährige Sile, saß mit uns in der Küche. Sie war zierlich, hübsch und besaß die dunklen Augen ihres Vaters.

»Bring mal dein Hauslämmchen her, Sile«, sagte Carmel. »Zeig Marie dein Lamm.«

Das Lamm, ein hübsches Tier der Rasse *Scotch Blackface,* flitzte vor Sile in die Küche und rannte aufgeregt von einem zum anderen.

»Du *bist* ein kleiner Liebling«, sagte Carmel und tätschelte es am Kopf. »Ein verwöhnter kleiner Liebling, das bist du. Ich weiß, was du willst, aber ich hab nichts für dich, dein Futter hast du schon gekriegt, jawoll, das hast du.«

Ted legte Messer und Gabel auf seinen leeren Teller und sagte: »Dieses Lamm wurde vor elf Tagen geboren, *Dougeen*. Um zehn nach zehn in der Früh hab ich nach der Mutter gesehen. Das Lämmchen war gerade auf der Welt und beiden ging es gut. Ich hab mich ins Auto gesetzt und bin nach Cahersiveen gefahren, um was zu erledigen. Es war nicht später als fünf nach elf, als ich wieder nach Hause kam. Und da lag das Schaf doch tatsächlich mausetot am Boden und das Lämmchen saß blökend neben ihm. Sie hatte die Nachgeburt gefressen, das tun sie natürlich alle, aber sie ist daran erstickt. Wenn ich nur hier gewesen wäre und es gesehen hätte, dann hätte ich die arme Kreatur retten können.«

»Ich habe gehört, dass Sie auch ein Lämmchen haben, Marie«, sagte Sile schüchtern.

Ich nickte. »Dag meint, ich würde es mehr wie ein Baby behandeln als wie ein Schaf.«

»Das habe ich nicht gesagt!«, protestierte er.

»Ah, man muss sie einfach verwöhnen«, beruhigte Carmel mich. »Sie werden es vermissen, wenn Sie weg sind. Bei mir ist das immer so. Die Hauslämmer ziehen auf den Berg, da kriegen sie dann ihr eigenes Lamm und sind dann Schafe, keine Haustiere mehr. Aber wenn sie vom Berg herunterkommen, erkenne ich die Gesichter immer wieder.«

»Erkennen die Tiere Sie auch?«, fragte ich.

Carmel neigte ihren Kopf zur Seite und dachte über die Frage nach.

»Ted sagt, ich soll rausgehen und mit ihnen reden. Und wenn ich das mache, dann glaube ich, erkennen sie mich tatsächlich.«

Sile lächelte. »Das glaub ich nicht, Mam. Ich glaube, das bildest du dir ein.«

Ich wandte mich Sile zu. »Wärst du gerne Schäferin?«

Sie schüttelte heftig den Kopf. »Oh, nein. Ich mag das Stadtleben lieber.«

»Wenn sie wollte, könnte sie eine gute Landwirtin sein«, warf ihr Vater ein. »Tom, unser Ältester, verdient seinen Lebensunterhalt mit dem Betreiben von schweren Maschinen und hat keinerlei Interesse an Schafen, überhaupt keins. Aber Joseph, der jüngere von den beiden Jungs, ist ein großartiger Schäfer und er liebt diese Arbeit. Er hat zu viel um die Ohren, kann diese Saison nicht mithelfen, weil er in einem Pub jobbt und wegen der Flamme.«

Ich schaute Ted verständnislos an. »Flamme?«

Sile kicherte und lief rot an. »Aber, Papa ...«

»Feuer«, erklärte Ted. »Feuer und Flamme.«

Er erkannte meine Verwirrung und sagte: »Eine junge *Frau*, Marie!«

Carmel räumte unsere Teller ab und stellte eine Kanne frischen Tee und Löffelbiskuits auf den Tisch.

»Vielleicht übernehmen Joseph oder Sile eines Tages den Hof«, sagte Ted nachdenklich. »Es ist natürlich ihre Sache und hängt auch von der Person ab, die sie einmal heiraten werden. Aber man muss dieses Leben lieben; wenn nicht, dann ist es zu anstrengend, alles Tag für Tag zu ertragen. Darum würde ich meine Kinder nie zwingen, meine Arbeit zu übernehmen. Was sollte das wohl bringen, Marie, wenn man sie zwingen wollte, etwas zu tun, wonach ihnen nicht der Sinn steht? Das wär überhaupt nicht gut.«

Zweiundzwanzig

An einem Morgen Ende April herrschte sehr feuchtes Wetter, die dichte Wolkendecke hing bis zum Boden und es regte sich kaum ein Lüftchen. Schafe und Lämmer lagen grüppchenweise auf dem Weg zu unserem Cottage, denn sie zogen den harten Boden dem nebelfeuchten Gras der umliegenden Weiden vor. Als Dag zur Arbeit fahren musste, rannte ich, wie immer, mit Dora voraus, scheuchte alle Schafe auf, damit sie seinem Auto Platz machten, und hielt ihm das Tor auf.

Auf dem Rückweg machte Dora immer wieder Pausen, um sich an den frischen, aufgerollten, grünen Farnspitzen gütlich zu tun. Ich scheuchte sie weg, weil Dag mich gewarnt hatte, das Farnkraut sei giftig für Schafe. Aber davon abgesehen geschah an diesem friedlichen Morgen nicht viel, was mir Anlass zur Besorgnis gegeben hätte. Zwei Steinschmätzer saßen in den Ginsterbüschen zu beiden Seiten des Wegs und warnten mich mit ihren Pfeiftönen *fid-tk-tk-tk* davor, mich ihrem Nest zu nähern. Irgendwo vom Berg her ertönte das herrliche, tiefkehlige *kroh-kroh* eines Kolkraben und drüben auf der anderen Seite des Tals hub eine von Peggys Kühen zu einem kläglichen Muhen an. Schafe riefen nach ihren Lämmern und diese antworteten mit kindlichem Blöken. Im Hintergrund erscholl das rhythmische Klatschen der Wellen gegen die Hafenmauer und die ungeschützteren Landzungen und Klippen dahinter.

Dora verbrachte den ganzen Morgen mit Grasen und Wiederkäuen. Ich hatte sie erfolgreich von ihrem Ein-Uhr-Fläschchen entwöhnt und sie machte kein Theater, wenn ich sie verließ, um mit dem Fahrrad in die Stadt zu fahren. Auf den Feldern entlang des Weges hatten sich die Lämmer von Kevin O'Shea zu Teenagern gemausert, die in kleinen Gruppen umherliefen, Felsen erklommen und sich im Spiel gegenseitig hinunterstießen. Wie Dora wuchsen auch sie schnell und wurden zusehends selbstständiger. Obgleich ich mich über ihre Stärke und Gesundheit freute, erinnerte es mich auch daran, dass unsere Zeit in Kerry sich ihrem Ende zuneigte. Das Gras wuchs üppig, die Tiere gediehen. Die Lammungszeit war fast vorüber und die O'Learys würden bald keinen Bedarf mehr für einen zusätzlichen Tierarzt haben. Die ersten Anzeichen des nahenden Sommers waren bereits zu erkennen, aus dem vertrockneten Farnkraut des letzten Jahres sprossen frische grüne Triebe und die karminroten Knospen der Fuchsien entfalteten sich zu zarten Hängeblüten in Lila, Rosa und Rot. In den Hecken wuchs Kerbel und die Büschel der Montbretien wurden von Tag zu Tag dichter und grüner. Ich fuhr die Landstraße entlang, atmete den süßen, schweren Geruch der Hagedornblüten ein und versuchte zu vergessen, dass wir bei Einzug des Sommers abreisen würden.

In Cahersiveen hielt ich an der Kreuzung vor der Stadtbücherei, wo ich vom Fahrrad stieg und einige gut verschlossene Plastikmüllsäcke von meinem Gepäckträger hievte. Die Müllwagen kamen nicht bis in unser Tal und so waren wir für die Entsorgung unseres Hausmülls selber verantwortlich. Dag nahm den Müll, der durch seine Arbeit anfiel, mit in die Praxis, ich verbrannte das Papier und trug unsere Obst- und Gemüseabfälle auf den Komposthaufen unserer Nachbarn und vermied es, Lebensmittel in Dosen zu kaufen. So hatten wir nur einige kleine Säcke voller Müll pro Woche. Als ich unsere Vermieter fragte, was ich mit den Abfällen anfangen sollte, rieten sie mir, sie in den Mülleimern der Stadt zu entsorgen. Von diesen Mülleimern gab es an der Hauptstraße eine ganze Reihe, ihre Außenseite war aus kompaktem Beton und in ihrem Inneren steckte jeweils ein beweglicher Drahtkorb. Ich fühlte mich nie ganz wohl dabei, unseren Müll dort zu lassen, aber die Alternative bestand darin, ihn zur Müllkippe zu bringen, die weit von Cahersiveen entfernt lag und immer, wenn Dag den Wagen nicht für die Arbeit nutzte, geschlossen war.

Es war ein schöner Tag und der Mülleimer gegenüber der Stadtbücherei war bereits halb voll. Ich stopfte meine Mülltüten hinein und drückte sie dann so weit es ging herunter. Als ich vom Mülleimer aufsah, erblickte ich drei Männer, die auf einer Bank vor der Stadtbücherei saßen und mich ernst ansahen. Ich erkannte einige von ihnen und winkte, sie erwiderten den Gruß und lächelten zurück. Vor Johnny Apples Obst- und Gemüsestand waren ebenfalls einige bekannte Gesichter versammelt, sie untersuchten die von ihm angebotenen Kohlsetzlinge. Als ich mein Fahrrad an den Marktständen vorbeischob, grüßten mich mehrere Leute und sogar der Coffey, der Schuhe und Stiefel verkaufte, nickte mir brummig zu.

Ich lehnte gerade vorsichtig mein Fahrrad gegen das Schaufenster von *Curran's* Schlachterei, da kam ein Jack-Russell-Terrier heraus und hob an meinem Reifen sein Bein. Hinter dem Tresen zerteilte James Curran eine Lammhälfte in Koteletts. Er war ein großer Mann mit einer roten, fleischigen Nase, doch er besaß ein freundliches und schüchternes Wesen und hatte Probleme, mir bei unseren Unterhaltungen in die Augen zu sehen.

»Wie geht es Ihnen?«, erkundigte er sich, den Blick starr auf das tote Lamm gerichtet. »Und wie geht's dem Gatten?«

Seine Mutter, der unumstrittene Boss in diesem Geschäft, war sehr viel geselliger als ihr Sohn. Mit dem handgestrickten Pullover und dem dickem Tweedrock unter der passenden Trägerschürze eilte sie geschäftig hin und her und den hinter dicken Brillengläsern verborgenen Augen entging nichts. Gerüchten zufolge machte James jedes Mal, wenn seine Mutter in der Kirche war, einige zögerliche Versuche, die Auslagen in seinem Geschäft ein wenig vorteilhafter zu präsentieren, legte das Fleisch in der offenen Kühltruhe etwas anders hin oder stellte einen Sack Kartoffeln von einer Wand an die andere. Aber er erlebte die Wirkung seiner Neuerungen nie, denn sobald seine Mutter zurückkehrte, überprüfte sie den Laden und stellte schnell wieder alles an seinen alten Platz.

»Jetzt hörn Sie mir mal zu«, sagte sie und hielt dabei meine Hand. Ihre Haare waren mit einem Netz und Klammern befestigt und durch die zarte Haut auf ihren Wangen schimmerte ein Netzwerk feiner Äderchen. »Das wollte ich Sie schon immer mal fragen. Haben Sie irische Verwandte?«

Sie war erfreut zu hören, dass mein Vater aus Cashel in Tipperary stammte.

»Ich komme aus Michelstown. Das liegt an der Grenze zu Cork, aber als ich ein kleines Mädchen war, bin ich oft in Cashel tanzen gegangen. Wo wohnen Sie? Auf der anderen Seite des Wassers, richtig? Auf welcher Talseite liegt Ihr Haus? Wie weit ist es vom Hafen entfernt? Liegt es unterhalb oder oberhalb der heiligen Quelle? Sie müssen ein kleines Auto haben, mit dem Sie dorthin kommen. Nein? Sie fahren mit dem Fahrrad? Nun, ist es nicht herrlich und der Anstieg macht Ihnen nichts aus? Ah, Sie sind ja auch so schön schlank. Gehört Ihnen das Haus? Nein? Na ja, vielleicht kaufen Sie sich ja nach einer Weile hier ein Häuschen.«

»Dies Mädel hier hat ein Suffolk-Lamm«, erzählte James ihr und legte ein paar Koteletts in die Auslage. »John Joe O'Sullivan hat es ihr geschenkt und sie zieht es mit der Flasche auf.«

»Ein Hauslämmchen!«, rief sie aus. »Nun, James, hast du vielleicht ein paar Ratschläge für sie?«

Er lächelte mich an. »Ich würde der Frau eines Tierarztes nicht im Traum Ratschläge zum Thema Hauslamm erteilen.«

In der *East End Bar*, wo ich mein Mittagessen zu mir nehmen wollte, hielt sich hingegen keiner mit seinen Ratschlägen zurück. Es hatte sich die übliche Bande versammelt und während ich auf mein Glas Stout und meine Käsesandwiches wartete, gab jeder von ihnen seinen Senf dazu.

»Haben Sie Ihr Lamm denn schon entwöhnt?«, fragte Ted Donnelly.

»Nehmen Sie einfach Kraftfutter«, sagte Francis, ein sommersprossiger Bauunternehmer.

»Ach Quatsch«, widersprach ihm Mike Falvey. »Lassen Sie das Tier einfach auf die Weide, damit es sehen kann, was die anderen Schafe machen, dann macht es bald dasselbe.«

»Möchten Sie nicht lieber auch ein bisschen gekochten Schinken auf Ihre Sandwiches, Marie?«, fragte Noreen, den Kopf zur Küchentür herausgestreckt. »Na los. Allein mit Käse kommen Sie auf Ihrem Fahrrad nicht weit.«

»Ich habe gehört, Sie wollen uns verlassen«, sagte Florence O'Sullivan. »Was machen Sie denn dann mit Ihrem Lamm?«

»Peggy O'Sullivan nimmt es«, erzählte ich. »Sie will versuchen, es zu Zuchtzwecken einzusetzen.«

Er nickte billigend. »Da hat es ein gutes Heim gefunden. Peggy weiß, wie man mit Schafen umgeht. Sie hält sich noch an traditionelle Methoden.«

Mittlerweile waren die Stammgäste der *East End Bar* in meiner Gegenwart sehr viel lockerer geworden. Francis bestand darauf, mir noch einen auszugeben, und wusste mit Anekdoten aus den goldenen Zeiten seiner Kindheit aufzuwarten. Die Bauern hätten damals ihr Vieh 16 Kilometer weit in die Stadt getrieben, erzählte er, und es auf dem Land gegenüber von der Tierarztpraxis, das damals *Fairfield* hieß, zum Verkauf angeboten.

»Sie haben es noch viel weiter als 16 Kilometer getrieben«, mischte Florence sich ein. »Manche haben ihr Vieh ganz aus Caherdaniel oder Glenbeigh hergetrieben. Sie sind in der Nacht mit einer gekochten Kartoffel oder etwas Blutwurst als Wegzehrung in der Tasche losgezogen. Auf der Carhan-Brücke im Ostteil der Stadt und auf der Oghermong-Brücke im Westen gab es in der Früh dann immer einen Viehstau, weil die Leute in der Hoffnung, die Tiere zu einem besseren Preis einzuheimsen als auf dem Markt, schon dastanden und boten.«

»Bei schönem Wetter hat man wirklich *jeden* getroffen, den man kannte«, fügte Ted Donnelly hinzu. »Man konnte in der Stadt schon um sechs Uhr in der Früh einen Drink bekommen. Ah, is jetzt alles anders.«

Noreen stellte noch eine Portion Sandwiches und ein Glas Stout vor mir auf den Tresen.

»Die gehen aufs Haus«, sagte sie.

»Dieser Pub war auch ganz anders, bevor Noreen hierher kam und alles veränderte«, sagte Francis schelmisch.

Noreen lächelte. »Hau doch ab, Francis.«

»Die Theke befand sich an der anderen Wand, wo jetzt der Kamin ist«, fuhr er fort. »Ich kann mich noch gut erinnern, wie ich 1957 eines schönen Tages mit einem Pint Stout hier hockte und dabei zuschaute, wie man eine Herde von 21 Rindern durch den Gastraum in den Hinterhof trieb.«

»Ach, jetzt machen Sie aber mal halblang«, sagte ich. »Rinder im Pub?«

»Das war ein ganz normaler Anblick. Fragen Sie John hier. Der Markt begann früh am Morgen, deshalb brauchten die Leute, die in der Nacht zuvor hier angekommen waren, eine Unterstellmöglichkeit für ihre Tiere. Johns Vater hat immer eine Herde in seinem Garten untergebracht, ich nehme mal an, er hat ein paar Pfund für seine Mühe kassiert. Die Tiere konnten nur durch den Pub nach hinten gelangen, also trotteten sie hier durch.«

John Curran lehnte sich gegen die Theke.

»Francis hat Recht«, sagte er. »Und mein Vater war nicht der Einzige, der das gemacht hat. Es gab eine Frau, die lebte nebenan, die hat die Tiere auch nach hinten gelassen. Ich kann mich noch erinnern, als sie einmal ihre Wäsche auf der Leine gelassen hatte und die Rinder doch tatsächlich dazwischen rumgelaufen sind, haben glatt die Laken der armen Frau in Grund und Boden gestampft.«

»Einmal hab ich gesehen, wie vor einem Haus eine Kutsche hielt«, gab Ted zum Besten. »Das war im Westteil der Stadt. Als der

Mann sein Pferd ausspannte, schaute ich eine Sekunde lang weg. Als ich wieder hinguckte, stand da doch tatsächlich nur noch der Wagen und das Pferd war verschwunden. Der Mann hatte es ins Haus gebracht, durch die Küche geführt und in den Garten gestellt. Heutzutage gibt es nicht mehr viele Frauen, die sich Pferdeäpfel in der Küche bieten lassen würden, hab ich Recht, Noreen?«

»Als Noreen hierher kam, war das Vieh schon lange weg«, ließ John ihn wissen. »Die letzten Rinder habe ich 1968 hier gesehen. Da kamen fünf Bullen hier durch. Ich war damals noch klein. Die haben sie draußen im Hof kastriert. Sechs Männer haben einen Bullen festgehalten, während einer ihm die Eier abgeschnitten hat. Himmel, da draußen ging's zu wie beim Rodeo.«

Zwei Stunden später kam ich, mehrere Pints Stout intus, aus der *East End Bar* und strampelte mit einem intensiven Wohlgefühl nach Hause. Die Sonne brach durch die Wolkendecke und eine sanfte Brise strich über die Wellen in der Bucht von Dingle. Auf dem Feldweg traf ich auf halber Höhe mit Chloe zusammen, die sich mampfend die frischen Heckentriebe zu Gemüte führte.

»Sie genießt die weite Flur!«, rief Peggy fröhlich. Sie stand in einer ihrer Wiesen in der Nähe des Bachs und hielt ein Lämmchen, dessen Mutter nicht von seiner Seite wich und deutlich ihren Unmut zum Ausdruck gab. »Wie geht es Dora? Ist sie schon entwöhnt? Dieses Lamm hier hat schlimmen Durchfall. Könnten Sie Ihren Mann fragen, ob er später mal rüberkommen und nach ihr sehen kann? Kommen Sie doch auf ein Gläschen Sherry mit.«

Als ich das Tor am Ende unserer Zufahrt öffnete, schlenderte Neddy, der Esel, zu mir herüber. Ich suchte in meinen Packtaschen nach einer Karotte, die ich bei Johnny Apple gekauft hatte, und hielt sie ihm auf meiner ausgestreckten Handfläche hin. Er ergriff sie mit seinen weichen Lippen und kaute träumerisch darauf herum.

Im Einklang mit der Welt trug ich meinen Einkauf in die Küche. Ich packte alles aus und summte gerade fröhlich vor mich hin, als das Telefon klingelte.

»Spricht da Maria Coffey?«, fragte eine sanfte, mir unbekannte Stimme. »Hier spricht Cahill McCarthy vom Gemeindeamt.«

Es folgte eine lange Pause.

»Ja?«, forderte ich ihn fröhlich zum Weiterreden auf.

»Nun, tja Maria, es tut mir Leid, Sie zu belästigen. Aber ich frage mich, ob Sie schon von der Kampagne gehört haben, die gerade in Kerry stattfindet. Wir setzen uns dafür ein, dass die Leute vom Land nicht immer ihren Abfall an ungeeigneten Stellen entsorgen.«

Ich war viel zu beduselt vom Alkohol, deshalb leuchtete mir nicht sofort ein, aus welchem Grund er mir das erzählte. Ich sagte, dass ich tatsächlich schon von der Kampagne gehört hätte und dass ich das Ganze für eine gute Sache hielte. Ich berichtete ihm, dass ich schon unzählige Male über die Klippen geschaut und unten einen Haufen Müll erblickt hätte oder inmitten der schönsten Landschaft über Autowracks, alte Matratzen und verrostete Landwirtschaftsgeräte gestolpert wäre. Ich wollte noch hinzufügen, dass ich erst kürzlich im *Kerryman* von einem Mann gelesen hatte, der dafür, dass er seine Mülltüten in einen Bach geworfen hatte, Strafe zahlen musste, aber ich hatte keine Gelegenheit mehr dazu, weil Cahill mich mit einem lauten Räuspern unterbrach.

»Nun, tja, Maria. Heute ist der Inspektor aus Tralee bei uns im Amt gewesen. Er saß gerade bei mir, als einer mit zwei Säcken Hausmüll hereinkam ...«

Das Telefon stand im Wohnzimmer auf der Fensterbank. Dora kam aus ihrem Pferch, erblickte mich durch die Fensterscheibe und rannte unter forderndem Blöken zum Cottage.

»Entschuldigung, ich kann Sie nicht verstehen«, sagte ich zu Cahill. »Könnten Sie bitte etwas lauter sprechen?«

»Die zwei Müllsäcke, die wir gefunden haben ...«

»Das ist mein Lamm.« Ich trug das Telefon zu einem Stuhl vor dem Kamin, wo Dora mich nicht mehr sehen konnte. »Ihr Fünf-Uhr-Fläschchen ist schon lange überfällig. Ich versuche gerade, sie zu entwöhnen, aber Sie wissen ja, wie das ist. Entschuldigung, was haben Sie gesagt?«

Cahill räusperte sich erneut. »Der Inspektor wollte Ihnen ein Schreiben zuschicken. Man könnte Sie dafür natürlich mit einem Bußgeld belegen, aber ich habe vorgeschlagen, dass ich mich vielleicht persönlich mit Ihnen unterhalten könnte, um Ihnen Unannehmlichkeiten zu ersparen.«

Jetzt war ich still.

»Bußgeld?«, fragte ich schließlich. »Wofür denn?«

»Dafür, dass Sie die beiden Tüten Hausmüll, die wir heute fanden, einfach irgendwo weggeworfen haben.«

»Ich habe sie nicht einfach irgendwo weggeworfen«, protestierte ich. »Ich habe sie in einem städtischen Mülleimer entsorgt.«

»Diese Mülleimer sind für kleinere Abfälle gedacht«, sagte Cahill. »Ein paar Kilometer hinter der Stadtgrenze gibt es eine Müllkippe für Hausmüll. Es kostet nur ein paar Euro, einen ganzen Anhänger voll Müll dort zu entsorgen.«

»Immer, wenn die Müllkippe geöffnet ist, benutzt mein Mann das Auto«, erzählte ich ihm. »Und wir haben keinen Platz, um unseren Müll zu lagern. Wir haben nicht einmal eine Mülltonne draußen. Und selbst, wenn es so wäre, es gibt bei uns Nerze, Füchse und Hunde in der Gegend und die kommen an alles dran.«

»Die Gemeinde wird Sie mit einer passenden Tonne ausstatten«, bot Cahill an. »Sie haben sie wahrscheinlich schon montags früh, wenn die Müllwagen unterwegs sind, in der Stadt stehen sehen. Sie sind groß, stabil und verfügen über fest schließende Deckel. Und sie haben Räder, dann können Sie sie leicht hinter sich herziehen.«

»So eine wäre wirklich praktisch«, sagte ich dankbar. »Sind die teuer?«

»Wir stellen sie kostenfrei zur Verfügung. Aber Sie müssen einen Aufkleber dazu kaufen und der kostet 97 Euro für ein halbes Jahr.«

»Wofür ist der Aufkleber da?«

»Die Tonnen werden einmal die Woche vom Müllwagen geleert und der Aufkleber beweist, dass Sie für diese Dienstleistung bezahlt haben.«

»Der Müllwagen kommt nicht in dieses Tal«, erinnerte ich ihn.

»Das weiß ich. Wir können Ihnen trotzdem die Tonne zur Verfügung stellen, aber Sie müssen den Aufkleber kaufen.«

»Wozu?«

»Wenn wir die einfach so verteilen, würde jeder Bauer auf dem Land so eine wollen, um darin seinen Torf zu lagern. Den Müll würde er trotzdem aufs Feld kippen.«

»Ich bin keine sechs Monate mehr hier«, sagte ich. »Kann ich nicht einfach eine von diesen Tonnen kaufen?«

»Ohne Aufkleber können Sie sie nicht bekommen.«

Ich hatte den Zustand der trunkenen Euphorie hinter mir gelassen und trat jetzt in die aggressive Phase.

»Was Sie mir hier erzählen wollen, Cahill«, sagte ich aufbrausend, »ist, dass ich eine Tonne kriege, wenn ich einen Aufkleber für eine Dienstleistung bezahle, die ich nicht in Anspruch nehmen kann.«

»Können Sie schon, wenn Sie Ihre Tonne jeden Montag in der Früh ans Ende des Feldweges bringen und sie dort an die Landstraße stellen. Der Müllwagen hält dort und würde sie leeren. Solange sie den Aufkleber hat, versteht sich.«

»Und wie genau soll ich die Tonne den Feldweg hoch schaffen?«

»Sie könnten sie schieben.«

»Cahill«, zischte ich. »Von hier sind es *anderthalb Kilometer* bis zum Hügel hoch. Warum kann der Müllwagen nicht bis zum Hafen herunterfahren?«

»Der Weg ist zu schmal. Er hat keinen Platz zum Wenden.«

»Der Schulbus schafft das zweimal am Tag.«

»Ah, nein, es wäre zu riskant.«

Ich nahm den Telefonhörer vom einen Ohr, hielt ihn ans andere und versuchte mit aller Macht, mein Temperament zu zügeln.

»Viele Leute haben dasselbe Problem wie ich. Warum errichtet die Gemeinde nicht eine große Müllkippe in der Stadt, die man umsonst benutzen kann?«

»Weil sie in null komma nix voll wäre«, sagte er.

»*Dazu sind Müllkippen ja wohl gedacht, oder?*«, rief ich außer mir.

»Ja, aber das Ding würde von Anfang an aus allen Nähten platzen. Da lägen dann alte Matratzen, tote Hunde und Gott weiß was noch in der Gegend rum. Wir haben die Erfahrung gemacht, dass es immer schlimmer wird, je mehr wir für die Leute in der Stadt tun. Nächste Woche fangen wir damit an, einige der Abfalleimer wieder zu entfernen.«

»Das meinen Sie nicht ernst«, sagte ich ungläubig.

Ich hörte an Cahills Stimme, dass sein Geduldsfaden kurz vor dem Reißen stand.

»Ich wäre Ihnen dankbar, Maria«, sagte er langsam Wort für Wort, »wenn Sie Ihren Müll in Zukunft auf dem vorgeschriebenen Weg entsorgen würden, und zwar auf der Müllkippe.«

»Je mehr Abfalleimer Sie entfernen«, beharrte ich, »desto mehr Müll werden Sie auf der Straße haben.«

»Ich zweifle nicht daran, dass Kanada in diesen Dingen viel weiter ist als Irland«, sagte er sarkastisch. »Aber da Sie hier nur für kurze Zeit Urlaub machen, wäre ich froh, wenn Sie ...«

»Einen Augenblick mal«, unterbrach ich ihn, als sich der Alkoholnebel in meinem Hirn schlagartig verflüchtigte. »Woher wissen Sie, dass ich aus Kanada komme?«

Er zögerte.

»Sie haben da einen leichten Akzent, Maria.«

»Ich habe einen *englischen* Akzent, Cahill«, sagte ich. »Und woher wussten Sie, dass ich es war, die die zwei Mülltüten in den Abfalleimer geworfen hat?«

Seine Antwort kam zu schnell. »Wir haben sie durchsucht und fanden einen Brief aus Kanada mit Ihrem Namen und Ihrer Adresse drauf.«

Plötzlich war ich stocknüchtern. Eine kühle, schwer wiegende Erkenntnis stieg in mir hoch.

»Das kann nicht sein. Ich werfe so gut wie nie Briefe weg. Und wenn doch, dann verbrenne ich sie.«

»Nun, dann ist Ihnen der wohl dazwischen gerutscht, nehme ich an.« Cahill hatte mittlerweile einen sachlichen und bestimmten Ton angeschlagen. »Hier wartet jemand darauf, mich zu sprechen, Maria, also muss ich jetzt Schluss machen. Vielleicht ergibt sich bald mal wieder die Gelegenheit, über diese Sache zu diskutieren. Auf Wiedersehen.«

Als Dag nach Hause kam, hatte ich mir bereits eine komplette Verschwörungstheorie rund um die Mülltüten zurechtgebastelt. Die Bauern vor der Bücherei hatten gesehen, wie ich sie weggeworfen hatte. Sie hatten meinen Akzent gehört und, getrieben von ihrem Unbill gegen die Engländer, hatten sie sie ins Gemeindeamt geschleppt und dabei fallen lassen, dass ich die Frau des neuen Tierarztes sei. Die Gemeinde musste für ihre neue Kampagne ein Exempel statuieren, und das sollte ich sein. Dies hier war nur der Anfang: Bald würde ein böser Brief eintreffen, eine Gerichtsverhandlung würde folgen und im *Kerryman* würde folgende Schlagzeile prangen: »Engländerin erhält Strafe für Hausmüllentsorgung in städtischen Abfalleimern.«

Dag fand die ganze Sache höchst amüsant.

»Das waren nicht die alten Knaben, die dich angezeigt haben«, sagte er. »Warum sollten sie das tun? Die Iren schlagen sich immer auf die Seite des Außenseiters. Ich bin sicher, es war Cahill Wie-auch-immer-er-heißt, der die Mülltüten gefunden hat. Er war wahrscheinlich auf dem Weg vom Pub zurück zu seiner Arbeit, hat gesehen, wie du die Mülltüten weggeworfen hast, und dachte sich, das wäre eine gute Gelegenheit, sich beim Inspektor ein bisschen einzuschleimen.«

»Aber woher wusste er, wer ich bin?«

»Maria, wie viele Ehefrauen von kanadischen Tierärzten gibt es in Cahersiveen? Jeder kennt dich und dein altes Fahrrad. Man kann dich schon von weitem erkennen.«

»Ich hatte gerade angefangen, mich hier wohl zu fühlen«, sagte ich unglücklich. »Ich dachte, mit dem Lamm und so, da würden mich die Leute langsam akzeptieren. Jetzt komme ich mir wieder vor wie eine unwillkommene Ausländerin.«

»Aber natürlich akzeptieren die Leute dich«, sagte Dag. »Sie akzeptieren uns beide.«

Er hielt inne und dachte einen Augenblick nach.

»Wir werden hier immer Fremde sein, Maria. Egal, wie lange wir hier leben, sogar, wenn wir für immer hier leben würden, die Leute würden uns immer für anders halten. Wir *sind* anders. Sogar du mit deiner irischen Abstammung kommst aus einer anderen Welt. So ist es nun mal.«

Ich fiel in ein angespanntes Schweigen. Dag durchsuchte den Kühlschrank nach Zutaten für ein Essen, da klopfte es an der Tür. Auf der Türschwelle stand Jer O'Donaghue in seinem gelben Regenmantel, eine Plastikschüssel mit sechs oder mehr riesigen Krebsscheren in der Hand.

»Für diese Krebse kann ich leider nichts mehr tun«, scherzte Dag. »Denen ist nicht mehr zu helfen.«

Jer lachte. »Am Rest der Krebse ist nicht genug dran zum Essen. Wir werfen sie wieder zurück, damit ihnen neue Scheren wachsen. Ich komme gerade mit diesen hier vom Hafen. Ich hab Ihrer Frau Krebsfleisch versprochen und hier hab ich es, das erste dieser Saison.«

Er weigerte sich, das angebotene Geld zu nehmen, und wollte auch nicht auf einen Drink hereinkommen.

»Wenn Sie mal einen Abend mit mir angeln gehen möchten, bevor Sie wieder abreisen«, sagte er zu Dag, »würden wir Sie gern mitnehmen. Auf Wiedersehen und Gott sei mit Ihnen.«

Dag kochte die Scheren. Dazu servierte er einen Laib frisch gebackenes Brot, das ihm eine Bauersfrau unterwegs mitgegeben hatte, und eine köstliche Knoblauch-Butter-Soße. Wir aßen am Kamin und knackten die harten Schalen mit dem Schürhaken auf. Mit einer Gabel zog ich das süßliche, zarte Fleisch heraus. Es war wie Nervennahrung direkt aus dem Meer, und mit jedem Happen ging es mir besser.

Dreiundzwanzig

Die vergangenen zweieinhalb Monate über hatte ich sowohl im Haus als auch im Freien stets Pullover, Jeans und Wollsocken getragen. Aber am 1. Mai, dem Tag, an dem in Irland traditionell der Sommer anfängt, schossen die Temperaturen plötzlich auf die Zwanzig-Grad-Marke hoch. Der Lokalsender *Kerry Radio* verkündete aufgeregt die Nachricht von dieser Hitzewelle und sagte voraus, dass sie bis zum Wochenende andauern würde. Am späten Vormittag schlüpfte ich in Shorts und T-Shirt, die ich in der vagen Hoffnung, sie irgendwann einmal hier tragen zu können, aus Kanada mitgenommen hatte. Dann suchte ich mir im Garten ein windgeschütztes Plätzchen, legte mich mit einem Buch auf eine Decke und genoss das ungewohnte Gefühl von warmer Sonne auf meiner nackten Haut.

Dora graste in der Nähe, ergriff die Grasbüschel mit ihren Zähnen und zerrte sie dann mit einer ruckartigen Kopfbewegung aus der Erde. Nach einer Weile ließ sie sich, erst die Vorderbeine, dann alle viere einknickend, auf dem Rasen nieder und käute ihre Mahlzeit wieder. Ich legte meinen Kopf auf die Arme und lauschte diesem Vorgang mit Zufriedenheit: Das leichte Rülpsen, wenn ein Grasklumpen hochkam, dann das Geräusch ihrer Zähne, die das Ganze zu Brei zermalmten und das Schluckgeräusch, wenn sie es wieder hinunterschlang, und nach einer Weile, ein erneutes Rülpsen.

Ich döste ein wenig vor mich hin, erwachte dann aber mit einem Ruck, weil ich neben mir schwere Atemgeräusche vernahm. Dora lag ausgestreckt auf der Seite, ihr Brustkorb hob und senkte sich,

Ohren und Lippen zuckten. Ich sprang auf, rannte zum Cottage, griff mir einen von Dags veterinärmedizinischen Wälzern und suchte nach Einträgen zum Thema Farnkrautvergiftung. Mit großer Erleichterung las ich, dass die Symptome sich erst nach einem Monat entwickelten. Dann erinnerte ich mich an die Zecke, die ich vor kurzem an Doras Hals gefunden hatte. Das Bild von den Schafen auf dem Bauernhof von Paddy Loftus erschien vor meinen Augen: jämmerliche, hirngeschädigte Kreaturen, zusammengerollt am Boden oder krampfgepeinigt im Kreis herumstrauchelnd. Springkrankheit! Schnell schlug ich die passende Seite auf. Ein Virus, der mit einer Inkubationszeit von weniger als sechs Tagen von Zecken übertragen wird. Die ersten Symptome waren Fieber, unkoordinierte Bewegungen und ein Zittern der Lippen und Ohren. Junge Lämmer, informierte mich das Buch weiter, gingen gewöhnlich sehr schnell an der Springkrankheit zugrunde. Die meisten von ihnen würden innerhalb der ersten 24 Stunden verenden.

Meine Hände zitterten, als ich die Nummer der Praxis wählte. Als Ann sich meldete, stammelte ich, dass mein Hauslamm krank sei.

»Was ist denn passiert?«, fragte sie.

»Ich weiß nicht, es hechelt und zuckt.«

»Können Sie es herbringen?«

»Ich hab doch nur mein Fahrrad, Ann.«

»Ah, daran habe ich nicht gedacht. Dag ist gerade hinten und behandelt einen Hund. Sobald er fertig ist, schicke ich ihn rüber.«

Ich stand bereits auf der Lauer, als Dag auf das Tor am Ende der Einfahrt zufuhr. »Dora hechelt und zittert«, erzählte ich ihm und sprang in sein Auto. »Ich habe in eines deiner Bücher geschaut. Ich glaube, sie hat die Springkrankheit.«

»Das wage ich zu bezweifeln. In diesem Tal sind schon seit mehreren Jahren keine Fälle von Springkrankheit mehr aufgetreten.«

Kaum waren wir am Cottage angekommen, eilte er mit Stethoskop und Thermometer auf Dora zu. Er beugte sich einige Sekunden lang über sie und sah dann mit einem Lächeln zu mir auf. »Sie wird leben, Maria.«

»Was hat sie denn?«

»Sie hechelt, weil sie in der Sonne liegt. Das Zucken kommt vermutlich daher, dass sie von ihrer nächsten Fütterung träumt.«

Dags erfolgreiche Diagnose von Doras Leiden war der angenehmste Teil eines Tages, der, wie er mir beim Mittagessen berichtete, bis dahin eine einzige Katastrophe gewesen war. Es begann damit, dass eine Kuh sich weigerte, einen Tuberkulosetest über sich ergehen zu lassen, ihn deshalb heftig ans Schienbein getreten hatte, was ihm einen riesigen blauen Fleck sowie ein eindrucksvolles Humpeln beschert hatte. Dann war er wegen einer kurz bevorstehenden Kalbung einer kleinen Färse über die Halbinsel gehetzt, um dann festzustellen, dass das Kalb bereits tot war und erst im Mutterleib zerteilt werden musste, bevor man es herausholen konnte. Als er seine grausame Aufgabe hinter sich gebracht hatte, bat ihn der Bauer, einen Blick auf ein Lamm mit schlimmem Husten zu werfen. Er hatte es mit einem Medikament behandelt, das regelmäßig bei Schafen zum Einsatz kam, aber das Tier hatte eine selten auftretende allergische Reaktion gezeigt und war gestorben, noch bevor Dag den Stall verlassen hatte.

»Zudem war es nicht einfach irgendein Lamm«, erzählte er düster. »Es handelte sich um das Hauslamm der jüngsten Bauerntochter. Sie war zu dem Zeitpunkt dabei und brach in Tränen aus.«

»Nun, das kann ich verstehen«, bemerkte ich wenig hilfreich.

Der Hund, den er gerade behandelt hatte, als ich in der Praxis anrief, hatte eine Strychninvergiftung und litt Höllenqualen, er wurde von heftigen Krämpfen geschüttelt, unter denen sich sein Rücken wie ein Sägebock krümmte und die seine Gliedmaßen versteiften.

»Der Bauer meint, sein Nachbar hätte ihn vergiftet«, sagte Dag. »Sie liefern sich seit Jahren eine Fehde über das Wegerecht. Er sagt, das bösartige Vergiften von Tieren sei hier nicht unüblich.«

Mir schauderte. »Das ist barbarisch. Kommt der Hund wieder in Ordnung?«

Mittlerweile machte Dag einen sehr unglücklichen Eindruck.

»Weiß ich nicht. Die Vergiftung ist schon ziemlich weit fortgeschritten. Sein Leben hängt an einem seidenen Faden.«

In der Hoffnung, seine Pechsträhne zu unterbrechen und ihn ein wenig aufzumuntern, begleitete ich Dag am Nachmittag auf seinen Hausbesuchen. »Ich mag Irland nicht, wenn es so sonnig ist«, brummelte er auf dem Weg nach Cahersiveen. »Die Sonne bleicht die Farben der Landschaft aus. Wolken und Regen passen viel besser hierher.«

Wir hielten kurz an der Praxis, um zu wissen, welche Besuche für ihn anstanden. Frank O'Leary saß für Ann hinterm Tresen, die eine Stunde Mittagspause machte.

»Ist das Wetter nicht schön? Sind Sie schon im Hafen schwimmen gewesen, Marie?«

»Sehr witzig«, sagte ich. »Das Wasser ist eiskalt.«

»Ah, es ist nicht so schlimm, ungefähr neun oder zehn Grad, würde ich sagen. Ich war heute Morgen um sieben selber schon mal drin und es war herrlich.«

Ich starrte ihn ungläubig an und er wandte sich Dag zu.

»Ich habe hier was Interessantes für Sie. Waren Sie jemals draußen bei Mrs. Murt in Shanavagh? Sie hat einen Ziegenbock mit einer Zitze voller Milch und sie sagt, sie störe ihn bei seiner wahren Bestimmung.«

Jetzt war es an Dag zu starren.

»Ein Ziegenbock mit einer Zitze? Von so einem Fall hab ich noch nie gehört. Wenn es sich hier um einen Zuchtziegenbock handelt, würde ich ihn nicht gern mit Hormonen behandeln. Was könnte man sonst noch tun?«

»Die Sache ist die, Dag«, sagte Frank mit einem schelmischen Augenzwinkern. »Ich habe genauso wenig Ahnung wie Sie. Aber da Sie ein ganzes Stückchen jünger und außerdem ganz wild auf diese Gelegenheit sind, dachte ich mir, ich schicke Sie mal hin. Tun Sie, was Sie können. Wenn Sie zurückkommen, haben Sie wenigstens eine gute Geschichte zu erzählen, wenn's auch sonst nichts gebracht hat.«

Als wir die Praxis verließen, rief Frank mich zurück.

»Mrs. Murt hat einen *ogham*-Stein auf ihrem Grundstück, Marie. Wenn sie gute Laune hat, dürfen Sie vielleicht einen Blick darauf werfen. Wissen Sie etwas über *ogham*? Es ist die erste schriftliche Aufzeichnung der irischen Sprache. Die Kelten haben sie in aufrecht stehende Steine gemeißelt.«

Den ganzen Weg nach Caherdaniel machte Dag besorgte Äußerungen über den Ziegenbock.

»Ein Ziegenbock mit einer Zitze? Was soll ich damit nur anstellen? Findet Frank das etwa witzig?«

Ich hörte ihm nur mit halbem Ohr zu.

»Ich würde diesen Stein wirklich gern sehen. Vielleicht könnten wir Mrs. Murt fragen, wenn du mit dem Ziegenbock fertig bist.«

»Wir müssen erst mal zu ihr finden. Weißt du, wo wir sind?«

Frank hatte erwähnt, dass die Einfahrt von Mrs. Murt an ihren weißen, mit Gipshunden geschmückten Torpfosten zu erkennen wäre. Bald darauf erspähten wir links und rechts der Zufahrt zu einem grellgelben Bungalow zwei große rote Schäferhunde. Eine etwas gedrungene Frau in einem lilafarbenen Trainingsanzug fegte das Mosaikpflaster vor dem Haus. Auf ihren Besen gelehnt beobachtete sie unsere Ankunft und musterte dabei mit kühler Abschätzung das Nummernschild an unserem Wagen.

»Wohnt hier Mrs. Murt?«, fragte Dag aus dem Fenster gelehnt.

»Tut sie. Und wer will das wissen?«

»Ich bin der neue Tierarzt. Ich komme wegen des Ziegenbocks.«

Als sie das Wort »Tierarzt« vernommen hatte, änderte Mrs. Murt urplötzlich ihr Benehmen.

»Der *Tierarzt*! Mein Gott, warum haben Sie das nicht gleich gesagt? Ist das nicht ein englisches Nummernschild an Ihrem Auto?

Ich dachte, es wären wieder Touristen, die sich den alten Stein anschauen wollen. Und ich dachte noch, es is schon schlimm genug, wenn die den ganzen Sommer über hier auftauchen, da müssen sie nicht auch noch im Frühling herkommen. Ich und Mr. Murt haben die Nase voll von Leuten, die unser Tor aufreißen, vergessen, es wieder zuzumachen, und dann über unsere Felder trampeln. Mein Nachbar hat letztes Jahr seine Hunde auf die Touristen gehetzt. Er hat deswegen gewaltigen Ärger mit der Gemeinde bekommen, aber man kann es ihm nicht krumm nehmen, oder?«

»Mrs. Murt«, setzte Dag zögernd an. »Wegen des Ziegenbocks ...?«

»Ah, der arme alte Billy. Er ist hinten im Schuppen, kommen Sie nur mit, ich zeige es Ihnen.«

Der »alte Billy« war ein großer muskulöser Ziegenbock mit einem langen Bart, eindrucksvollen Hörnern und einem üblen Geruch. Lediglich dieser zitzenähnliche Sack zwischen seinen Hinterbeinen störte das Bild vom Inbegriff der Männlichkeit. Dag unterzog den Sack einer kurzen Untersuchung, stand dann auf und kratzte sich offensichtlich ratlos am Kopf.

»Nun, tja, Mrs. Murt...«

»Is 'ne komische Sache«, unterbrach sie ihn. »Ist schon manchmal vorgekommen, aber noch nie so schlimm wie jetzt. Er ist ein reinrassiger Saanen-Bock. Natürlich sind das Milchrassen, und ich hab auch gehört, dass die Männchen eine Art Milchdrüse haben, die hin und wieder so was wie Milch produziert. Die kann man freilich nicht hernehmen, aber sie hat wohl Seltenheitswert. Sonst, wenn das passiert ist, konnte ich das Zeug immer rausdrücken und die Zitze ist von selber wieder verschwunden. Aber diese hier ist immer größer geworden und jetzt kann er deswegen keine Ziegen mehr besteigen. Ich hab schon daran gedacht, sie selber zu öffnen, aber ich wollte der armen Kreatur nicht zu nahe treten. Ist es nicht besser für seine Würde, wenn ein Mann diese Arbeit übernimmt?«

Dags Gesichtszüge entspannten sich.

»Sicher, Mrs. Murt, das kann ich unverzüglich in die Hand nehmen. Ich geh nur mal schnell zum Auto und hole ein paar Sachen.«

Während er sich davonmachte, tätschelte Mrs. Murt den Bock zwischen seinen Hörnern.

»Ich wollte dem Priester nicht die Predigt diktieren«, sagte sie. »Wenn Mr. Murt hier wäre, hätte er mit mir geschimpft. Er sagt, ich hätte eine schreckliche Art, anderen Menschen meine Meinung aufzuzwingen.«

»Dag hat nicht das Geringste dagegen«, versicherte ich ihr.

Ich warf einen Blick durch die Stalltür und schaute über die Felder.

»Dieser alte Stein, wegen dem die Touristen kommen?«, fragte ich wie nebenbei. »Wo genau steht der denn?«

Der Hauch eines Verdachts blitzte in ihren Augen auf.

»Auf dem Feld«, sagte sie, »auf das Mr. Murt dieses Jahr den Bullen stellen will.«

Dag kam mit einer großen Injektionsnadel zurück, die er in den Sack stach. Eine leicht zähe, milchähnliche Flüssigkeit spritzte hervor.

»So, das hätten wir«, sagte er, als er eine kleine gelbe Kanüle einsetzte. »So kann die Flüssigkeit einfach abfließen.«

»Sie sind ein großartiger Mann, ja, das sind Sie«, ließ Mrs. Murt ihn wissen. Mit einem Seitenblick auf mich fuhr sie fort: »Und wie Mr. Murt erst lachen wird, wenn ich ihm erzähle, dass ich Sie für ein paar Idioten gehalten habe, die nur den Stein in unserem Feld anschauen wollen.«

Auf dem Weg zurück nach Cahersiveen hielt Dag an einer Telefonzelle, um sich in der Praxis zu melden. Er kehrte mit angespanntem Gesichtsausdruck wieder zum Auto zurück.

»Tommy Heggarty in Briska hat Probleme mit einer kalbenden Färse. Sie ist noch nicht mal anderthalb Jahre alt, also könnte es ein Kaiserschnitt werden. Ann sagte, der Hof wäre ziemlich primitiv und dass Tommy seine drolligen fünf Minuten haben könnte, was auch immer das heißen mag.«

Anns Wegbeschreibung folgend verließen wir die Hauptstraße und fuhren hinunter zu einem felsigen Küstenabschnitt mit winzigen Buchten und kleinen, von den Gezeiten abhängigen Inselchen. Nach etwa 800 Metern fuhren wir an einem halb verfallenen Haus vorbei, dem bereits einige Ziegel fehlten. Aus den zerbrochenen Fenstern flatterten schmuddelige Gardinen und die Eingangstür bestand aus einigen zusammengezimmerten alten Holzbrettern. Dag bremste abrupt.

»Ich glaube, das ist es.«

»Kann nicht sein!«

»Hier geht eine Telefonleitung hin. Und schau, da ist eine Fernsehantenne.«

Er drückte auf die Hupe. Aus dem Haus ertönte das wütende Gebell eines Hundes. Die Tür wurde aufgerissen, ein Mann rannte heraus und hielt dabei mit einer Hand den Bund seiner viel zu großen Hose fest.

»Ganz da unten, ganz da unten, Kalb macht sie krank!«, grölte er und zeigte auf eine auf das Meer zulaufende Weide.

Tommy Heggarty war ein großer, kräftig gebauter Mann. Sein Alter war schwer zu schätzen, irgendwo zwischen 35 und 50, er hatte einen deutlich vorstehenden Unterkiefer und mehrere seiner Vorderzähne waren verfault oder fehlten. Die Haare standen wild um seinen Kopf herum, sein Blick wirkte gehetzt und er atmete schwer, als hätte er schreckliche Angst.

»Ganz da unten!«, brüllte er, als Dag aus dem Auto stieg.

»Läuft sie frei herum, Tommy?«

»Na klar!«

»Nun, dann müssen wir sie wohl einfangen. Haben Sie einen Ort, an dem sie in Ruhe kalben kann?«

»Hab ich.«

Tommy eilte über den mit alten Flaschen und zerfetzten Futtertüten verdreckten Hof zu einem Stall. Der Riegel der Holztür war dermaßen verrostet, dass diese nur mit Hilfe der dicht wuchernden Brombeersträucher geschlossen wurde. Mit seiner freien Hand zerrte Tommy an den dornigen Gewächsen und öffnete ruckartig die Tür. Dag und ich spähten durch den Eingang in das Gebäude. Der schlammige Boden war mit Abfall übersät, aus einem winzigen Fenster und einigen Löchern im Dach drang spärliches Licht.

»Gehen wir die Kuh holen«, schlug Dag vor. »Und Tommy ... warum holen Sie sich nicht etwas Ballenpressschnur für Ihre Hose?«

Tommy ignorierte dies, rief stattdessen: »Da drüben!«, und hetzte hinüber zum Feld.

Als die Färse diesen wild gewordenen, grölenden und mit wedelndem Arm auf sie zujagenden Mann erblickte, wandte sie sich verständlicherweise ab und suchte schleunigst das Weite.

»Lauf zu dem Loch in der Hecke«, keuchte Dag, als wir losrannten, um Tommy einzuholen. »Wenn sie versucht, da durchzurennen, blockierst du ihr den Weg.«

Ich stand mit ausgestreckten Armen vor dem Loch und beobachtete die Verfolgungsjagd zwischen dem wild umherhastenden Tommy und dem humpelnden Dag, der außerdem noch versuchte, sowohl das verschreckte Tier als auch dessen Besitzer zu beruhigen. Zehn Minuten lang tanzten die Männer einen bizarren Tanz mit der Färse, dann trickste sie die beiden aus, stob wieder zurück zum Haus und hielt auf eine Weide dahinter zu. Die Hand immer noch an seinem Hosenbund, galoppierte Tommy hinterdrein, den keuchenden Dag auf den Fersen. Sie trieben die Kuh vor einem Stall in die Enge, aber bevor Dag ein Seil holen konnte, war sie schon wieder ausgebüxt und rannte auf die am Meer gelegenen Weiden zu.

»Ich geb's auf«, seufzte Dag, als Tommy sich an ihre Fersen heftete. »Soll er sie doch selber fangen.«

Am Horizont erschien ein Wolkenband. Wir standen da und schauten zu, wie der schimmernde Sonnenball dahinter verschwand.

»Lieber Gott, mach, dass das hier kein Kaiserschnitt wird«, sagte Dag leise. »Es wird bald dunkel, im Stall gibt es weder Strom noch heißes Wasser … und dann ist da noch Tommy.«

Es dauerte zwanzig Minuten, bis Tommy wieder zurückkehrte und die Kuh auf eine Weide neben dem Haus trieb.

»Das ist unsere Chance, Maria«, sagte Dag. »Ich werde versuchen, Tommy dabei zu helfen, sie durch das Gatter zu treiben. Ich möchte, dass du auf dem Weg oberhalb des Stalls stehst. Egal, was du tust, lass sie auf keinen Fall vorbei.«

Er eilte davon und das war das Letzte, was ich von den beiden in der nächsten halben Stunde zu sehen bekam. Als die Sonne unterging, tauchte sie die Wolkenbank in ein verschwommenes Rosa, das Meer leuchtete Hellviolett, die umliegenden Felder verloren ihre kräftigen Tagesfarben und nahmen weiche Pastelltöne an. Ein Hahn mit schiefem Kamm stolzierte laut krähend über den Hof, Drosseln zwitscherten in den Bäumen am Wegesrand, in der Ferne hörte ich das leise Murmeln der Wellen, die dann an die Küste klatschten, und dazwischen ertönten die gelegentlichen Rufe Tommys: »Hopp, hopp, hopp! Hüa, hüa, hü-a, HOOO!«

Als die beiden Männer mit der Färse erschienen, spreizte ich meine Beine und wedelte einsatzbereit mit den Armen. Bevor sie jedoch überhaupt in meine Nähe kam, hatte sie bereits eine Kehrtwendung gemacht, war den Weg wieder zurückgelaufen und auf der anderen Seite durch ein offenes Gatter auf eine über uns gelegene Weide entwischt.

»Das glaube ich einfach nicht!«, rief Dag außer sich. »Entweder ich träume oder vielleicht bin ich im Film, aber das hier *passiert nicht wirklich.*«

Nach einigen weiteren Verzweiflungsmanövern hatte Tommy die Färse schließlich in den Hof getrieben. Mit Dags Hilfe hatte er sie in den düsteren Stall gelockt, die beiden Männer folgten ihr und fuhrwerkten von innen an der Tür herum, bis diese geschlossen war.

Ich hörte gedämpfte Schläge, ein Scheuern, Schmerzensschreie, Fluchen und Dags Stimme, die immer wieder »langsam,

Mädchen, ganz ruhig, ganz langsam. Langsamer, Tommy, halt sie fest, Tommy, vorsichtig. Halt sie fest, ruhig …« sagte.

Als sie schließlich aus dem Schuppen traten, quoll Blut aus einer Wunde an Tommys Stirn und rann ihm bis zum Kinn über das Gesicht.

»Das sieht schlimm aus«, sagte Dag zu ihm. »Das muss vielleicht genäht werden.«

Aber Tommy scherte sich nicht um seine Stirn. »Das Kalb?«, fragte er eindringlich. »Was ist mit dem Kalb?«

Dag schüttelte den Kopf. »Sie kalbt noch nicht.«

Tommy war einen Moment still und ließ diese Nachricht wirken. Dann bekam er einen Wutanfall, spuckte Blut, schäumte und schrie schließlich: »*Doch,* das Kalb macht sie krank, sie ist *krank*!«

»Tommy, hören Sie mir zu«, beharrte Dag. »Die Färse hat angefangen zu pressen, weil ein Huf in ihrem Beckenkanal feststeckte, aber sie ist noch nicht bereit zu kalben. Es dauert noch zwei bis drei Wochen.«

»Nein, *nein*!«, Tommys Stimme stieg um einige Oktaven an und er war den Tränen nahe. »Das Kalb macht sie *krank*!«

Dag legte seine Hände auf Tommys Schultern und schaute ihm fest in die Augen.

»Wissen Sie was, Tommy? Sie glaubt nur, dass das Kalb sie krank macht. *Sie bildet es sich ein.*«

Schweigend erwiderte Tommy Dags Blick. Er nickte langsam und sein Körper entspannte sich. »Sie *glaubt,* sie wäre krank«, wiederholte er. »In Ordnung, in Ordnung.«

»Vielleicht kann sie sogar ohne Hilfe kalben.«

»Ja«, stimmte Tommy zu.

»Wollen wir's hoffen«, fügte Dag eindringlich hinzu. »Beten wir dafür.«

Mir war vor Erleichterung, dass Dag an diesem bizarren Ort keinen Kaiserschnitt durchführen musste, ganz schwindelig. Alles, worum er sich nun kümmern musste, war die Platzwunde an Tommys Stirn.

»Diese Schnittwunde...«, setzte er an, aber Tommy wich vor ihm zurück.

»Nein! Ich bin stark.«

»Das sind Sie zweifellos«, pflichtete ich ihm wahrheitsgemäß bei. »Die Strecke, die Sie da gerade zurückgelegt haben, entspricht ja einem Marathon.«

»Whiskey«, keuchte er und wandte sich zum Haus. »Sie trinken einen Whiskey, bevor Sie gehen.«

Wir verharrten eine scheinbar endlos lange Zeit im Hof und hörten zu, wie Tommy im Haus umherpolterte und dabei ständig auf den kläffenden Hund einschrie.

»Ich hab mir noch ein paar Tritte eingehandelt«, berichtete Dag, sein Schienbein reibend. »Du kannst dir nicht vorstellen, wie es in diesem kleinen Schuppen zuging. Tommy versuchte mit einem Seil, die Färse zu fangen, aber dabei stolperte er ständig, weil er seine Hose nicht mehr festhalten konnte und diese ihm um die Knöchel schlotterte. Da war also diese wild gewordene Färse und der umhertorkelnde Tommy, dessen blankes Hinterteil in der Dunkelheit leuchtete.«

Als Tommy wieder auftauchte, hatte sich mit ihm eine erstaunliche Wandlung vollzogen. Er hatte den überwiegenden Teil des Blutes abgewischt, sich Toilettenpapier auf die Schnittwunde gelegt und seine Hose mit einem Gürtel oben festgezogen. In einer Hand hielt er eine neue Flasche *Jameson's Whiskey* und in der anderen ein auf Hochglanz poliertes Whiskeyglas aus Kristall.

»Nur ein gutes Glas übrig«, murmelte er entschuldigend. »Können Sie sich teilen.«

Als er das Glas mit Whiskey füllte und es Dag reichte, bekam ich einen Kloß im Hals.

»Wir sollten einen Toast aussprechen«, sagte Dag.

»Einen Toast!«, wiederholte Tommy glücklich.

»Lassen Sie uns auf die Färse trinken.« Dag stieß mit dem Glas gegen die Flasche in Tommys Hand. »Auf ihre Gesundheit!«

»Gott sei Dank sind Sie wohlbehalten wieder zurück«, sagte Ann, die besorgt in der Praxis auf uns gewartet hatte. »Hat Tommy einen seiner Anfälle gehabt?«

»Das hoffe ich«, sagte Dag. »Es wäre schlimm, wenn er sich immer so aufführt.«

Sie lauschte unserem Bericht über den Besuch mit großer Aufmerksamkeit.

»Ah, das war nicht so schlimm«, lautete ihr Kommentar, als er fertig war.

»Er kann sehr viel schwieriger sein. Einmal hat er eine tote Kuh am Strand liegen lassen und als sie anfing zu riechen, haben sich die Leute bei den *gardaí* beschwert. Sie fuhren zum Haus und er hieb auf sie ein, also haben sie ihm Handschellen angelegt, aber es dauerte nicht lange, da hatte er sich wieder befreit. Der ist so ausgerastet, dass sie ihn einfach in Ruhe gelassen haben und wieder abgefahren sind.«

»Ich bin froh, dass Sie mir das nicht erzählt haben, bevor wir zu ihm rausgefahren sind«, bemerkte Dag.

»Die meiste Zeit über ist die arme Seele ziemlich harmlos. Seine Eltern starben, als er ein junger Mann war, und haben ihm den Hof hinterlassen. Seine Weiden reichen bis hinunter an den Strand und die Grundstücksmakler sind ständig hinter ihm her, um ihn zum Verkauf zu bewegen, aber er trennt sich von keinem Quadratzentimeter. Er bezieht seit Jahren Subventionen und Zuschüsse von der EU, dem kommt das Geld zu den Ohren raus. Er könnte bequem leben, aber er zieht es vor, in diesem Wrack von einem Haus zu wohnen, wo ihm der Regen auf den Kopf tropft.«

»Kann nicht irgendjemand etwas tun, um ihm zu helfen?«, fragte ich sie.

»Er nimmt seine Medikamente nicht und dazu zwingen kann ihn ja keiner. Aber es gibt viele, die ein Auge auf ihn haben und dafür sorgen, dass er genug Torf und eine warme Mahlzeit kriegt, damit er nicht vor die Hunde geht.«

Als sie ihren Mantel anzog, fügte sie hinzu: »Und oft genug werden für Tommy Heggarty während des Gottesdienstes Gebete gesprochen, ohne dass er davon etwas ahnt.«

Vierundzwanzig

In Irland ist der Mai traditionell der Jungfrau Maria geweiht. Peggy O'Sullivan erzählte mir, dass während ihrer Kindheit Marienaltäre auf den Feldern oder zwischen den niedrigen Zweigen der Bäume errichtet wurden. Die Kinder hätten sich immer um die Aufstellung dieser Altäre gekümmert, sagte sie. Aber heutzutage hätten sie keinerlei Interesse an solchen Dingen, sie wären ganz verrückt nach Fernsehen und die Tradition wäre vom Aussterben bedroht.

Vor der Marienstatue in unserem Feldschrein stand plötzlich eine Vase mit Glockenblumen, roten und lilafarbenen Fuchsien und gelben Schlüsselblumen.

»Haben Sie die Blumen dort hingestellt?«, fragte ich Peggy, die mich am ersten Samstag im Mai in der Früh anrief.

»Nein, aber ich würde sagen, das sieht ganz nach der alten Mrs. Donaghue aus. Sie ist die Frau des Mannes, der Ihnen letzte Woche die Krebsscheren gebracht hat. Wir haben gesehen, wie er vom Hafen zu Ihrem Haus hochgelaufen ist. Haben sie Ihnen geschmeckt?«

Sie hatte angerufen, um zu fragen, ob wir auf dem Weg zu den Hausbesuchen an ihrem Hof vorbeikommen könnten. Chloe lahmte und sie meinte, es könnte vielleicht Moderhinke sein. Wir trafen Peggy im Blumenbeet vor dem Haus an, wo sie zwischen Hortensien, Stiefmütterchen und einer Staude *Zantedeschia,* die in dieser Region als Osterlilie bekannt ist, Unkraut jätete.

Die hoch gewachsenen, eindrucksvollen Lilien haben dunkelgrün glänzende Blätter, große weiße, trichterförmige Blüten und hellgelbe Blütenkolben. 1916 hatte man die Pflanze zum Symbol der Republikaner erkoren und was ich am Ostersonntag vor der Kirche erworben hatte, war eine Nachbildung dieser Blume gewesen – obgleich sie, wie Peggy mir jetzt mitteilte, selten schon zur Osterzeit blühte.

Um sie vor Übergriffen der gelegentlich durch ihren Garten trampelnden Schafe zu schützen, hatte sie einen Zaun aus Kaninchendraht errichtet und Netze darüber gespannt. Peggy kletterte über den Zaun und ging Chloe einfangen, die auf einer angrenzenden Weide graste. Sie lockte sie erst mit Mürbekeksen, ergriff dann ihre Hörner und hielt sie fest, während Dag sie untersuchte.

»Sie hat tatsächlich Moderhinke«, sagte er.

Er schnitt gerade den Huf aus, als Michael aus dem Haus kam und, auf seinen Stock gestützt, bedächtig auf uns zulief.

»Was halten Sie von diesem Wetter, Michael?«, fragte Dag. »Wird es halten?«

Vor seinem Schlaganfall war Michael oft angeln gegangen. Er blickte auf die Bucht von Dingle, als ob er dort eine Antwort auf Dags Frage erhalten würde.

»Das Meer ist ruhig und das ist ein gutes Zeichen. Ich würde sagen, uns steht eine Schönwetterperiode bevor.«

»Ich würde sagen, du hast Unrecht«, sagte Peggy. »Die Schwalben sind wieder da, aber sie fliegen tief über die Felder. Das bedeutet Regen. Ich hab den Kuckuck dieses Jahr auch noch nicht gehört, und das ist auch ein schlechtes Zeichen.«

Als Dag mit Chloe fertig war, baten sie uns auf einen Tee ins Haus. Aber Dag war für seinen Besuch bei Tappy Murphy, wo er einen Ochsen enthornen sollte, bereits spät dran.

»Das gehört nicht zu meinen Lieblingsaufgaben«, bekannte er.

»Früher war das Enthornen leichter«, sagte Peggy. »Die Bauern hatten die Kühe damals öfter mal am Wickel, also waren sie ruhiger und haben sich nicht so aufgeführt wie heute. Ein paar Männer haben die Kuh zu Boden gedrückt, drei saßen auf ihrem Rücken, damit sie unten blieb, und einer hat mit einer Säge ihre Hörner abgesägt. Das war kein Problem.«

»Das hört sich aber gar nicht so problemlos an.«

»Nein, wirklich«, versicherte sie ihm. »Das war überhaupt kein Problem.«

Tappy Murphy wartete, die enormen Oberarme vor der Brust verschränkt, an der Hofeinfahrt. Ich hatte ihn einmal in der *East End Bar* getroffen, wo er mir erzählt hatte, dass sein richtiger Name Patrick sei. Als kleines Kind wurde er »Pat« gerufen, was er immer rückwärts aussprach, und der Spitzname blieb hängen.

»Ich hab ein schlechtes Gewissen wegen des Ochsen«, sagte er zu Dag. »Er hat schon seine Eier verloren und jetzt rauben wir ihm auch noch den Rest seiner Ausrüstung, der arme Kerl. Aber er benimmt sich wie ein spanischer Stier in der Arena. In diesem Zustand kann ich ihn auf dem Markt nicht verkaufen.«

Das betroffene Tier war genauso muskulös wie sein Besitzer und besaß einen Satz eindrucksvoller Hörner, von denen er sich offensichtlich nicht gern trennte. Während Tappy angestrengt versuchte, ihn mit einem Halfter im Zaum zu halten, injizierte Dag ein Betäubungsmittel in den schmalen Knochen, der von den Augen des Ochsen bis zur Wurzel seiner Hörner verlief.

»Wenn die Hörner dermaßen groß sind, ist es schwierig, den Schmerz zu betäuben«, sagte Dag. »Da sitzt ein Nerv, der bis hinter die Hörner verläuft und den wir nicht erreichen können.«

Ich stand mit dem Enthornungsgerät, einer beunruhigenden Vorrichtung, die einer Kreuzung zwischen Heckenschere und Miniaturguillotine glich, daneben. Dag zog sie über das erste Horn und ließ das Messer darauf niedersausen, indem er die Griffe fest zusammendrückte. Es gab ein Übelkeit erregendes Knirschen und das Horn fiel zu Boden. Der Ochse brüllte vor Zorn und versuchte mit aller Kraft, seinen Kopf aus Tappys Griff zu lösen.

»Ah, du armer Kerl!«, rief Tappy.

Dag hackte schleunigst das zweite Horn ab. Die hohlen Stümpfe sahen so wund und ungeschützt aus, dass es fast beschämend war. Das Blut spritzte wie bei leckgeschlagenen Rohren in schmalen Rinnsalen aus den Wunden. Dag klemmte die Blutgefäße ab und spannte ein Stück Gummi, das von einem Reifenschlauch stammte, über die Stümpfe. Schließlich besprühte er sie mit Desinfektionslösung. Als man ihn aus dem Notstand entlassen hatte, stand der Ochse verloren im Hof und schüttelte den Kopf.

»So was mache ich überhaupt nicht gerne«, sagte Dag, als wir davonfuhren. »Wenn ich so große Hörner entfernen muss, dann hab ich das Gefühl, das Tier irgendwie auszurauben.«

»Du meinst, du raubst ihm seine Stärke?«, schlug ich vor. »Oder seine Würde?«

»Ich weiß es nicht. Es existierte mal der alte Glaube, dass Hörner die Rezeptoren für kosmische Energie seien. Das ist mir ein bisschen zu weit gegriffen, aber eine Kuh mit großen Hörnern ist zweifellos etwas Besonderes. Das Problem ist, dass sie damit umzugehen verstehen, viele Kühe würden nicht zögern, einen Tierarzt mit ihren Hörnern zu verletzen.«

»Wenigstens musstest du ihn nicht auch noch kastrieren«, tröstete ich ihn. »Das ist ein Eingriff, den ich nicht gern sehen würde.«

Wir fuhren in strahlendem Sonnenschein den Bergpass oberhalb von Portmagee hinauf.

»Hab ich dir das nicht erzählt?«, fragte Dag, gerade als wir den Gipfel erreichten. »Als nächstes besuchen wir Pat Falvey. Er hat drei Bullen, die entmannt werden müssen.«

Unter uns erstreckte sich glatt und schimmernd wie Seide der Ozean, die Felsen von Skellig lagen hinter einer Dunstglocke, die sie fast vollständig verhüllte. Die Felder im Tal schienen wie mit Schnee bestäubt, eine durch die frisch erblühten Gänseblümchen hervorgerufene Illusion. Frische Blätter zierten die Zweigspitzen der Bäume und strahlten in ihrem hellsten Grün in der Sonne. Als wir im Zickzack die engen Sträßchen hinunterfuhren, verschmolzen die Farben in den Hecken zu einem einzigen Band. Blaue und weiße Glockenblumen, Heckenrosen, Schafgarbe, Porzellanblümchen und Vergissmeinnicht blühten dort in all ihrer Pracht. Auf den Weiden grasten inmitten der gelben fahnenartigen Kelche der soeben erblühten Schwertlilien Schafe und Kühe mit ihren Lämmern und Kälbern.

Pat Falvey unterrichtete an der Dorfschule und bewirtschaftete außerdem einen kleinen Hof. Wie alle Freizeitbauern rief er für Routineaufgaben am Samstagvormittag den Tierarzt, um so den höheren Notfalltarif zu umgehen, der Samstagmittag in Kraft trat. Er hatte karottenrotes Haar und Sommersprossen bedeckten jeden Zentimeter seiner entblößten Haut. Mit ihm warteten seine beiden Söhne, der sechsjährige Dermot und der fünfjährige Colm, die ihrem Vater glichen wie ein Ei dem anderen.

Pat setzte wegen der drei Bullen, die kastriert werden sollten, sofort zu Entschuldigungen an. Mit seinen Söhnen im Schlepptau führte er uns über den Hof zum Notstand und erklärte dabei, dass er die Bullen letztes Jahr im November dazugekauft und die Kastration immer wieder hinausgeschoben hätte. Jetzt hatten die Tiere das übliche Alter dafür überschritten.

Dag hörte ihm schweigend zu, bis wir den Notstand erreicht hatten, dann gab er einen langen, resignierten Seufzer von sich. Der Notstand war vor einer Mauer errichtet worden, aus der in regelmäßigen Abständen ungefähr auf Augenhöhe angebrachte Metallstäbe ragten. Zu einem Knäuel verknotete Ballenpressschnur hielt das Gatter am Ende des Notstands geschlossen. Die Ochsen darin waren groß, widerspenstig und wehrten sich bereits übellaunig gegen ihre Gefangenschaft.

Die beiden Jungs schauten fasziniert zu, wie Dag mit einer Spritze zwischen den Zähnen hinter dem letzten Ochsen in den Notstand kletterte.

Colm beobachtete Dags steifen Gang und fragte mich: »Hat sich Ihr Mann einen Tritt eingefangen?«

»Eine Kuh hat ihn gestern getreten«, sagte ich.

Dermot flötete drauflos: »Gerade bevor Sie kamen, hat mein Daddy uns gesagt, er hofft, dass der Tierarzt heute keinen Tritt abbekommt. Und jetzt hat er sogar schon einen.«

»Scht, Dermot«, fuhr Pat ihn an und errötete unter seinen Sommersprossen.

Er stand in sicherer Entfernung außerhalb des Notstandes und hielt den Schwanz des Ochsen fest, in der Hoffnung, ihn so im Zaum halten zu können. Dag kämpfte mit dem Hinterteil des Tiers und versuchte, eine Betäubungsspritze in die Unterseite des Hodensacks zu jagen.

»Autsch!«, rief Colm, als die Nadel eindrang.

Ich reichte Dag ein schweres Werkzeug, das sich *Bordizzos Unblutiger Entmanner* schimpfte. Es sah aus wie eine riesige, stumpfe Nagelschere.

»Für solche Eier könnte ich was Größeres gebrauchen«, murmelte Dag. Er griff zwischen die Hinterbeine des Tieres, versuchte krampfhaft, die gespreizte Schere des Entmannungsgerätes über den ersten Hoden zu streifen, und kniff sie dann fest zusammen. Ich hielt den Atem an und wartete darauf, dass das Tier ausschlug, aber es schien glücklicherweise keine Schmerzen zu verspüren und sich auch um den bevorstehenden Verlust seiner Männlichkeit nicht zu scheren. Dag ließ das Entmannungsgerät ein oder zwei Minuten lang vom Hoden des Tieres baumeln, um auch den Samenleiter zuverlässig zu durchtrennen. Die beiden kleinen Jungs kicherten unbändig und hielten sich mit den Händen den Mund zu, um ihr Vergnügen zu verbergen, was ihnen allerdings nicht gelang.

Dag wiederholte die gesamte Prozedur mit dem anderen Hoden. Bald war die Operation vorüber und der Ochse, aus dem Notstand befreit, fraß auf der Weide frisches Gras.

Bei dem zweiten Bullen verlief die Sache nicht so glatt. Trotz des Betäubungsmittels brüllte er laut vor Entrüstung bei Dags Versuch, die Zange zu fixieren. Er trat heftig nach hinten aus und erwischte Dag am Knie, dann riss er sich vom Halfter los und bockte heftig.

Dermot beobachtete, wie Dag sein Knie rieb, und sang: »Du hast dir einen Tritt gefangen, du hast dir einen Tritt gefangen. Daddy hat gesagt, dass du dir einen Tritt fangen wirst! Tut's weh?«

»Nicht so sehr«, antwortete Dag dem Jungen. »Ich hab es kommen sehen und bin auf ihn zugegangen. Wenn man das macht, dann vermeidet man die größte Wucht. Denk daran, wenn *du* mal einen Bullen kastrieren musst.«

»Hast du das gehört, Daddy?«, sagte Dermot anerkennend.

Pat ignorierte ihn.

»Ich weiß nicht, warum ich mit diesen Kerlen so lange gewartet habe. Und dieser hier ist auch noch äußerst aufsässig.«

»Dann nehmen wir uns den zuletzt vor«, sagte Dag und stellte sich hinter den dritten Ochsen.

Diesmal konnte ich den Anblick nicht ertragen. Ich schirmte meine Augen mit den Händen gegen das helle Sonnenlicht ab und starrte hinaus aufs Meer, auf das friedliche Idyll einer Vogelschar, die im ruhigen Gewässer fischte, ein vorbeifahrendes Fischerboot und die weit abgelegenen, in transparentem Blau schimmernden Landzungen. Aber ich konnte die markerschütternden Schreie der sich wehrenden Tiere, ihre trampelnden Hufe und das wütende Fluchen nicht ignorieren.

»Okay, mein Junge, jetzt reicht's, wir müssen dir ein Beruhigungsmittel verpassen«, hörte ich Dag sagen und dann lief er auf dem Weg zum Auto durch mein Blickfeld.

Eine Dosis Beruhigungsmittel, in den Schwanz des Ochsen injiziert, mäßigte das Tier. Als die Zange angesetzt wurde, unternahm er jedoch noch ein paar schwache Versuche auszuschlagen.

»Nach all diesen Mitteln kann er doch sicherlich nichts mehr spüren?«, fragte ich.

»Nein, aber er hat sich gemerkt, was ich versuche, ihm anzutun«, sagte Dag.

Aus dem Notstand befreit, lief der Ochse in Schlangenlinien ein paar Schritte auf die Weide, stürzte dann schwer zu Boden und fiel auf die Seite.

»Ist er tot?«, fragte Dermot bestürzt.

»Nein, er wird nur ein langes Nickerchen halten«, beruhigte Dag ihn.

Schließlich kam der dritte und zornigste Ochse an die Reihe, der sich mittlerweile in einen Wutanfall hineingesteigert hatte. Sogar nach dem Beruhigungsmittel tobte er noch immer im Notstand umher. Ich flehte Dag an aufzuhören.

»Er wird Sie *platt machen*«, stimmte Pat zu. »Das ist es niemals wert. Lassen Sie ihn in Ruhe und ich verkaufe den Bastard, so wie er ist.«

Aber Dag war genauso bockig geworden wie der Ochse, er wollte einfach nicht aufgeben.

Während er die zweite Dosis Beruhigungsmittel verabreichte, sollte ich ein festeres Seil aus dem Auto holen, mit dem er das Tier im Zaum halten konnte. Er hatte es an ein Halfter gebunden, das er dem Ochsen gerade über den Kopf streifen wollte, als er dessen verschleierten Blick bemerkte. Er griff nach dem Entmannungsgerät und sprang wieder in den Notstand. Aber die Vorderbeine des Ochsen knickten bereits ein. Bevor Dag die Zange ansetzen konnte, hatten auch die Hinterbeine nachgegeben und er sank zu Boden. Wir schauten allesamt bestürzt auf das liegende Tier.

»Nun ja«, murmelte Pat.

»Er schläft auch«, gab Dermot seinen Kommentar ab.

»Das wirft ein interessantes Problem auf«, sagte Dag. »Kann mir jemand sagen, wie ich einen Ochsen kastrieren soll, wenn er auf seinen Eiern liegt?«

Pat und ich griffen durch das Gestänge und versuchten die Flanke des Bullen anzuheben, aber er war fest zwischen den Stangen eingeklemmt. Dag stieg aus dem Notstand, um uns zu helfen, und nach einigem Zerren und Fluchen waren die Hoden gerade weit genug freigelegt, dass der Eingriff vorgenommen werden konnte. Die Augen des Bullen waren geschlossen und sein Atem ging tief und regelmäßig.

»Wenigstens wird er sich jetzt nicht mehr wehren«, sagte ich.

»Da wär ich mir nicht so sicher«, sagte Dag. »Wenn ein Bulle dir einmal entwischt ist, ist es völlig egal, wie viel Beruhigungsmittel du ihm gegeben hast, er wird immer noch versuchen, nach dir auszuschlagen.«

Und das tat er. Obschon am Boden liegend, schlug er, als die Zange sich schloss, in seiner betäubten Wut nach hinten aus.

»Gott sei Dank ist Ihnen nichts passiert«, sagte Pat, als alles vorbei war.

Er wandte sich seinen Söhnen zu, die Dag bewundernd anhimmelten.

»Am Montag Morgen, wenn der Lehrer euch auffordert zu erzählen, was ihr am Wochenende gemacht habt, werdet ihr bestimmt die beste Geschichte zu erzählen haben, Jungs.«

Die Straße, die uns von Portmagee zurück auf die Hauptstraße N70 bringen sollte, führte durch ein weites Moor, das sich von den Ufern des Valentia Channel bis zu den niederen Lagen des Knocknaskereighta erstreckte. Heidekraut, schwarzer Kopfriet, Pfeifengras und Rosmarinheide bedeckten die Landschaft so weit das Auge reichte. Stellenweise durchzogen lange braune Furchen das Moor, Spuren der mechanischen Torfstechmaschinen. Die am Straßenrand fein säuberlich aufgeschichteten Torfbriketts erinnerten mich an frühchristliche Kapellen. Sie warteten darauf, dass man sie zur Verbrennung im Torfkraftwerk abholte.

Als wir durch die Landschaft fuhren, versuchte ich mir vorzustellen, wie es hier wohl ausgesehen hatte, als noch Bäume standen. Ursprünglich wuchsen hier Birken, Fichten, Haselbüsche und Eichen in Hülle und Fülle, bis die Bauern der Steinzeit sie nach und nach abholzten, um Getreide anzubauen. Damals regnete es sehr viel, das Wasser wusch Lehm und Nährstoffe aus dem ungeschützten Boden schnell aus und hinterließ einen sehr viel saureren Boden. Es dauerte nicht lange, da hatten sich Heide, Segge, Binsengewächse und Moose angesiedelt, die sauren Boden bevorzugen. Das Wasser floss nicht mehr so gut ab und unter diesen anaeroben Bedingungen kompostierten die Reste abgestorbener Pflanzen nur sehr langsam. Mit der Zeit entstand Schicht um

Schicht das Torfmoor. An manchen Stellen war es drei Meter tief, bedeckte uralte Steinmauern und Feuerstellen und die Stümpfe gefällter oder umgestürzter Bäume.

Dag hielt immer wieder an, um die aufgeschichteten knorrigen Zweige und Wurzeln zu begutachten, die die Torfstechgeräte ausgegraben hatten. Ein kanadischer Freund von uns war Drechsler und Dag hatte versprochen, ihm ein Stück Mooreiche mitzubringen, die wegen ihrer Härte und Seltenheit von hohem Wert war. Er parkte am Straßenrand und sprang über einen Graben, um die Holzstapel genauer zu inspizieren.

Dröhnend fuhr ein Reisebus an uns vorbei und hielt vor unserem Auto, genau hinter dem nächstgelegenen Torfstapel. Ungefähr zwanzig Touristen stiegen aus. Sie marschierten um den Stapel herum, machten Videoaufnahmen und posierten daneben für Fotos. Hinter ihnen sah ich, wie sich ein Mann mit wedelndem Spazierstock zügigen Schrittes näherte. Sogar aus der Entfernung erkannte ich Patrick O'Sullivan, einen Zimmermann im Ruhestand. Wir begegneten ihm häufig auf diesem Straßenabschnitt, jeden Tag lief er bei Wind und Wetter die fast 10 Kilometer von seinem Cottage zum nächsten Laden und wieder zurück. Er hielt an, um mit den Touristen zu plaudern, und stellte sich für einige Aufnahmen zur Verfügung. Als er zu uns kam, war Dag bereits mit leeren Händen aus dem Moor zurückgekehrt.

»Da ist der neue kanadische Tierarzt«, begrüßte uns Patrick, als würde er uns einem unsichtbaren Weggefährten vorstellen. »Und dies ist seine mobile Krankenschwester.«

Er war wie immer mit einem weiten Mantel bekleidet, unter dem er wollene Hosen und übergroße Turnschuhe trug. Aus einer seiner buschigen Augenbrauen wuchs ein ungeheuer langes, dickes Haar, das ihm fast bis auf die Wange reichte.

»Diese Leute kommen aus Amerika«, informierte er uns mit Blick auf die Touristen hinter uns. Sie kletterten gerade wieder in den Bus. Einige hatten sich als Andenken ein Torfbrikett mitgenommen. Patrick lehnte sich auf seinen Stock.

Patrick auf seinem täglichen Streifzug.

»Ich hab in den Sommermonaten schon viele Yanks getroffen. Einmal machte ich auf der Straße durchs Moor einen Spaziergang und da haben sie daneben gehalten. Nun, ich erzähle den Yanks gern ein bisschen Geschichten. Ich überlege mir sogar beim Spazierengehen, was ich ihnen wieder auftischen könnte. Also fragt mich dieser Yank, ob mir der Torfstecher gehört. ›Der gehört mir in der Tat, Sir‹, sag ich. Dann fragt er mich, wie viel so eine Maschine wohl kosten würde. ›Achttausend Euro, Sir‹, sag ich. Und ich frag ihn: ›Hätten Sie Interesse, mir diesen hier abzukaufen?‹«

Er brach in gackerndes Gelächter aus, das in einen Hustenanfall mündete.

»Und dann«, keuchte er, »guckt dieser Yank, von dem ich Ihnen hier erzähle, rüber nach Valentia Island und fragt, wem das Land gehört. ›Mir, Sir‹, sag ich. Und er begutachtet die Felder und Steinmauern und fragt, wer die Höfe bewirtschaftet, die er da drüben sieht.«

Bevor er zur Pointe kam, wurde Patrick erneut von einem Lach- und Hustenanfall geschüttelt.

»›Meine PÄCHTER, Sir‹, sag ich! Und er hat geglaubt, dass Patrick O'Sullivan die ganze Gegend hier gehört, wie dem alten Ritter von Kerry!«

Er wischte sich mit dem Ärmelaufschlag die Tränen aus den Augenwinkeln. »Ah, ja, mit den Yanks amüsier ich mich immer blendend.«

Dag erzählte ihm von seiner Suche nach Mooreichenholz und fragte, ob es davon noch viel gäbe.

»Ja, die findet man recht oft«, sagte er. »Ich schlepp sie nach Haus und verbrenn sie. Das Holz gibt mächtig Hitze ab, aber man muss es erst ein paar Jahre lang trocknen.«

»Verbrennen?«, sprudelte es aus Dag hervor. »Sie könnten das Zeug in Nordamerika für ein Vermögen verkaufen.«

»Ehrlich? Diese Yanks kaufen wirklich alles. Unten, im Gemeindezentrum von Portmagee, zeigen sie einem, wie man daraus Tische und so'n Zeug zimmern kann. Aber das meiste davon wird weggeworfen, keiner sieht den Wert darin. Als wir den Torf noch mit der Hand gestochen haben, sind wir ständig darauf gestoßen. Da haben wir auch alte Butterfässer gefunden, die wir *ferkins* nannten. Einige waren hundert Jahre alt und die Butter war noch drin. Die Butter schmolz noch, aber man konnte sie nicht mehr essen.«

Kerry war einst berühmt für seine gesalzene Butter, die aus der reichhaltigen, fetten Milch der einheimischen Kühe gewonnen wurde.

»Die ersten Molkereien gab es erst vor fünfzig oder sechzig Jahren«, sagte Patrick. »Bis dahin machten die Frauen die Butter zu Hause. Sie wickelten sie in Kohlblätter und packten sie in *ferkins*. Die Butter für den eigenen Bedarf vergruben sie im Moor, damit sie frisch blieb. Den Rest verkauften sie an der Butterstraße nach Cork den »Butterkutschern«. Von dort ging sie in die ganze Welt, nach Nordamerika und Australien, sogar nach Jamaika.«

Ich erzählte ihm, dass ich als Kind meiner Tante Theresa in der Spülküche ihres Hofes in Longford beim Buttermachen zugesehen hätte. Mir hatte die Butter mit ihrem starken und salzigen Eigengeschmack nicht geschmeckt.

»Ah, Sie waren den Geschmack wahrscheinlich nicht gewohnt«, sagte Patrick. »Die Landbutter schmeckte wunderbar. Heute kriegt man so was nicht mehr.«

»Ich bin immer mit meinem Onkel zur Molkerei gefahren«, schwelgte ich in alten Erinnerungen. »Ich saß neben ihm auf dem Kutschbock und hüpfte immer rauf und runter, um die Gatter entlang des Weges zu öffnen und zu schließen.«

»Heutzutage sieht man nicht mehr viele mit der Kutsche fahren«, sagte Patrick. »Das Leben hat sich geändert und zumeist zum Besseren, würde ich sagen. Aber die Touristen, die hierher kommen, sehen das anders. Letztes Jahr kam mal ein Deutscher vorbei, der mir Geld für meinen Stall angeboten hat. Er wollte dort leben und ihn mit einem Reetdach decken. Er hat gesagt, er findet Reet romantisch. *Romantisch!* Ich erzählte ihm, dass Reet in meiner Jugend ein Zeichen von Armut war. Ratten und Mäuse lebten da oben drin und das Kaminfeuer schwärzte das Reet. Bei Regen lief der Ruß herunter und da oben kratzten die Hennen herum, legten ihre Eier und ließen ihren Dreck auf unsere Köpfe fallen. Was in Gottes Namen war daran romantisch? Die Blechdächer, die dann aufkamen, waren ein Segen, das waren sie wirklich.«

Während wir mit Patrick plauderten, war ein Traktor aus einer Einfahrt gebogen und tuckerte auf uns zu.

»Ich glaube, das ist Mike O'Connell«, sagte Dag aufgeregt und kniff seine Augen zusammen, damit er besser sehen konnte. »Er ist der Bursche, dessen Hund letzte Woche mit Strychnin vergiftet wurde. Hey, schau mal, sitzt er da nicht neben ihm?«

»Vergiftet?«, wiederholte Patrick. »Das ist eine schreckliche Sache. Als meine arme Frau noch lebte, Gott hab sie selig, hatte sie immer eine große Wut auf Menschen, die so was tun.«

Dag stellte sich mitten auf den Weg und winkte dem Traktor zu.

Auf dem Sitz neben Michael saß schwanzwedelnd ein schwarz-weißer Schäferhund.

»Der Hund ist wieder auf dem Damm?«, fragte Dag eifrig. »Das ist großartig!«

Michael warf einen Blick auf das Tier.

»Ja, das ist er wohl«, sagte er lässig.

»Die Medizin hat gewirkt!«

»Hat sie. Dafür ist sie doch da, oder?«

»Nun sieh dir das an, er ist wieder ganz der Alte«, sagte Patrick, der auf Zehenspitzen stand und den Hund beobachtete. »Meine Frau wäre entzückt, wenn sie ihn sehen könnte.«

Der Schäferhund sprang seinem Herrchen auf den Schoß, wedelte mit dem Schwanz und erfreute sich der plötzlichen Aufmerksamkeit.

»Nun, ich bin hoch erfreut«, sagte Dag. »Ich hatte ihm keine Chancen eingeräumt. Es stand wirklich schlimm um ihn, als Sie ihn zu uns gebracht haben. Das ist die beste Nachricht des Tages. Nein, es ist die beste Nachricht der Woche.«

Mike schien verwirrt über diesen Wirbel um seinen Hund.

»Ich bin froh, dass ich Sie treffe. Sie ersparen mir den Anruf in der Praxis. In einem Stall ganz in der Nähe steht ein speichelndes Lamm. Könnten Sie gleich vorbeikommen und es sich ansehen?«

Fünfundzwanzig

Während der zweiten Maiwoche fand in Cahersiveen eine gesponserte Gedenkveranstaltung für die Opfer der Großen Hungersnot statt. Ein gemeinsamer Marsch entlang der alten *Pauper's Road,* dem »Armenweg«, zur Ruine des Armenhauses in Bahaghs und dann weiter zum Friedhof von Srugreana, wo viele Opfer der Hungersnot begraben lagen, war geplant. Dazu sollten Reden gehalten und Gebete gesprochen werden, es würde Musik und Erfrischungen geben. Viele Bauersfrauen hatten mich gefragt, ob ich auch an dem Marsch teilnehmen würde, ich hatte mich darüber sehr gefreut und ihnen meine Teilnahme zugesichert. Nach einem dieser verrückten Wetterumschwünge, an die ich mich mittlerweile gewöhnt hatte, löste jäher Sturm und Hagel den Sonnenschein ab, den wir während der letzten Tage genossen hatten. Am Tag der Veranstaltung zog ein Schauer nach dem anderen über die Hänge des Knocknadobar und ließ auf seinem Gipfel eine dünne Schneeschicht zurück. Der Wind heulte den ganzen Vormittag durch den Schornstein und große Hagelkörner prasselten gegen die Fenster. Die Schafe kauerten sich Schutz suchend an die Steinmauern und Dora hatte sich in der hintersten Ecke ihres Pferchs zusammengerollt.

Gegen Mittag schien sich der Sturm weiter zu verschlimmern, also rief ich die Veranstalter an und fragte, ob der Gedenkmarsch dennoch stattfinden sollte.

»Das soll er, doch, doch, oder wenigstens soweit man das so sagen kann«, sagte er. »Es wäre schön, wenn Sie kommen könnten. Werden Sie um zwei Uhr da sein?«

Um eins zog ich meine wetterfeste Regenkleidung an und schwang mich auf mein Fahrrad. Ein starker Wind fuhr durch das enge Tal, ich musste hart in die Pedale treten und schwitzte unter meinen Kleidungsschichten. Als ich an Peggys und Michaels Haus vorbeikam, spürte ich förmlich ihre Blicke.

»Nun schau sie dir an, bei einem solchen Unwetter mit dem alten Fahrrad unterwegs«, hörte ich sie sagen. »Ist sie jetzt vollkommen verrückt geworden?«

Der Ausgangspunkt für den Spaziergang war das Zentrum für Handwerkskunst an der Hauptstraße des *Ring of Kerry*, wenige Kilometer außerhalb von Cahersiveen. Das neue, aus Stein gebaute Häuschen besaß ein nach holländischer Art gedecktes Reetdach. Davor, auf dem großflächigen Parkplatz für große Reisebusse, die während der Sommermonate regelmäßig hier Rast machten, standen Picknicktische. Ungefähr ein Dutzend Autos standen bereits dort und noch während ich mein Fahrrad abstellte, hatten sich weitere dazugesellt. Ich ging durch die Eingangshalle, an einem kleinen Andenkenladen vorbei und betrat einen großen Saal. Auf der gegenüberliegenden Seite servierten Schulmädchen Tee, Sandwiches und Kuchen aus einer Glasvitrine. Um die Tische hatten sich lachende und plaudernde kleine Grüppchen versammelt. Ich ließ meinen Blick auf der Suche nach einem bekannten Gesicht durch den Saal wandern, da sprang ein junger Mann auf und schüttelte mir die nasse Hand.

»Seien Sie herzlich willkommen!«, verkündete er.

James, der Veranstalter des Festes, hatte gelocktes, vorzeitig ergrautes Haar, attraktive Gesichtszüge und einen amerikanischen Einschlag in seinem irischen Englisch.

»Es ist wirklich schade wegen des Wetters, aber wir sind Meister der Improvisation«, sagte er. »Fühlen Sie sich ganz wie zu Hause, es geht bald los.«

Ich kaufte einen Becher Tee und setzte mich zu drei Frauen, die ich von verschiedenen Höfen der Gegend kannte, an den Tisch. In ihrer häuslichen Umgebung waren sie allesamt freundlich und zuvorkommend gewesen, aber jetzt, in der Öffentlichkeit, waren sie zurückhaltend und schienen, abgesehen von ein paar oberflächlichen Bemerkungen, nicht daran interessiert, sich mit mir zu unterhalten. Eine von ihnen beugte sich herüber und hielt mir einen Handzettel mit Informationen über die Veranstaltung hin.

»Haben Sie das schon gesehen?«, fragte sie.

»Die Große Irische Hungersnot war zweifellos die größte menschliche Katastrophe im Europa des 19. Jahrhunderts«, las ich. »Zwischen 1845 und 1850 starben oder emigrierten über zwei Millionen Menschen (mehr als ein Viertel unserer Bevölkerung).«

Es handelte sich um die kurze Zusammenfassung eines schrecklichen, langsam schleichenden Albtraums. Während der Zeit um 1845 herrschte in Irland bereits größte Not. Während der vorangegangenen achtzig Jahre war die Bevölkerung auf acht Millionen angestiegen. Das Land verfügte weder über Industrie noch über eine entwickelte Fischereiwirtschaft und die Höfe waren zu klein, um alle Menschen zu beschäftigen, sodass chronische Arbeitslosigkeit und große Armut herrschten. Eine im Jahre 1841 durchgeführte Volkszählung ergab, dass zwei Drittel der Familien in Kerry in Ein-Zimmer-Hütten ohne Fenster hausten und weniger als ein paar Schweine und einen Misthaufen ihr Eigen nannten. Die meisten Menschen ernährten sich fast ausschließlich von Kartoffeln, die, wenn möglich, gelegentlich durch ein wenig Buttermilch ergänzt wurden. Es war daher überlebenswichtig, ein kleines Stückchen Land zu finden, auf dem diese Kartoffeln angebaut werden konnten, doch da die Familien immer größer wurden, mussten sie ihren gepachteten Grundbesitz in immer kleinere Parzellen aufteilen.

Zu Beginn des Jahrhunderts gab es bereits einige Vorboten der Großen Hungersnot in Form von Missernten und Cholera- oder Typhusepidemien. Aber keiner war auf die Geschehnisse im September des Jahres 1845 vorbereitet, als die Landbevölkerung Irlands ihre neue, scheinbar erfolgreiche Kartoffelernte einbrachte. Sie lagerten die Knollen in der Hoffnung, dass sie für den ganzen

Winter reichen würden, in gut entwässerten Gruben und bedeckten sie mit Stechginster und Brombeersträuchern. Innerhalb von wenigen Tagen war der größte Teil dieser Ernte jedoch von innen her verfault und hatte sich in eine schleimige, übel riechende, ungenießbare Masse verwandelt. Ein Pilz, *phytophthora infestans,* war der Auslöser dieser Katastrophe. Nachdem er über Amerika bereits nach England gekommen war, hatte er nun auch auf Irland übergegriffen und dort 40 Prozent der wertvollen Kartoffelernte des Landes zerstört.

Im folgenden Frühling schlug die Fäulnis erneut zu, diesmal wurde die gesamte Ernte vernichtet. Die Menschen im ganzen Land litten Hunger, aber die Engländer importierten weiterhin Hafer, Weizen, Gerste und Vieh aus Irland. Im Parlament verbreitete der Herzog von Cambridge die Weisheit, ein Ire könne sich von allem ernähren, und dass es auf den Feldern noch genug Gras zum Essen für sie gäbe. Der Schrecken nahm seinen Lauf: In dem Jahr, das später als *Black '47* in die Geschichte eingehen sollte, tobte in Irland eine Typhusepidemie, der Zehntausende zum Opfer fielen. Die Engländer verabschiedeten die Gregory-Klausel, die alle Landbesitzer mit einem Grundbesitz unter 10 Ar von Hilfszahlungen der Regierung ausschloss und damit eine Landvertreibungswelle auslöste. Grundbesitzer jagten Familien von ihrem winzigen Stückchen Land und verbrannten ihre Katen.

Im Jahre 1848, als man glaubte, es könne nicht mehr schlimmer kommen, blieb die Kartoffelernte ein weiteres Mal vollständig aus.

Während dieser Zeit, die als die Große Hungersnot in die Geschichte einging, verließen 41 Prozent der Bevölkerung Kerrys ihre heimischen Berge und Täler. Viele dieser Menschen liefen nach Tralee oder Cobh, um die berüchtigten »Sargschiffe« zu besteigen. Diese Schiffe transportierten Holz aus Amerika nach Europa und kehrten dann mit einer Ladung irischer Emigranten in die Neue Welt zurück. Die Zustände an Bord dieser Schiffe waren verheerend. Viele Auswanderer siechten dahin, ohne je ihren Zielhafen zu erreichen, Tausende starben kurz nach der Ankunft und wurden in Massengräbern verscharrt.

Ein Raunen ging durch den Raum. Ich schaute auf. Ein Mann mit einer großen Harfe manövrierte sich an den Tischen vorbei und begrüßte auf dem Weg einige Bekannte. Ihm folgten ein Mädchen mit einer Fiedel und zwei weitere Mädchen mit Oboen. Sie setzten sich in die Nähe des Erfrischungsstandes, stimmten ihre Instrumente und spielten dann einige klagende irische Weisen. Der Harfenspieler war klein und gedrungen. Sein graues Haar trug er sehr kurz geschnitten und auf der Nase saß eine Brille mit modischen kleinen Gläsern.

Die Frau an meinem Tisch beugte sich herüber und flüsterte mir hinter vorgehaltener Hand zu: »Dieser Mann ist sehr talentiert, er baut die Harfen selbst. Er heißt Adolf und ist *Deutscher.*«

Der Raum füllte sich. Bald übertönte lautes Stimmengewirr und das Klappern der Tassen und Teller die sanfte Musik. James Casey flatterte umher, plauderte hie und da mit einigen Leuten und schaute immer wieder besorgt aus dem regennassen Fenster auf die im Wind heftig schwankenden Bäume. Ein Stunde verging. Adolf und seine Mädels hatten ihr Repertoire heruntergespielt und fingen wieder von vorne an. Mittlerweile hatte mich eine ziemliche Langeweile ergriffen, aber die lange Verzögerung schien sonst niemanden im Saal zu stören.

Der Gemeindepfarrer erschien mit den Mitgliedern einer dreiköpfigen Filmcrew. Hektisch stellte die Mannschaft Kamera und Beleuchtung auf und führte einen Soundcheck durch. James stieg auf das Podium und blinzelte gegen die Scheinwerfer. Nachdem er uns begrüßt hatte, erklärte er, dass sich das Programm wegen des unfreundlichen Wetters geändert habe. Die Reden, Gebete und Musikdarbietungen würden im Hause stattfinden. Der Gedenkmarsch wurde abgesagt, obgleich man hoffe, dass die Sponsoren so verständnisvoll wären, das Geld, dass sie jedem Einzelnen versprochen hatten, dennoch rüberwachsen zu lassen. Am späteren Nachmittag würden die Mitglieder des Sonntagswanderclubs von

Cahersiveen für die Kranzniederlegung zum Armenhaus wandern und alle mit passender Kleidung wären eingeladen, sich ihnen anzuschließen.

James läutete das neue Programm mit einem Zitat von W. S. Trench ein, der 1861 Augenzeugenberichte aus den Zeiten der Hungersnot veröffentlicht hatte.

»Sie starben auf den Straßen und sie starben auf den Feldern«, las er. »Sie starben auf den Bergen und sie starben in den Tälern; sie starben in den Armenhäusern und in ihren Heimen, sodass die kleinen Straßen oder Dörfer fast entvölkert wurden und lediglich einige wenige, die auf dem Land keine Hilfe erhalten hatten, in die Städte krochen und vor den Türen der Bürger und vor den Mauern der Gewerkschaftshäuser starben. Einige wurden begraben, andere blieben unbeerdigt in den Bergen liegen, denn es gab niemanden mehr, der sie begraben konnte.«

Ein Schweigen legte sich über den Saal. Als James eine Geschichte erzählte, von der er behauptete, sie sei von den Tagen der Hungersnot von Generation zu Generation bis heute weitergegeben worden, rührte sich keiner. Während die Menschen in der Gegend um Cahersiveen massenweise ihr Leben ließen, lagerte ein Großgrundbesitzer im Speicher der Stadt Getreide, um es per Schiff nach England zu bringen. Eines Nachts stürmte eine aufgebrachte Menschenmenge den Getreidespeicher. Die *gardaí* waren machtlos gegen eine solch hohe Anzahl von Menschen, die Ausschreitungen nahmen ihren Lauf, bis ein einheimischer Arzt dem Treiben Einhalt gebot, indem er mehrere Tonnen Maismehl in die Stadt brachte und unter den Hungernden verteilte.

Als James am Ende seiner Rede angelangt war, brach unter den Leuten ein Husten und Räuspern aus. Dann betrat der Priester das Podium. Aus seiner Hosentasche zog er einen Schlüsselanhänger, an dem einige Perlen hingen.

»Lasset uns den Rosenkranz beten«, verkündete er.

Um mich herum neigten die Menschen ihre Köpfe und falteten die Hände. Der Priester ratterte mehrere Ave Marias herunter und sie murmelten mit, die letzten Silben wurden verschluckt und gingen in die nächsten über. Wären mir die Worte nicht bekannt gewesen, ich hätte dies für ein exotisches Beschwörungsritual gehalten.

»Gegrüßet seist du, Maria, vollergnade, Herrismitir, bisgebenedeit unnerdenfraun ungebenedeitis die Frucht deines Leibes …« Köpfe nickten, als zischend das wichtigste Wort hervorgestoßen wurde: »JESUS …«

Den Gebeten folgte ein weiteres musikalisches Zwischenspiel von Adolfs Ensemble, dann beendete James den offiziellen Teil der Veranstaltung. Ich beschloss, mich der Wandergruppe zum Armenhaus anzuschließen. Die Gruppe wurde von den Leuten des Wanderclubs angeführt, ihnen folgten James und ein kleiner Junge mit einem Kranz aus gelben Blumen. Wir trotteten hinterher, den Kopf gegen den auf uns einprasselnden Regen gesenkt. Der Wind riss einige Blüten aus dem Kranz und eine blieb in einem Fuchsienstrauch hängen. Ich rettete sie und steckte sie mir in die Tasche. Die Filmmannschaft war mitgekommen und der Kameramann lief mit seiner in Plastik gehüllten und gefährlich auf seiner Schulter hin und her schaukelnden Kamera rückwärts vor der Gruppe her.

»Lächeln!«, trieb er uns ständig an. »Ihr seid beim Film!«

»Was ist nur in diesen Kerl gefahren, dass er den ganzen Weg nach Srugreana rückwärts laufen will?«, sagte die Frau neben mir.

Sie hieß Catherine. Ich hatte sie einmal kurz nach unserer Ankunft in Cahersiveen mit Dag auf ihrem Hof besucht. Obwohl ich sie danach nie wieder gesehen hatte, wusste sie einiges über mich.

»Ich hab gehört, Sie haben ein Lamm als Flaschenkind. Letzte Woche hab ich daran gedacht, Sie anzurufen, um zu fragen, ob Sie noch zwei dazunehmen würden. Eines meiner Mutterschafe starb nach einer Zwillingsgeburt und ich hab sie beide mit der Flasche gefüttert. Dann verlor ein anderes Mutterschaf ihr Lamm und da hab ich dem das Fell abgezogen und es den beiden Waisenkindern in der Hoffnung, dass die Mutter sich so der beiden annehmen möge, an die Wolle genäht. Ich hab alle drei in einen kleinen Pferch gestellt, aber die Mutter wollte nichts mit ihnen zu tun haben. Sie hat sie die ganze Zeit gepiesackt und ließ sie nicht an ihre Zitzen. Ich hab meinem Mann gesagt, dass ich jetzt die Frau des Tierarztes anrufen würde, um sie zu fragen, ob sie noch zwei Hauslämmer haben möchte. Dann hat die Mutter sie plötzlich gesäugt und jetzt ist sie ganz verrückt nach ihnen.«

Wir hatten den schmalen Weg eingeschlagen, der als *Pauper's Road,* »Armenweg«, bekannt war. Auf diesem Wege gelangten die Vertriebenen, Obdachlosen und Hungernden zur Stätte ihrer letzten Zuflucht: dem Armenhaus von Bahaghs, im Jahre 1846 nach dem *Act for the Relief of the Destitute Poor in Ireland,* einem Erlass, der den obdachlosen Armen Hilfe zukommen lassen sollte, von den Briten erbaut. Wie alle anderen Armenhäuser im Land war auch dies ein gefürchteter Ort. Sobald sich die Tore hinter den Familien geschlossen hatten, wurden sie auseinander gerissen. Männer wurden von ihren Frauen, Kinder über zwei Jahren von ihren Müttern getrennt. In vielen Fällen sahen sie einander niemals wieder. Die meisten Menschen kamen bereits in einem verheerenden Gesundheitszustand ins Armenhaus und da sie dort nur drakonische Zwangsarbeit und eine Ernährung am Rande des Existenzminimums erwartete, starben sie meist bald darauf.

Heute waren vom Armenhaus nur einige hohe Mauern aus rotem Ziegelstein, ein Türmchen und die Kaminschächte eines Schornsteins übrig geblieben, die sich trostlos gegen den grauen Himmel abzeichneten. Ein aus Holzresten zusammengezimmertes Kreuz lehnte vor dem Haupteingang. Der Junge legte den Kranz nieder und ich fügte die gelbe Blüte und einige Blumen hinzu, die ich von den Büschen entlang der *Pauper's Road* gepflückt hatte. Eine Weile standen wir schweigend da und gedachten der Menschen, die hier gelitten hatten. Ich starrte durch die Eingangstür des Armenhauses auf die Überreste der engen, tristen Säle. Dieser Ort war mit der Trostlosigkeit so fest verbunden wie der Efeu, der an seinen Mauern prangte.

Als die Gedenkminute vorüber war, fragte Catherine mich leise: »Haben Sie schon einmal etwas von den Märtyrern von Bahaghs gehört?«

Ich nickte, überrascht, dass sie dieses Thema anschnitt.

»Während des Bürgerkrieges nutzte man dieses Haus als Gefängnis«, sagte sie. »Von hier haben sie sich die fünf Männer geholt. Sie haben sie weiter unten am Weg in die Luft gesprengt. Damals saß ein Onkel von mir hier ein. Ihm kam die Nachricht zu Ohren, dass einer der toten Männer ein Verwandter von ihm gewesen sei. Das stellte sich hinterher als falsch heraus, aber er saß eine ganze Weile hier und trauerte.«

Da der Regen etwas nachgelassen hatte, beschloss die Gruppe, sich auf den Weg zum Friedhof von Srugreana zu machen. Es war viel weiter, als ich geglaubt hatte, und in meinen Gummistiefeln taten mir vom Marschieren auf der harten Straße bald die Füße weh. Aber die Strecke bot viele Ablenkungen: Trompetenlilien blühten am Weg, die Wiesen waren voller Butterblumen und ein geschecktes Pferd tänzelte durch einen Obstgarten voller knorriger Apfelbäume.

Der Friedhof befand sich an einem Hang mit idyllischem Blick auf die grünen Wiesen entlang des Flusstals des Carhan River. Zwischen den Grabstätten wuchsen langes Gras und Unkraut. Einige Grabsteine schienen noch recht neu, die meisten aber waren alt mit verwitterten und nahezu unleserlichen Inschriften. In einem Abschnitt standen unzählige kurze, unbeschriftete Steine, viele von ihnen nur Felsen im Boden.

»Ich würde sagen, diese hier stammen aus der Zeit der Hungersnot«, bemerkte Catherine. »Irgendwo hier gibt es auch ein Massengrab. Die Leute im Armenhaus, die noch bei Kräften waren, mussten die Toten hierher bringen und begraben. Ich hab sogar gehört, dass sie ihnen nicht einmal die Leichentücher lassen durften, sondern sie wurden im Armenhaus wieder verwendet.«

In der Mitte des Friedhofes thronte die Ruine einer kleinen, in ihrer Architektur mittelalterlich anmutenden Kirche. Ihr Dach

Alter Friedhof.

war eingefallen, aber die Mauern standen noch. Gleich im Eingangsportal befand sich ein *ballaun,* ein ausgehöhlter, ursprünglich zum Mahlen von Getreide verwendeter Stein, der in frühchristlichen Kirchen als Taufbecken Verwendung fand. In ihm schwamm eine trübe Brühe. Catherine und die anderen Mitglieder der Gruppe tauchten eifrig die Finger ihrer rechten Hand hinein und bekreuzigten sich. In der Kirche standen weitere Grabsteine, und während über die neueren Inschriften diskutiert wurde, geriet die Hungersnot eine Weile in Vergessenheit.

»Keating … Mary Keating … sie war die angeheiratete Großcousine meines Vaters.«

»O'Sullivan … der Vater, die Söhne, die Tochter … was ist mit der armen alten Maisie … warum liegt sie nicht hier bei ihnen begraben?«

»Pat Golden aus Kells. Was macht der denn hier?«

»Hat der nicht irgendwo an der Old Street gewohnt?«

Kurz bevor wir den Friedhof verließen, rief mich ein Mann herüber, um mir einige große Familiengrabstätten zu zeigen. Die Steinmauern waren ohne Mörtel aufgeschichtet worden und die Platten vor den Eingängen lagen am Boden. Ich spähte hinein und konnte ungefähr 14 Totenköpfe und eine Ansammlung verschiedenster Knochen erkennen.

»Da fragt man sich doch«, sagte der Mann zu mir, »ob nicht vieles für das Einäschern spricht.«

Als wir wieder zurück zum Zentrum für Handwerkskunst liefen, gesellte sich eine weitere Frau zu Catherine und mir. Annette war die Frau eines örtlichen Bestattungsunternehmers. Als ich sie fragte, wie es sei, einen Mann mit einem solchen Beruf zum Gatten zu haben, lachte sie fröhlich.

»Er bringt seine Arbeit Gott sei Dank nie mit nach Hause.«

Sie und Catherine unterhielten sich angeregt über die Schrecken der Wechseljahre, die sie beide gerade durchliefen.

»Mir wird während der Hitzewallungen immer kochend heiß«, sagte Catherine.

»Manches vergesse ich von einer Minute zur nächsten«, sagte Annette. »Und ich muss die ganze Zeit pieseln.«

Um ihre Aussage zu unterstreichen, hüpfte sie über eine Mauer und hockte sich hin.

»Ah, Gott sei Dank«, seufzte sie.

Catherine neckte sie: »Annette, da oben steht ein Typ und hat seinen Feldstecher genau auf dich gerichtet.«

»Der kann so viel schauen, wie er mag, Catherine. Das wird ihm auch nichts bringen!«

Nachdem wir das Zentrum für Handwerkskunst erreicht hatten, begann es wieder zu regnen. Ich freute mich, vom Rückenwind nach Hause geschoben zu werden, aber als ich oberhalb unseres Tals angelangt war, hatte der Wind gedreht und blies mir mit voller Kraft entgegen. Um bergab vorwärts zu kommen, musste ich wie verrückt in die Pedale treten. Wieder quälte ich mich an Peggys und Michaels Haus vorbei und musste unwillkürlich lachen, während ich mir ausmalte, was sie jetzt wohl über mich redeten.

Sechsundzwanzig

Das Telefon klingelte und klingelte, drang in meinen Traum und riss mich schließlich aus dem Schlaf. Dag hatte sich an mich gekuschelt, sein Atem ging tief und regelmäßig. Ohne die Augen zu öffnen, nahm ich seine Hand und schüttelte sie sanft.

»Das Telefon«, murmelte ich.

Es klingelte weiter. Dag grunzte im Schlaf. Ich wand mich aus seiner Umarmung und fand sein Ohr.

»Telefon!«

Er wachte sofort auf, fuhr hoch wie von der Tarantel gestochen und stieß unter blindem Fummeln nach dem Lichtschalter das Telefon vom Nachttisch. Es schlug mit einem Knall auf dem Boden auf, das Klingeln erstarb und wurde durch ein blechernes »Hallo? Hallo?« ersetzt.

Dag knipste das Licht an und schlüpfte aus dem Bett.

»Was? Wo?«, hörte ich ihn sagen. »Könnten Sie etwas langsamer sprechen?«

Wenn sie mitten in der Nacht anriefen, waren die Bauern häufig so in Panik, dass sie die Umstände des Notfalls schnell und mit einem durch die Angst noch verstärkten Kerry-Akzent hervorstießen.

»Legen Sie nicht auf!«, rief Dag. »Wiederholen Sie einfach alles noch einmal. Was ist los?«

Er saß splitternackt im gelben Lichtschein der Lampe am Boden und starrte, den Hörer ans Ohr gepresst, konzentriert auf eine topographische Straßenkarte. Ich blickte auf meine Armbanduhr. Es war zwei Minuten nach zwei.

»Wie lange kalbt sie schon? Okay, ich komme sofort. Können Sie Hilfe holen? Was? Egal, holen Sie jeden, der kommen kann. Und stellen Sie viel heißes Wasser bereit.«

Er legte auf und zog sich an. Ich reckte mich und gähnte, kuschelte mich dann behaglich unter die Daunendecke und hatte Mitleid mit ihm, weil er nach draußen in die Kälte musste.

»Es geht um eine Kuh unten in Caherdaniel«, klang seine gedämpfte Stimme durch die Decke. »Sie kalbt schon eine ganze Weile. Das könnte ein Kaiserschnitt werden.«

Ich hatte bisher noch keinen Kaiserschnitt bei einer Kuh miterlebt. Dag hatte mir erzählt, dass gestandene Bauern bei diesen langwierigen Operationen oft in tiefe Ohnmacht fielen, und obwohl ich während der letzten drei Monate viel Blut und andere Körperflüssigkeiten zu Gesicht bekommen hatte, hatte er bisher befürchtet, dass dieser Anblick doch zu grausig für mich sein könnte.

Ich hatte nicht widersprochen, die meisten Kühe schienen sich für ihre Geburten auf die tiefe Nacht zu verlegen und ich war stets zufrieden, im warmen Bett zu bleiben, wenn er in aller Herrgottsfrühe gerufen wurde.

»Würde es dir etwas ausmachen mitzukommen, Maria? Eileen McCarthy ist Witwe und sie wird sich vielleicht nicht viel Hilfe holen können. Ich könnte wirklich ein Paar helfende Hände gebrauchen.«

Ich schob meinen Kopf genauso weit heraus wie nötig, um ihn anblinzeln zu können.

»Das ist nicht dein Ernst, oder?«

Es war sein Ernst. Ich nahm all meine Willenskraft zusammen und schwang meine Füße auf den kalten Boden.

»Haben wir noch Zeit für eine Tasse Tee, bevor wir gehen?«

»Tee? Machst du Witze? Das ist ein Notfall. Zieh deine Sachen an und los!«

Draußen strich mir die frische, saubere Luft über das Gesicht. Ein starker Wind hatte die Wolken verjagt und die Sterne glitzerten hell am unergründlichen, samtschwarzen Himmel. Als wir vom Cottage wegfuhren, brachten unsere Scheinwerfer die Augen der Schafe auf dem Weg zum Leuchten. Zweimal stieg ich aus, um sie zu verscheuchen, und ein weiteres Mal, um das Tor zum Feldweg zu öffnen und wieder zu schließen.

Dag fuhr mit hoher Geschwindigkeit über die ausgestorbenen Straßen von Cahersiveen nach Waterville und weiter auf die hoch gelegene, klippenreiche Küstenstraße. Der zunehmende gelbe Halbmond schlug eine glitzernde Bahn über die langen, vom Atlantik landeinwärts rollenden Wellenreihen, aber die Skellig Rocks, mehr als zwölf Kilometer von der Küste entfernt, lagen in völliger Dunkelheit.

Kurz vor Caherdaniel verließen wir die Hauptstraße und bogen auf den Weg ins Tal ein. Bald folgten wir einem Feldweg, der sich plötzlich in drei verschiedene Richtungen gabelte. Dag entschied sich für den Mittelweg. Frank O'Learys Motto bewahrheitete sich einmal mehr: Gerade, als wir sicher waren, uns verfahren zu haben, kam eine scharfe Kurve, ein Licht tauchte auf und schon standen wir im Hof eines zweistöckigen Bauernhauses. Eine kleine Frau erschien, die Hand zum Schutz vor dem hellen Scheinwerferlicht erhoben.

»Sind Sie der Tierarzt?«, rief Eileen McCarthy besorgt. »Das ging aber schnell!«

Die angespannte, nervöse Frau Ende sechzig sprach schnell und unterstrich ihre Worte mit den Händen, die wie Vögel durch die Luft flatterten. Ihre Füße steckten in dünnen Nylonsocken in ihren Gummistiefeln und unter dem dicken Mantel trug sie Tweedrock und Twinset.

Ihre »Hilfe« bestand aus Michael und Albert, zwei alten Männern in dunklen Anzügen und flachen Mützen. Wir kannten Michael als Stammgast aus Mary O'Donaghues Pub. Ich dachte zurück an den Tag, an dem er zu betrunken gewesen war, um die

Straße zur Kirche hochzulaufen, und Mary ihn stattdessen mit dem Auto gefahren hatte.

»Wir sind uns schon mal begegnet«, teilte ich ihm mit.

»Sind wir nicht«, gab er zurück und zog seine Wangen ein. »Ich hab Sie beide noch nie im Leben gesehen.«

»Wo ist die Kuh, Eileen?«, fragte Dag.

»Sie steht im Stall. Es gibt dort keinen Strom, aber wir haben eine Taschenlampe. Seien Sie aber vorsichtig, die Kuh ist nicht gerade lammfromm.«

Wir marschierten alle in den niedrigen, dunklen und muffigen Stall. Albert fuchtelte mit der Taschenlampe herum und richtete sie dann auf eine große, rostfarbene Kuh. An einem Metallring an der Wand festgezurrt, lag sie auf einer dicken Schicht aus Dung und schmutzigem Stroh.

»Es musste ja ausgerechnet eine Limousin-Kuh sein«, stöhnte Dag, denn diese Rasse stand in dem Ruf, wild und unbezähmbar zu sein. »Kann jemand das Seil lockern, damit sie aufstehen kann?«

Während Michael sich an dem Knoten zu schaffen machte, gab Dag der Kuh einen Klaps auf den Hintern, um sie zum Aufstehen zu bewegen. Sie kam auf die Beine und bemerkte sofort, dass Michael das Seil nicht nur gelockert, sondern sie befreit hatte, woraufhin sie sich fluchtartig Richtung Stalltür bewegte. Eileen suchte das Weite und ließ dabei die Tür sperrangelweit offen. Dag hechtete zum Eingang und konnte ihr gerade noch rechtzeitig den Fluchtweg blockieren. Sie wandte sich von ihm ab und begann wie wild in ihrem beengten Gefängnis herumzutoben. Albert fuchtelte mit den Armen vor der Kuh herum und ließ dabei den Strahl der Taschenlampe über die Wände peitschen, während Michael hinterdrein stolperte und »husch, husch, husch« rief. Ich verzog mich in eine dunkle Ecke und hoffte inständig, dort vor diesem wilden, unkontrollierbaren Tier sicher zu sein.

»Jetzt beruhigen wir uns alle wieder«, übertönte Dag den Aufruhr.

Er streckte der Kuh seine Arme hin, redete ruhig auf sie ein und trieb sie so in eine Ecke.

»Hat jemand ein Seil? Wir sollten ihr ein Halfter umlegen.«

Ein Seil wurde gebracht und die Kuh wurde sicher an der Wand festgebunden. Mittlerweile war sie ziemlich entnervt und schlug während der Untersuchung immer wieder nach Dag aus.

»Sie hat eine schlimme Torsion, ihre Gebärmutter ist verdreht«, sagte er. »Wir müssen einen Kaiserschnitt machen, aber ihr Kalb könnte bereits tot sein.«

»Oh, mein Gott«, lamentierte Eileen, die sich wieder in den Stall geschlichen hatte.

»Eileen, ich brauche mehr Licht, mehr Seile und ganz viel heißes Wasser. Könnten Sie noch mehr Hilfe holen?«

»Ich wecke den Sohn meines Nachbarn, Brendan Joe. Albert und Michael, ihr beiden kommt mit und helft mir.«

Dag machte seinen Oberkörper frei und zog den Geburtsmantel an. Während ich die Taschenlampe hielt, legte er seine chirurgischen Instrumente und das Nahtmaterial sorgfältig auf einen Heuballen, der als Ersatz für einen Instrumententisch herhalten musste. Die Kuh hatte sich beruhigt und lehnte still an der Mauer. Es war friedlich und ruhig im Stall, man hörte nur den angestrengten Atem der Kuh, das Rascheln von Gummimantel und Überhosen, das Dag bei jeder seiner Bewegungen verursachte, und das Quieken der Mäuse im von Spinnweben durchsetzten Gebälk über uns. Dann ertönten Schritte und missmutige Stimmen von draußen, die beiden alten Männer waren zurückgekehrt. Michael trug in jeder Hand einen Eimer mit dampfendem Wasser, Albert hielt eine Nachttischlampe, die an einen Messingkerzenständer erinnerte. In ihr steckte eine nackte 60-Watt-Birne, die über zwei lange, bis ins Haus reichende Verlängerungskabel mit Strom versorgt wurde.

»Ist das alles an Beleuchtung?«, fragte Dag mutlos.

»Jawoll«, bestätigte Albert.

Während Dag Hände und Arme schrubbte, fuhr ein weiteres Auto auf den Hof.

»Da kommt Brendan Joe«, verkündete Michael.

Dag blickte nervös von seinem Eimer hoch, doch als er einen jungen, starken Burschen mit zielgerichtetem Gang durch den Eingang schreiten sah, entspannten sich seine Gesichtszüge wieder.

Bald standen wir alle in Position und waren einsatzbereit für die Operation. Ich hielt die Nachttischlampe hoch, Brendan Joe stabilisierte den Kopf der Kuh und Michael und Albert lehnten gegen den Rumpf des Tieres, um sie an der Wand zu halten. Dag hatte ein langes Seil an ihrem linken, uns zugewandten Hinterbein befestigt. Noch lag es am Boden, aber wenn die Kuh anfing zusammenzusacken, sollte einer der Männer das Seil ergreifen und so fest es ging daran ziehen, damit sie garantiert nach hinten fiel, mit dem Körper zur Wand, und nicht vornübersackte, mit dem Körper zu uns.

»Sonst«, warnte er sie, »verteilen sich ihre Gedärme über den ganzen Fußboden.«

Ich reichte ihm die Spritze mit dem örtlichen Betäubungsmittel, das er der Kuh in die Schwanzwurzel und tief in den Muskel neben der Wirbelsäule injizierte. Wie die meisten Kühe, denen ich in Kerry begegnet war, konnte sie Nadeln nicht ausstehen und als sie den Stich spürte, schnaubte sie, rang mit Brendan Joe und trat nach den alten Männern aus.

»Du Miststück«, murmelten sie düster. »Du störrisches Biest!«

Sobald sie sich beruhigt hatte, rieb Dag Jodseife in das Fell an ihrer Flanke und rasierte es, bis er ein rechteckiges Stück nacktes Fleisch in der Größe einer Couchtischplatte freigelegt hatte. Eileen, die zögernd im Eingang gestanden hatte, trat plötzlich in den kleinen kreisförmigen Lichtschein der Lampe. Sie hielt eine Flasche mit einer klaren Flüssigkeit in der Hand, mit der sie die Kuh, den Tierarzt, die Instrumente und die Helfer bespritzte und dabei leise vor sich hinmurmelte. Dag hielt in seiner Arbeit inne und sah sie verblüfft an.

»Das muss Weihwasser sein«, flüsterte ich ihm zu.

Eileen, die meine Worte aufgeschnappt hatte, setzte zu einer Erklärung an.

»Jawoll, das stimmt, es ist Weihwasser aus *Lourdes*. Ich war dort erst letztes Jahr auf einer Pilgerreise und wenn jemals eine Kuh dringend ein Wunder nötig hatte, dann diese hier. Falls ihr noch etwas braucht, ich bin jetzt in der Küche und bete.«

Dag schrubbte sich erneut die Hände, dann nahm er ein Skalpell und traf alle Vorbereitungen für einen großen Einschnitt in die Flanke der Kuh.

»Maria, könntest du mit der Lampe einen Schritt näher kommen?«, fragte er.

»Ich bin so nah dran, wie's geht«, sagte ich. »Das Kabel ist nicht lang genug.«

Jetzt hielt er das Skalpell über die Haut der Kuh. Ich beschloss, mir diesen Teil der Operation zu ersparen und schaute auf den Boden, nur um Zeugin der erheblich gravierenderen Situation zu werden, die sich direkt zu meinen Füßen abspielte. In seinem Eifer, die Lichtverhältnisse zu verbessern, hatte Albert sich steif hinuntergebeugt und griff mit zitternder Hand zum Elektrokabel.

»Nein!«, rief ich, aber es war zu spät. Er ergriff das Kabel und zerrte es zu sich.

Plötzlich war alles dunkel. Mehrere Sekunden erstaunten Schweigens folgten, dann sagte Dag mit nur mühsam unterdrückter Wut in der Stimme: »Könnte jemand *bitte* den Scheinwerfer anschalten?«

»Den was?«, fragte Albert.

»Die Taschenlampe«, übersetzte ich.

»Mach die Taschenlampe an, Michael!«, rief Brendan Joe.

»Ich hab sie nicht«, sagte Michael. »Ich hab sie Albert gegeben.«

»Hast du nicht«, gab Albert zurück.

»Hab ich doch!«, beharrte Michael.

»Nun, ich hab sie nicht«, behauptete Albert, »und ich weiß auch nicht, wo sie ist.«

»Steck den Stecker wieder in die Steckdose«, schlug Brendan Joe vor.

»Ich kann die verflixte Steckdose nicht sehen!«, rief Michael.

»Himmel noch mal, such die Taschenlampe und dann finden wir die Steckdose«, sagte Albert.

»Ich hab *dir* die Taschenlampe gegeben«, wiederholte Michael.

»Hast du nicht!«, schrie Albert.

»Meine Herren, bitte«, drang Dags Stimme flehend aus der Finsternis. »Hat jemand ein Streichholz?«

»Hasten Streichholz?«, fragte Michael Albert.

»Hab ich. In meiner Tasche.«

»Dann hol es raus und zünd das verflixte Ding an!«

Ein Streichholz wurde entzündet, die Taschenlampe gefunden und die Verlängerungskabel wieder zusammengesteckt. Die Lampe in meiner Hand beleuchtete Dag in seiner grünen Gummischürze mit erstauntem Gesichtsausdruck, das Skalpell noch immer an der Flanke der Kuh.

»Sind alle bereit?«, fragte er. »Das Licht bleibt jetzt an, okay?«

Als das Skalpell einen sauberen Schnitt in die Haut der Kuh machte, tat sie muhend ihren Protest kund, entfernte sich mit einem Satz von der Wand und trieb so die beiden Männer auseinander.

»Sie fühlt den Einschnitt, Junge!«, sagte Brendan Joe.

»Sie fühlt den Einschnitt«, wiederholte Michael.

»*Ay*, sie spürt bestimmt den Einschnitt«, fügte Albert hilfreich hinzu.

Dag spritzte ihr mehr Betäubungsmittel in die Wunde und nahm dann einen schnellen, 25 Zentimeter langen Einschnitt durch die verschiedenen Muskelschichten unter der Haut vor. Hellrotes Blut quoll hervor und tropfte auf seine grünen Gummistiefel und den weichen braunen Dung, auf dem er stand. Statt den letzten Muskelstrang auch noch zu durchtrennen, zog er die Fasern mit den Fingern auseinander. Darunter lag das Peritoneum, das die Innenseite der Bauchhöhle auskleidet und durch das ich die verschiedenen inneren Organe erkennen konnte. Es war ein seltsames und beunruhigendes Gefühl, einer solch gravierenden Operation an einem großen, wachen Tier beizuwohnen, aber ich hatte keine Zeit, mich länger damit auseinander zu setzen. Nach mehreren Stunden heftiger Geburtswehen und dem aufregenden Fluchtversuch war die Kuh verständlicherweise müde und wollte sich hinlegen.

Als ihre Knie einzuknicken drohten, mahnte Dag: »Passt auf, dass sie stehen bleibt!«

»Stehen bleiben! Stehen bleiben! Stehen bleiben!«, riefen ihr alle zu.

Brendan Joe gab ihr eins über die Ohren und die alten Knaben tanzten im Schlamm umher und taten so, als wollten sie der Kuh ein paar Tritte gegen die Hinterbeine verabreichen. Nach einigen Minuten gab sie unter diesem Ansturm nach, seufzte und lehnte sich stattdessen gegen die Mauer.

Als Dag das Peritoneum durchtrennte, trat Luft ihn ihre Körperhöhle ein und machte dabei ein seltsames Sauggeräusch. Noch befremdlichere Töne folgten, denn als Dag bis zu den Achseln in den Körper der Kuh griff, um die Gebärmutter wieder in ihre Ausgangsposition zu drehen, bewegten sich die inneren Organe mit Schwapp- und Schlürfgeräuschen hin und her. Leider schien sein Unterfangen zum Scheitern verurteilt und schließlich musste er die Gebärmutter so öffnen, wie er sie vorgefunden hatte. Nur ein Schnitt durch ihre rosafarbene, glänzende Haut legte ein wächsernes, geisterhaft gelbes Vorderbein frei. Dag griff sich das zweite Bein daneben und zog dann an beiden.

»Bleib bei ihrer Nase, Brendan Joe«, sagte Dag, als der Kopf zum Vorschein kam, der Blick des Kälbchens verschleiert und abwesend. Ein langgestreckter Rumpf folgte und die alten Männer eilten herbei, um ihre Hände darunter zu halten und Dag mit ihren schwachen gemeinsamen Kräften so gut es ging beizustehen. Unter dem Gewicht stöhnend versuchte Dag, das 45 Kilo schwere Kälbchen aus der Kuh zu ziehen, um so schlimmere Risse in der Gebärmutter zu vermeiden. Der Körper war fast bis auf 1,50 m

Länge gestreckt, als endlich die Hinterbeine zum Vorschein kamen. Plötzlich war es ganz draußen: ein nass glänzendes, schlüpfriges, braunweißes Kalb lag auf dem Boden und schnappte nach Luft. Sein Erscheinen löste eine erneute Litanei seitens Michaels und Alberts aus.

»Es ist ein Jungbulle!«

»Es ist ein feines Kalb!«

»Jawoll, das ist es!«

»Gott segne es!«

Dag zog das Kalb auf den Hof. Er bat die beiden alten Männer, es mit Stroh abzureiben und widmete sich der langwierigen Aufgabe, die Mutter wieder zuzunähen. Zuerst nähte er die Gebärmutter, während Brendan Joe sie für ihn festhielt. Dann, nachdem er in die Körperhöhle der Kuh gegriffen und mehrere Hand voll Flüssigkeit und Blut herausgeschöpft hatte, nähte er die einzelnen Muskelschichten wieder zusammen.

Eine Dreiviertelstunde später bewunderte Brendan Joe die letzte saubere Naht, die sich über die Flanke der Kuh zog, und sagte: »Bei Gott, Sie würden einen guten Schneider abgeben. Hätten Sie Zeit, mir einen Anzug zu nähen?«

Jetzt musste die Kuh nur noch mit ihrem Kalb zusammengebracht werden. Wir fanden es mit erhobenem Kopf draußen auf dem Hof, es gab sich trotz der eifrigen Bemühungen Alberts und Michaels, die ihm mit der Taschenlampe in die Augen leuchteten, frisch und aufmerksam.

»Sein Atem rasselt etwas, Junge«, sagte Albert besorgt.

»Meinen Sie wirklich, er hat es warm genug?«, fragte Michael.

»Ihm wird's gleich besser gehen«, beruhigte Dag die beiden. Er zog das Kalb zurück zu seiner Mutter, die es erst zögernd beschnupperte, dann aber mit ihrer langen Zunge seinen Körper zu trocknen und zu wärmen begann.

Eileen drängte uns zu einem Umtrunk in ihr Bauernhaus. Die holzvertäfelten, in hell glänzendem Rosa gestrichenen Wände ihres Wohnzimmers waren mit Bildern der Jungfrau Maria, der heiligen Bernadette, der heiligen Theresa und dem Antlitz Franz von Assisis geschmückt. Es war nach halb fünf Uhr in der Früh, aber der Küchentisch war wie für den Nachmittagstee gedeckt, es gab Teller mit Schinken-Sandwiches, einen Biskuitkuchen, eine Dose Kekse und eine Runde frisches Brot.

»Nur hereinspaziert!«, rief sie, eine Teekanne schwenkend. »Darauf müssen wir alle erst mal einen Whiskey trinken.«

»Für mich nur einen kleinen, ich bin noch im Dienst«, sagte Dag.

»Nonsens«, sagte Eileen verächtlich und füllte das kleine Glas bis zum Rand. »Sie sind ein großer Mann, das wird Ihnen nicht schaden.«

Der von ihr ausgeschenkte Tee hatte bereits auf dem Herd gezogen und indessen eine dunkelbraune Farbe und einen bitteren Geschmack angenommen.

»Das ist eine gute starke Tasse Tee, Eileen«, sagte Albert anerkennend.

»Das ist noch gar nichts«, sagte Brendan Joe. »In der Sockenfabrik arbeitet ein Mann bei mir in der Schicht, der mag seinen Tee so stark, dass der drei Beutel in den Becher tunkt und sie im Tee schwimmen lässt, während er ihn trinkt. Wenn er dann fertig getrunken hat, nimmt er einen Beutel in den Mund und lutscht ihn aus. Ein schrecklicher Anblick, besonders so früh am Morgen.«

Die Flasche Whiskey machte die zweite Runde.

»Das war eine wundervolle Erfahrung, Junge«, sagte Albert zu Dag. »So etwas hab ich noch nie gesehen. Ich weiß nicht, wie wir das früher geschafft haben.«

»Wir haben es geschafft, weil wir mussten, Albert«, erinnerte Eileen ihn. Sie wandte sich Dag zu. »Meinen Sie, die Kuh braucht was zu trinken?«

»Sehen Sie zu, dass sie immer einen Eimer Wasser hat«, sagte er.

Daraufhin kicherte Michael. »Sie meinte was *Richtiges* zu trinken, Junge. Haben Sie eine Kuh noch nie mit Whiskey kuriert?«

Dag schüttelte den Kopf. »Ich hab neulich mal davon gehört.«

»Als junger Mann kannte ich einen Tierarzt, der darauf schwor, besonders bei Milchfieber«, gab Michael zum Besten. »Ich hab ihn eines Nachts geholt, weil's einer Kuh von mir furchtbar schlecht ging. Als er endlich kam, war es schon ein Uhr, war 'ne schöne Nacht mit einem großen runden Vollmond. Mittlerweile war die Kuh schon völlig aufgebläht und lag, alle viere von sich gestreckt, am Boden. Also hat der Tierarzt die Blähungen behandelt und dann sagt er zu mir: ›Haben Sie ein halbes Pint Whiskey, Michael?‹ ›Hab ich nicht‹, sag ich, ›aber ich weiß, wo ich welchen krieg.‹ Ich lauf also den Hügel hinunter bis zum Haus meines Nachbarn, klopfe an die Hintertür, bis seine Frau rauskommt, und rufe: ›Könnten Sie mir ein halbes Pint Whiskey für meine Kuh geben, Missis?‹ ›Mach, dass du fortkommst‹, sagt sie. ›Du willst den Whiskey doch nur für dich selber und um diese Nachtzeit kriegst du hier keinen mehr.‹ Ah, sie war ein grobes Frauenzimmer, aber als ich wegen der Kuh ein bisschen auf die Tränendrüse gedrückt hab, hat sie mich mit einer Flasche den Hügel wieder hochgeschickt. Ich bin so schnell gelaufen, wie meine Beine mich trugen, aber es war schon nach zwei und der Kuh ging es richtig elend. Der Tierarzt nahm den Whiskey und hat ihn in sie reingeschüttet, der hat ihr die ganze Ladung in den Rachen gekippt. ›Morgen früh ist sie wieder mopsfidel‹, sagte er und ging. Um vier Uhr hab ich nach ihr geschaut und wollte meinen Augen nicht trauen. Die war doch tatsächlich schon wieder auf den Beinen, wankte durch den Stall und rollte mit den Augen. Lassen Sie sich eins sagen, Junge, weil ich mit diesen Dingen sehr viel Erfahrung hab – diese Kuh war richtig betrunken! Ich bin wieder ins Bett und dann um acht Uhr aufgestanden und da stand sie, genau wie der Tierarzt gesagt hatte: mopsfidel. Die Kuh sah aus, als wäre sie nie krank gewesen.«

»Hatte sie einen Kater?«, fragte Dag.

»Nun, das kann ich Ihnen nicht sagen!«, kicherte Michael. »Whiskey ist eine großartige Medizin, ganz bestimmt.« Er hielt

Eileen sein Glas hin. »Ich nehm noch einen, wenn du nichts dagegen hast.«

»Mein Vater hat bis zu seinem Tod jeden Tag einen Schluck Whiskey in seinen Tee getan«, erzählte ich ihm. »Und er ist 84 Jahre alt geworden.«

»Nun, und ich hatte einen Freund, der war mit seinen 86 Jahren immer noch kräftig und gut beieinander. Er wurde krank und im Krankenhaus hat er nach einem Schluck Whiskey gerufen, die haben ihm keinen gegeben und er ist gestorben. Wenn der seinen Schluck Whiskey gekriegt hätte, wär der wieder auf Touren gekommen und, bei Gott, der wär heut noch hier.«

Das Gespräch drehte sich jetzt um alte Hausmittel gegen Beschwerden von Mensch und Tier.

»Meine Mutter schwor darauf, einer Kuh ihre eigene Biestmilch zu verabreichen, um sie so vor Milchfieber zu schützen«, sagte Eileen. »Und sie hat unsere Kühe zum Entwurmen immer mit einem weißen Tuch geschlagen.«

»Hat das geholfen?«, fragte Dag neugierig.

»Hat es!«

»Wie das?«

»Nun, das weiß ich nicht. Aber diese Dinge hinterfragt man nicht, man übernimmt sie einfach, ohne zu überlegen.«

Albert informierte uns, dass es nichts Besseres als Backpulver gäbe, um Kühe mit einer Holzzunge zu behandeln, eine Krankheit, bei der die Zungenwurzel anschwillt und die Nahrungsaufnahme des Tieres behindert. Und Brendan Joe berichtete, dass sein Vater den Schafen, die nach dem Verzehr von Johanniskraut Schwellungen an den Ohren hatten, die Ohrenzipfel abgeschnitten habe.

»Und was nützt das?«, fragte Dag.

»Es lässt die Giftstoffe abfließen. Das hilft immer.« Er lächelte Dag spitzbübisch zu. »Aber wenn der Tierarzt in der Nähe ist, geben wir ihnen hinterher Penizillin.«

Auf der Heimfahrt ging am westlichen Horizont der Mond unter, der Himmel wurde heller und zeigte im Osten eine lila und rosa Färbung. Auf halbem Weg zu unserem Cottage erfassten unsere Scheinwerfer das Hinterteil eines Dachses. Dag bremste scharf und wir sahen das Tier gemächlich vor uns hertrotten. Bevor er in einem Graben verschwand, drehte er sich zu uns um und wir konnten sein gestreiftes, erschrecktes Gesicht erkennen.

Ein weiteres Paar Scheinwerfer kam uns entgegen. Dag hielt dicht an einer Hecke, um Kevin O'Shea auf seinem Traktor vorbeizulassen. Vorne hatte er einen großen Eimer befestigt, in dem sich ein Mutterschaf und ihre beiden Lämmer gemütlich aneinandergekuschelt hatten.

»Eine feine Morgendämmerung«, begrüßte Kevin uns.

»Neue Lämmer?«

»Sie sind gerade geboren worden, ich hab die drei auf dem Berg gefunden. Jetzt bring ich sie auf die Weide.«

»Das sind feine Lämmer, Kevin«, sagte Dag.

»Allerdings! Und Sie sind schon im Einsatz, wie ich sehe.«

»Ich hoffe, zu Hause wartet nicht noch ein Anruf auf mich.«

»Wenn ja, kommt er nicht von mir. Na, dann viel Glück!«

Siebenundzwanzig

Dann hörte ich endlich einen Kuckuck. Er rief aus einer Gruppe Silberweiden in den unteren Lagen des Knocknadobar.

»Haben Sie ihn zuerst mit dem rechten oder dem linken Ohr gehört?«, fragte Dennis. »Wenn es das rechte war, dann haben Sie die nächsten zwölf Monate Glück.«

Dennis war auf dem Weg, seine Ponys zu füttern, und stattete mir dabei einen kurzen Besuch ab. Wir saßen draußen im Garten auf der Steinmauer.

»Jeden Frühling ruft aus den Bäumen da drüben derselbe Kuckuck. Manchmal sehe ich ihn im Sommer auf einem Zweig sitzen, neben ihm noch ein kleiner Piepmatz. Dieses Jahr habe ich schon zwei Kuckucks gehört. Letztes Jahr habe ich einen Kuckuck im Nest einer Lerche aufwachsen sehen. Der erreichte wirklich eine mordsmäßige Größe.«

Er zündete sich eine Zigarette an, rauchte und musterte Dora dabei eingehend. Sie graste in einem Büschel Glockenblumen und war eifrig damit beschäftigt, ihnen die Blüten abzureißen.

»Dieses Lamm sollte schon längst entwöhnt sein«, bemerkte er.

Er kramte eine Papiertüte aus seiner Jackentasche hervor und reichte sie mir.

»Kraftfutter«, erklärte er, als ich auf die kleinen, braunen Kügelchen blickte. »Statt Fläschchen. Ich hab's Ihnen mitgebracht, damit Sie's mal versuchen können. Am Anfang wird das Lamm sie nicht mögen. Aber nach einer Weile hat es sich daran gewöhnt.«

Aus Dora war mittlerweile ein feistes Lamm geworden, zum

Heben fast zu schwer, aber sie verlangte noch immer gleich in der Früh und spät am Abend nach ihrem Fläschchen.

»Anscheinend braucht sie das beruhigende Saugen genauso sehr wie die Milch«, erklärte ich zu meiner Verteidigung.

Dennis schaute mich mit seinen blassblauen Augen an.

»Ich würde sagen, dass es auch für Sie beruhigend ist. Sie können es nicht ertragen, dass Ihr Hauslämmchen erwachsen wird und Sie als Schaf verlässt.«

Ich spähte in den Himmel. Der Morgen war sonnig, aber von Norden blies ein kühler Wind und hinterließ Wolken, die wie Federn wirkten.

»In Irland nennen wir den Nordwind *scariveen*«, erzählte Dennis mir. »Im Mai bläst er oft. Dieser Wind trägt keinen Grasgeruch. Er ist sowohl für die neuen Triebe als auch für die Lämmer scheußlich.«

Trotz des Windes wurde die Landschaft der Halbinsel Iveragh von Tag zu Tag fruchtbarer und farbenreicher. Überall in unserem Garten blühten die Montbretien und die kräftigen neuen Stängel des Fingerhuts reckten sich siegessicher aus ihrem weichen Laubkissen empor. In den Hecken blühten die Fuchsien in all ihrer Pracht, Margeriten standen kurz vor der Blüte und ringsum sprossen die vollen, gelben Knospen der irischen Wolfsmilch, blühten winzig kleine blaue Ehrenpreis, rankten die Triebe des Blutwurz und wucherte der Hornklee. Auf den üppig grünen Wiesen freuten sich die Kühe an Butterblumen, Gänseblümchen, rotem Klee, Schlüsselblumen, Rittersporn und Taubenkropf-Leimkraut. Die Lämmer tanzten inmitten der büschelweise wachsenden gelben Schwertlilien einen Reigen. Gänsefingerkraut und Hahnenfuß erblühten an den Ufern der Bäche, rosa Grasnelken sprossen zwischen den grauen und lila Felsen, die oberhalb des Hafens lagen, und auf den unweit gelegenen grasbedeckten Landzungen wehte das seltene und filigrane breitblättrige Knabenkraut im *scariveen.*

In dieser Zeit hielt ich es kaum zu Hause aus. Ich schilderte

Dennis meine Pläne für den Nachmittag: Mit meinem Mittagessen im Gepäck hatte ich vor, mit dem Fahrrad an den sechs Kilometer entfernten *Weißen Strand* zu fahren. Während meiner Tour würde ich mehrere historische Zeitabschnitte durchwandern. Die Route führte an der mittelalterlichen Festung Cahergael vorbei, brachte mich zum Schloss von Ballycarbery aus dem 15. Jahrhundert und schließlich zu den Ruinen des *big house*, eines alten Herrenhauses mit Park, das im letzten Jahrhundert einem adeligen irischen Großgrundbesitzer gehört hatte. Ich erzählte Dennis, dass ich mich über all diese Stätten informiert und dabei entdeckt hätte, dass sie historisch in Zusammenhang standen. Die *Corcu Duibne*, ein begabter Stamm, der während des 6. und 12. Jahrhunderts die Halbinsel Iveragh beherrschte, hatte vermutlich die Steinfestung errichtet. Später wurde ihr Königreich geteilt: die Anglo-Normannen erhielten Dingle, die MacCarthys Iveragh und Donal MacCarthy Mor erbaute Ballycarbery Castle für seinen Sohn Tadhg. Im Jahre 1565 leistete das Oberhaupt der MacCarthy Mors einen Treueschwur auf Königin Elizabeth und erhielt dafür den Titel eines Grafen. Das Geschäft hatte nur einen Haken: Sollte MacCarthy ohne Erben verscheiden, würde die Krone seine Ländereien konfiszieren. Dies geschah Ende des 17. Jahrhunderts und die Ländereien um das Schloss von Ballycarbery wurden dem Trinity College in Dublin übereignet. Das College verpachtete sie an einen reichen Großgrundbesitzer, der das Herrenhaus baute, das heute als *big house* bekannt ist. Den ortsansässigen Bauern verpachtete er kleine Grundstücke.

»Wie gut Sie sich in unserer Geschichte auskennen«, sagte Dennis. »Aber ich frage mich, ob Ihre Bücher auch die Grausamkeit dieses Großgrundbesitzers erwähnen. Er gehörte zum Mahoney Clan. Hat einen jungen Burschen nur wegen eines Schafes aufgeknüpft.«

Er zündete sich eine weitere Zigarette an, ließ sie aber zwischen den Fingern verglühen, während er sein Geschichte erzählte.

»Ein Schaf aus der Herde des Grundbesitzers wurde vermisst. Er bezichtigte den Burschen, es gestohlen zu haben. Wenn das Schaf nicht innerhalb von zwei Tagen wieder da sei, ließ er verlauten, würde er ihn an den höchsten Baum des Landes hängen. Der Bursche suchte Tag und Nacht nach dem Schaf. Die Leute aus dem Dorf suchten mit, aber man konnte es nicht finden. Also machte der Grundbesitzer seine Drohung wahr. Er hängte den armen Jungen in den frühen Morgenstunden auf. Und während er noch am Ast baumelte, fand man das verlorene Schaf, es war in einem Schlot ertrunken.«

Die Asche fiel von der Spitze seiner Zigarette, und in der Ferne hörte ich den Kuckuck mit seinen unbeirrbaren Rufen.

»Es geht noch weiter. Als die Mutter des jungen Mannes ihren Sohn am Ast baumeln sah, verfluchte sie den Grundbesitzer. Sie sagte, dass in seinen Bäumen nie wieder Krähen nisten würden. Sie sagte voraus, dass sie auf Nimmerwiedersehen verschwinden würden. Bald danach verließen alle Krähen das Land. Ich weiß nicht, wie es dem Grundbesitzer dann ergangen ist. Dies ist alles vor meiner Zeit passiert, aber zu meinen Lebzeiten hab ich an der besagten Stelle niemals auch nur eine einzige Krähe gesehen.«

Die Überreste des *big house* thronten auf einem hügeligen Feld hoch über der Straße. Ich verstaute mein Fahrrad hinter einer Steinmauer und lief durch ein altes Bergahorn-Wäldchen. Das wohlgestaltete, zweigeschossige Herrenhaus hatte große Fenster und Torbögen. Sein Dach war eingefallen und von seinen mit Efeu überwucherten Außenmauern bröckelte der ockerfarbene Putz. Im Gegensatz zu vielen anderen *big houses* in Irland war dieses nicht den Flammen zum Opfer gefallen. Aber es stand leer, seit Anfang dieses Jahrhunderts im Rahmen der Landreform ein großer Teil der Ländereien von Grundbesitzern auf die Pächter übertragen wurde und die Zeit des irischen Landadels ein Ende fand. Ein Stacheldrahtzaun verwehrte den Zutritt zum Haus. Ich lief am Zaun entlang, als plötzlich zwei Dohlen auf einer hohen Mauer auftauchten. Sie hüpften herum und drohten mir mit rauem Protestgeschrei, vermutlich, um ein verborgenes Nest zu verteidigen. Ich ließ sie in Frieden und lief wieder zurück zu meinem Fahrrad, dabei suchte ich die Baumkronen nach Krähen ab, konnte aber keine einzige entdecken.

Schloss Ballycarbery war schon von weitem sichtbar, sein Türmchen und die Überreste der zinnengeschmückten Mauern zeichneten sich deutlich gegen den Himmel ab, sie bewachten noch immer die Mündung des Flusses, in den einst die spanischen Schiffe segelten. Aber bevor ich in den Weg einbiegen konnte, der mich dorthin führen sollte, bemerkte ich unser Auto, das am Ende eines Feldweges, in der Nähe eines Bauernhofs auf der anderen Straßenseite geparkt stand.

Dags vertraute Gestalt marschierte auf einen Stall zu. In der Absicht, ihn zu überraschen, schob ich mein Fahrrad den Feldweg hinauf und steckte meinen Kopf durch die Stalltür. Was ich dort sah, lud nicht zum Verweilen ein, denn Dag holte mit einem Bauern unter Zuhilfenahme des Geburtshilfegeräts ein totes Kalb auf die Welt.

»Meine Eltern sind im Haus«, rief der Bauer mir zu. »Gehen Sie zu ihnen, sie werden sich freuen, Sie zu sehen.«

Das Cottage entsprach der traditionellen Bauweise, lang, mit niedrigen Decken und Giebelwänden. Ein altes Ehepaar lud mich in seine Küche ein, in der es köstlich nach Gebäck duftete. Sie waren erstaunlich munter für ihr Alter. Die 86-jährige Mrs. O'Connell servierte mir warme Scones direkt aus dem Ofen, während ihr 91-jähriger Mann auf der Bank die Kissen aufschüttelte, damit ich von dort aus dem Fenster über die Flussmündung schauen konnte. Sie hatten sich rechts und links neben mich gesetzt und sahen mir mit offensichtlicher Freude beim Essen zu.

Ich lobte die Scones, sie waren leicht und schmeckten wunderbar, woraufhin Mrs. O'Connell mir gleich zwei weitere auf den Teller legen wollte. Ich konnte sie mit Mühe davon abhalten, aber es schien mir jetzt sicherer, den Ausblick zu loben.

»Ah, man wird nie müde, hier herauszuschauen«, sagte Mr. O'Connell. »Aber als ich ein Junge war, war es noch schöner, weil all die Schiffe in den Hafen einliefen. Sie boten einen prächtigen Anblick. Meine Mutter pflegte zur Pier hinunterzugehen, um dort Tierfutter und Mehl zu kaufen, das sie mitgebracht hatten. Sie hat unseren Esel mit Säcken beladen und sie so nach Hause gebracht. Wir hatten immer einen 500 Kilo schweren Mehlsack hier in der Küche. Als ich ein kleiner Junge war, konnte man kein Brot kaufen. Wir haben es selbst gebacken. Wir haben unsere Kühe selber gemolken, unsere Butter gestampft, und unsere Hühner haben uns mit Eiern versorgt.«

Unterhalb ihres Cottages, auf der anderen Seite des Wegs, stand ein kleines, von Bäumen umgebenes Häuschen. Oben in den Baumkronen hatten ein Dutzend Krähen ihre Nester gebaut und als ich mein Fahrrad den Feldweg hinaufgeschoben hatte, hatte ich ihr lautes Krächzen hören können.

»Das Haus gehört John Joe Moriarty«, sagte Mr. O'Connell, als ich ihn danach fragte. »Man sagt, die Krähen kamen zu ihm, nachdem das *big house* weiter unten mit einem Fluch belegt worden war. Ah, aber das ist alles *piseog*.«

»Was ist das denn?«, fragte ich.

»Aberglaube. Hokuspokus. In Irland sind wir Meister darin. Aber man sagt, die Krähen brachten auch das Glück mit. Das könnte sogar stimmen, denn John Joe war der erste Mann hier, der einen Traktor bekam. Das war vor 51 Jahren. Unablässig fuhr er damit die kleinen Straßen auf und ab, denn jeder wollte einmal mit seinem neuen Traktor mitfahren. Der Traktor war bis zu seinem Tod sein einziges Fahrzeug. Er ist oft damit in die Stadt gefahren. Es ist komisch, ihn nicht mehr dort am Straßenrand geparkt zu sehen. Wir haben ihn vor weniger als zwei Monaten zu Grabe getragen, Gott hab ihn selig.«

»Ich kann mich an den Traktor erinnern«, sagte ich. »Ich hab ihn immer vor der Bank geparkt gesehen.«

»Welche Bank?«, fragte Mrs. O'Connell.

»Die AIB.«

»Das könnte auch Bridie von unten beim Schloss gewesen sein. Sie fährt auch mit dem Traktor in die Stadt. Aber wenn Sie den Traktor vor der AIB gesehen haben, dann würde ich sagen, war es ganz bestimmt John Joes.«

Dag hatte keine weiteren Hausbesuche mehr zu erledigen. In der Praxis war alles ruhig. Mike sagte ihm, er könne den Rest des Tages und den Abend frei nehmen. Wir verstauten mein Fahrrad im Kofferraum und fuhren zum *Weißen Strand*. Dort setzten wir uns in den hellen Sand und teilten die von mir mitgebrachten Sandwiches. Es herrschte Ebbe. Braunalgen tanzten und drehten sich in den Tümpeln, das Sonnenlicht glitzerte auf ihren Köpfen und sie schienen mir zuzuzwinkern, bevor sie im Strom weitertrieben. Lange, flache Seetangteppiche schlangen sich um frei stehende Felsblöcke. Kormorane, Krähenscharben und Möwen zogen vorbei. Die Luft war erfüllt von Vogelstimmen und dem sanften Rauschen der Wellen.

»Das Meer ist heute wirklich ruhig«, sagte Dag. »Vielleicht könnten wir zu den Skelligs fahren.«

Während der letzten paar Wochen hatten wir uns, wenn das Wetter ruhig war und Dag keinen Dienst hatte, immer wieder nach Möglichkeiten erkundigt, ein Boot zu den Skelligs zu mieten. Bis jetzt hatten wir nie Glück gehabt. Selbst wenn das Meer in Dingle spiegelglatt wäre, informierten uns die Bootsbesitzer, konnte der Wellengang um die winzige, ausgesetzte Pier auf Skellig Michael ein Anlegen unmöglich machen. Als wir wieder bei unserem Cottage waren, rief Dag Des Lavelle an, der von Mai bis September Bootsausflüge auf die Inseln anbot. Die Wetterverhältnisse, sagte er uns, seien perfekt. Dann setzte Dag sich mit Frank O'Leary in Verbindung, der jede Gelegenheit nutzte, um auf die Skelligs hinauszufahren, und lud ihn ein, mit uns zu kommen.

Um 16.30 Uhr trafen wir uns an der Pier von Portmagee neben Des Lavelles 120 Meter langem, umgebautem Fischerboot. Es besaß ein kleines Ruderhaus und auf dem geräumigen Deck waren mehrere Sitzbänke angeordnet.

Als wir an Deck gingen, weihte Frank mich ein: »Des ist eine große Kapazität auf dem Gebiet der Skellig Islands. Haben Sie sein neuestes Buch über die Inseln gesehen? Er hat eine entscheidende Rolle bei der Erhaltung der Klosteranlagen auf Skellig Michael gespielt. Wahrscheinlich hat er mehr Zeit auf diesen Inseln verbracht als jede andere heute noch lebende Person. Wenn man mit ihm redet, würde man nie darauf kommen, denn er ist der bescheidenste Mensch, den man sich vorstellen kann.«

Frank hatte zwei seiner Freunde mitgebracht. Tim Casey, Mitte siebzig, trug einfache Kleidung, eine alte Tweedjacke und schien mir etwas naiv zu sein.

Jay war ein groß gewachsener, selbstbewusster Amerikaner. Er trug einen Kaschmirpullover und protzigen Goldschmuck. Er hätte, so erzählte er mir, geschäftlich in einem nahe gelegenen Golfclub zu tun.

»Ich habe gehört, dass dies ihr erster Besuch auf den Skelligs ist, Maria. Sie werden sie *lieben*. Haben Sie den Film *Jäger des verlorenen Schatzes* gesehen? Genauso ist es da draußen.«

Ich saß neben Tim Casey. Als das Motorboot aus dem Kanal von Portmagee fuhr, erzählte er mir, er wäre während der letzten 25 Jahre Verwaltungsangestellter des Gemeinderates der *Daniel O'Connell Memorial Church* in Cahersiveen gewesen.

Wir passierten die steilen Klippen von Bray Head auf Valentia Island. Vor uns zeichneten sich im weiten glitzernden Meer die beiden Pyramiden von Skellig Michael und Little Skellig im schräg einfallenden Licht der späten Nachmittagssonne deutlich gegen den Horizont ab.

»Ich habe irgendwo gelesen, dass Skellig Michael die Form zweier zum Gebet gefalteten Hände habe«, sagte ich. »Und das stimmt genau.«

»Sind Sie Katholikin?«, fragte er mich.

»Ist schon lange her«, gab ich zu.

»Ah, aber Sie können immer wieder zurückkommen. Bald ist Pfingstsonntag. Können Sie sich noch an das Fest erinnern? Es feiert die Ausgießung des Heiligen Geistes auf die Apostel.«

Als Kind war ich von den religiösen Darstellungen dieses Ereignisses fasziniert gewesen: die Apostel in ihren fließenden Gewändern und dem Ausdruck von Glück und Erstaunen, als die gelbblauen Flammen um ihre Köpfe loderten. Sehnsüchtig wartete ich darauf, dass der Heilige Geist bei der Firmung auch *mein* Wesen erleuchtete. Aber als der Augenblick gekommen war, passierte nichts: keine Flammen, kein Glücksgefühl, nur der kalte trockene Finger des Bischofs, der mir über die Wange strich.

»In der Kirche hat sich seit Ihrer Kindheit vieles verändert«, sagte Tim. »Sie würden heutzutage vieles nicht mehr wiedererkennen.«

»Meine Mutter sagt das auch immer. Sie vermisst die lateinische Messe sehr.«

»Ich auch! Wirklich, ich bedauere es zutiefst, dass sie abgeschafft wurde. Würden Sie das Ihrer Mutter ausrichten? Ich liebe Latein. Ich liebe seine Altertümlichkeit, die Geschichte in jedem Wort. Aber die Worte waren für die meisten Menschen sinnentleert; wir mussten es ändern.«

Inzwischen hatten wir den Schutz des Festlands verlassen und das Boot schwankte in den Wellen auf und ab.

»Schaut, Jungs!«, Des deutete nach Steuerbord. Eine dunkle Finne glitt durch das Wasser und tauchte dann ab. »Ein Riesenhai! Der erste in dieser Saison. Ich würde sagen, der war über sieben Meter lang.«

Kleine schwarze Lumme kamen an die Oberfläche und stoben, von unserem Boot erschreckt, kopfüber ins Wasser tauchend auseinander. Eine Schar grauweißer Dreizehenmöwen umkreiste einen Fleck im Wasser, kreischend stritten sie sich um einen Fischschwarm. Als wir Lemon Rock erreichten, schwirrte schnell und angestrengt wie ein aufgezogenes Spielzeug ein Papageientaucher mit seinen winzigen Flügeln vorbei.

»Papageientaucher verbringen den ganzen Tag auf See«, sagte Des. »Nachts kehren sie wieder zurück zu ihren Felsspalten in den Klippen. Die Bauarbeiter, die den ersten Leuchtturm auf Skellig Michael errichteten, erkannten am Verhalten der Papageientaucher die Tageszeit. Sobald sie sie am Ende eines Tages wiederkehren sahen, legten sie ihre Werkzeuge nieder und gingen nach Hause.«

Neunzig Minuten später erreichten wir Little Skellig. Seine großen vertikal aufgetürmten Felsschichten ragten aus dem Meer. Aus der Ferne schien die Insel von Schnee bedeckt, doch nun sahen wir die weißen Vögel, riesige Vogelschwärme überzogen die Klippen. Einer löste sich aus der Menge und umkreiste unser Boot. Er hatte die Größe einer Gans und eine Flügelspannweite von fast zwei Metern.

»Da haben wir unseren ersten Tölpel«, sagte Des. »Wo der herkommt, gibt es noch vierzigtausend weitere.«

Massenweise Tölpel zwängten sich auf jeden verfügbaren Felsvorsprung dieses schroffen Eilands. Sie kabbelten, balzten, rauften, rempelten und stießen mit den Schnäbeln gegeneinander. Wenn sie sich von den Klippen stürzten, drehten sie sich hoch in der Luft und tauchten dann kopfüber ins Meer.

»Wow«, sagte Jay. »Da kann sich Disneyland 'ne Scheibe von abschneiden.«

Des hatte einen Tölpel erspäht, der sich hilflos zappelnd in einem weggeworfenen Fischernetz verfangen hatte. Er steuerte sein Boot unmittelbar auf den Vogel zu, damit Dag ihn mit einem langen Gaffelhaken an Bord hieven konnte. Er war wunderschön in seinem weißen Federkleid, nur die Flügelspitzen waren schwarz und der Kopf leuchtete gelb. Aber mit seinem langen scharfen Schnabel sah er aus, als sei er in der Lage, einem Menschen mit einer schnellen Bewegung ein Auge auszuhacken. Des beobachtete den kämpfenden Vogel aufmerksam, dann ergriff er mit einer plötzlichen Handbewegung den Schnabel. Er hielt ihn fest, während Dag und Frank das Netz wegschnitten. Als er wieder zurück im Wasser war, flatterte der Vogel unsicher umher.

»Ich weiß nicht, ob er überleben wird«, sagte Frank, als wir wieder weiterfuhren. »Aber wenigstens haben wir ihm eine Chance gegeben.«

Jay hatte die ganze Szene mit seiner Kamera aufgenommen.

»Haben Sie gesehen, wie Des mit dem Vogel Blickkontakt aufgenommen hat, bevor er seinen Schnabel ergriff, Maria? Das war unglaublich – das war wie eine Szene aus *Crocodile Dundee*!«

Fast einen halben Kilometer weiter ragte Skellig Michael mit seinen beiden spitzen Gipfeln über 182 Meter hoch aus dem Meer.

»Man sagt, die Insel sei nach dem Erzengel Michael benannt worden«, erzählte mir Tim. »Er kam hierher, um dem heiligen Patrick dabei zu helfen, Irland von Schlangen und Dämonen zu befreien. Sie kämpften bis zum höchsten Gipfel mit ihnen und warfen sie dann hinunter ins Meer.«

»Wow«, sagte Jay. »Jemand sollte einen Film über diese Geschichte drehen.«

»Es handelt sich natürlich nur um eine Legende. Aber die Mönche waren hier. Sie kamen vor elf Jahrhunderten in kleinen, mit Häuten bespannten Booten. Wir werden nachher die Stufen hinaufsteigen, die sie gebaut haben, um nach oben zu ihrer Siedlung zu gelangen.«

»Wie konnten sie hier draußen überleben?«, fragte ich.

Des wandte sich vom Ruder ab.

»Sie haben sicher eine Menge Fisch, Meeresvögel und Eier bekommen. Vielleicht haben sie auch Ziegenböcke gehalten und ein bisschen Gemüse angebaut. Aber das sind nur Vermutungen. In den alten irischen Manuskripten finden sich einige Hinweise auf die Besiedlung der Skelligs. Sie berichten von Überfällen der Wikinger und schreiben, dass die Mönche um 1200 auf das Festland gezogen seien. Der Rest ist ungeklärt.«

Zwei Stunden nach unserer Abfahrt von Portmagee steuerte Des sein Boot auf eine Pier zu, die man in die Felswand einer kleinen Bucht gebaut hatte. Er stützte uns mit der Hand, als wir einer nach dem anderen die schlüpfrigen Stufen hinaufstiegen.

»Seid um neun Uhr wieder zurück, Leute«, sagte er.

Als ich die steil nach oben aufragenden Klippen hinaufblickte, fragte Jay mich: »Was meinen Sie? Erinnert Sie das nicht an den letzten *James-Bond*-Streifen?«

Dag wollte die Anlage der Mönche noch vor Einbruch der Dunkelheit fotografieren. Auf einem betonierten Weg, der sich um die Insel zum Leuchtturm wand, liefen wir den anderen voraus. Am Fuße einer uralten Mauer hatten Hunderte von Dreizehenmöwen ihre Nester gebaut, einige lagen so nah, dass wir sie hätten berühren können. Bald kamen wir an eine Schwindel erregend hohe Steintreppe, die sich um eine Klippe wand, vorbei an Felsnasen und -vorsprüngen. Die Stufen, über sechshundert an der Zahl, hatte man aus Bruchstücken der Felsen gefertigt und sie mit kleineren Steinen befestigt. Die Stufen waren eng und standen in unregelmäßigen Abständen zueinander, man konnte leicht abrutschen. Ein Sturz hätte katastrophale Folgen gehabt, denn zwi-

Blick von den bienenstockartigen Hütten der mittelalterlichen Mönche auf Skellig Michael hinüber zur Halbinsel Iveragh.

schen uns und der wogenden, gegen die Klippen tosenden See war nichts außer Luft. Ich konzentrierte mich auf meine Füße und wagte nur gelegentlich einen Blick auf die Zacken, die wie Finger über uns in den Himmel ragten.

Schließlich erreichten wir *Christ's Saddle*, einen Einschnitt zwischen den beiden Gipfeln. Ein Kaninchen saß dort neben einem alten Steinkreuz und schaute uns unbefangen an. Seitlich fiel eine mit Alpenleimkraut bedeckte Wiese in Richtung einer steilen Klippe ab. Zum nordöstlichen Gipfel führten weitere Stufen. Die Sonne näherte sich bereits dem Horizont, Dag nahm zwei Stufen auf einmal, bis er in einem niedrigen Steingang verschwand. Ich duckte mich und folgte ihm.

Ich hatte Ruinen, Leere und hallende Echos erwartet. Stattdessen trat ich in eine perfekte kleine Welt, ein Horst in felsiger Höhe mit einer deutlich spürbaren Atmosphäre des Friedens. Sechs große bienenstockartige Hütten standen dicht beieinander. Flache Steine waren aufeinander geschichtet worden und bildeten mehrere Meter dicke Mauern, die so fest standen, als wären sie mit Mörtel verbunden. Jede Hütte hatte einen niedrigen Eingang mit einem breiten flachen Stein als Türsturz, innen war die Decke hoch genug, dass wir stehen konnten. Am Ende eines schmalen, mit Steinen gepflasterten Weges stand ein kleines, ebenfalls aus Naturstein gebautes Oratorium, das die Form eines umgedrehten Bootes besaß. Dahinter befanden sich die Ruinen einer mittelalterlichen Kirche. Ein großes Kreuz, an dem die Witterung genagt und ihm eine unregelmäßige Form gegeben hatte, wandte sich der Halbinsel Iveragh zu. Es sah aus wie die versteinerte Gestalt eines der Mönche, der mit ausgestreckten Armen Stunde um Stunde seine Gebete aufgesagt hatte. Neben dem Kreuz befand sich auf einer Erhebung ein kleiner Friedhof, wie ein Blumenbeet mit einem Zaun aus uralten Grabsteinen.

Ich versuchte mir vorzustellen, wie schwer die Mönche hatten arbeiten müssen, um einen solchen Ort zu schaffen: Steine für die Treppen schlagen, Felsblöcke in unerreichbare Höhen heraufwuchten, Mauern mit einer solch präzisen Sorgfalt bauen, dass sie Jahrhunderte überdauerten. Und wie klein und nichtig sie sich gefühlt haben mussten, wenn sie sich während der furchtbaren Winterstürme an diesen Felsen geklammert hatten, unablässig von Wind und Regen gepeitscht. Es war eine lebensgefährliche Arbeit, unter härtesten Bedingungen. Alles stand im Dienste Gottes: Die Mönche auf Skellig erlangten Spiritualität durch ihr Leiden, ihre Einsamkeit und ihre Schmerzen. Aber manchmal ließen die Stürme nach, an Abenden wie diesem, klar, friedlich und von überwältigender Schönheit.

Ich stellte mir einen Mann mit langen Haaren und Bart in grob gewebter Wollkleidung vor, der gebeugt durch die niedrige Eingangstür aus seiner Hütte tritt. Er würde ein wenig im goldenen Sonnenlicht verweilen, einem Tölpel nachspähen, dessen Köpfchen wie ein gelber Streifen vorüberzieht, einen Blick auf Little Skellig werfen, das von den schäumenden Wellen umtost wird, und dann auf den unendlich weiten Ozean schauen, der die Insel umschließt.

Wir mussten uns bücken, um die Hütten zu betreten. Innen war es kalt, klamm und dunkel. Aber es herrschte keine Stille. Seltsame Schnurrlaute hallten von den kuppelförmigen Mauern wider. Sturmschwalben, die kleinsten europäischen Seevögel, hatten hier eine Zuflucht gefunden und tief in den uralten Steinmauern ihre Nester gebaut.

Der Wind trug Stimmen und Gelächter zu uns herauf. Als die drei Männer in die Anlage traten, verfielen sie in Schweigen. Tim stand einen Augenblick mit gefalteten Händen da und ließ seinen Blick schweifen.

»Ehre sei Gott«, sagte er schließlich. »Wir sind dem Himmel nah.«

Die Zeit verstrich. Unsere Schatten wurden länger, das Meer nahm die Farbe von Bernstein an. Als wir gingen, blieb ich mit Tim hinter den anderen zurück und lief langsam nach ihm die Stufen hinunter. Wir hatten gerade den Sattel erreicht, da bemerkte ich die weit draußen auf dem Meer auftauchenden schwarzen Punkte. Ganze Wolken von ihnen bewegten sich zielsicher durch den Himmel auf uns zu. Tim hielt inne.

»Da kommen die Papageientaucher.«

Mit schrillem Kreischen flatterten sie auf die Insel zu und spreizten zur Landung ihre roten Füße. Um uns herum ließen sich Hunderte von ihnen auf den steilen Hängen, auf dem schmalen Steig zu unseren Füßen und auf den Felsen direkt vor unserer Nase nieder. Diese bezaubernden Kreaturen besitzen ein schwarzweißes Federkleid, orangefarbene Beine und einen kräftigen gelben Schnabel. Sie hatten keine Angst, und nachdem sie uns neugierig beäugt hatten, watschelten sie in ihre Höhlen unter den Felsvorsprüngen oder in die unter dem Teppich aus weißem Alpenleimkraut entstandenen Erdlöcher.

»Man sagt, diese Papageientaucher sind die wiedergeborenen Mönche, die einst hier gelebt haben«, sagte Tim. »Als Katholik kann ich dem keinen Glauben schenken, aber es ist eine schöne Vorstellung.«

Das Meer nahm die dunkle Färbung der nahenden Nacht an. Die Halbinsel Iveragh auf der anderen Seite des Wassers verschwand langsam in der Dämmerung und ich konnte kaum noch die bekannten Felsen, Buchten und Berge ausmachen. Unsere Begleiter waren verschwunden, doch wir verharrten in respektvollem Schweigen auf dem Steig.

Einige Minuten vergingen. Vorsichtig berührte Tim meinen Arm.

»*Procedamus in pace*«, sagte er leise. »Gehen wir in Frieden.«

Achtundzwanzig

Unser letzter Tag in Kerry begann mit einer ruhigen und dunstigen Morgendämmerung. Um acht Uhr hatte die Sonne den Gipfel des Knocknadobar jedoch bereits überstiegen und den Morgennebel aufgelöst. In unserem Garten glitzerte der Morgentau auf den Blättern des hoch aufragenden, soeben erblühten Fingerhuts und die Bienen krabbelten eifrig in seinen glockenförmigen Blüten umher.

Es war warm genug für ein Frühstück im Freien und so aßen wir unsere Spiegeleier mit Toast an dem Picknicktisch, auf dem ich in den letzten Monaten so viele Operationen gesehen hatte.

Dora graste in der Nähe und ich fragte mich, wie es ihr wohl morgen um diese Zeit gehen würde, wenn sie neben Chloe, Mikey, Bess und dem gesamten Rudel Hunde auf Peggys Bauernhof aufwachen würde.

»Meinst du, sie wird sich dort gut eingewöhnen?«, fragte ich Dag.

»Sie wird begeistert sein«, versicherte er mir. »Wo sonst kann ein Hauslamm sich abends vor ein warmes Feuer kuscheln?«

Eine nachdenkliche Stimmung hatte von ihm Besitz ergriffen. Seine Arbeit war getan. Am Nachmittag sollte er in die Praxis gehen, noch ein bisschen Papierkram erledigen und die tierärztlichen Instrumente sowie die Medizin aus seinem Auto abgeben. Ansonsten mussten wir nur noch packen, von einigen Leuten Abschied nehmen und Dora in ihr neues Heim bringen.

»Unser Leben in Kanada kommt mir vor wie ein Traum«, seufzte er. »Ich kann mir nicht vorstellen, dass wir nicht mehr hier leben.«

»Vielleicht kommen wir zurück«, sagte ich.

Er starrte auf den Berg.

»Die O'Learys haben vielleicht Interesse, mich nächstes Jahr wieder einzustellen. Ich hab ihnen gesagt, dass ich es mit dir bespreche.«

Ich lächelte.

»Ich hab nichts dagegen«, sagte ich. »Dann kann ich Dora wiedersehen.«

Dags Gesicht fing an zu strahlen.

»Du könntest noch ein Lämmchen aufziehen. Ein Bergschaf. Oder Zwillinge.«

Gegen elf Uhr fuhren wir los, um Ted Donnelly zu besuchen. Er lag im Tiefschlaf auf der Couch in seiner Küche, die bestrumpften Füße gegen den Herd gedrückt. Carmel beugte sich zu ihm hinunter und rüttelte ihn an der Schulter.

»Der Tierarzt ist da, Ted«, rief sie.

Er setzte sich auf und schaute verwirrt in die Runde.

»Der Tierarzt?«, polterte er. »Wozu?«

»Ganz ruhig, Ted, ich wollte Ihnen nur einen kleinen Besuch abstatten«, sagte Dag lachend. »Tut mir Leid, dass ich Sie geweckt hab.«

Ted rieb sich die Augen und sagte: »Oh, um Himmels willen, *Dougeen*. Sie sind herzlich willkommen. Wirklich! Aber für einen Moment, da wusste ich nicht, was los war, hatte keinen blassen Schimmer.«

»Er hat heute Morgen zu lange gebetet«, sagte Carmel mit einem Augenzwinkern.

»Einer meiner Nachbarn hat eine Privatmesse veranstaltet. So was haben Sie in Kanada vermutlich nicht. Der Priester kommt ins Haus, um den Gottesdienst abzuhalten und alle aus den umliegenden Ortschaften sind dort versammelt. Und dann, Sie wissen ja, wie das ist, der Gottesdienst ist vorbei, die Flasche kommt zum Vorschein und es wird reihum ausgeschenkt. Wo wir gerade von

Flaschen sprechen, Carmel, ist es nicht an der Zeit, dass wir *Dougeen* und Marie eine von unseren zeigen?«

»Ich kümmere mich schon darum, hast du keine Augen im Kopf?«, gab sie zurück und überreichte jedem von uns ein Glas Whiskey.

»Setzen Sie sich doch«, sagte sie, »und fühlen Sie sich ganz wie zu Hause. Bestimmt mögen Sie ein Sandwich. Wie geht es Ihrem Hauslamm?«

Ted beugte sich zu Dag herüber, stieß mit ihm an und kippte seinen Whiskey in einem Zug herunter. Dann lehnte er sich zurück und sah sehr zufrieden aus.

»Die Lammungszeit ist vorbei, *Dougeen*! Jawoll, Gott sei Dank. Wir haben alle unsere Lämmer auf der Welt und nur ein paar verloren.«

Carmel brachte uns Sandwiches, die aus dicken Scheiben ihres selbst gebackenen Brotes und einer üppigen Portion gekochtem Schinken bestanden. Sie schenkte aus einer Kanne schwarzen Tee, der bereits auf dem Herd gezogenen hatte, in unsere Becher und füllte die Whiskeygläser wieder auf. Die Männer unterhielten sich eine Weile über Schafe, dann lenkte Dag die Unterhaltung auf das Thema Mooreiche.

»In meinem Moor gibt es genug altes Holz«, sagte Ted. »Aber ob es das ist, was die in Kanada mögen, kann ich nicht sagen.«

Er griff unter die Couch und zog seine Stiefel hervor.

»Ich hol eine Säge aus dem Schuppen. Dann können wir ins Moor gehen und schauen, was wir da finden.«

Wir gingen mit ihm eine kleine Straße entlang, huschten durch eine Lücke in der Steinmauer und betraten dann ein ausgedehntes Torfmoor, das sich bis zum Flusstal des Fertha zog. Nach wenigen Schritten flatterte eine braune Lerche aus dem Schilfkraut auf. Ted gab uns mit seinem Stock über dem Kopf das Signal anzuhalten. Er ging vorsichtig weiter und suchte nach ihrem Nest.

»*Jeder Vogel nach seiner Art und für die Lerche das weite Moor*«, zitierte er eine alte Redewendung. »Ich liebe Feldlerchen und ich achte darauf, sie nicht zu stören, wenn ich im Frühling hier draußen bin.«

Ich bückte mich und pflückte die Blüte von einer hoch gewachsenen Wollgraspflanze. Sie sah aus wie ein winziger Mopp mit Fasern so weich und fein wie Kaschmirwolle.

»Wie die Ohren eines neugeborenen Lamms, Marie«, sagte Ted.

Zwischen dem Wollgras wuchs Heidekraut, der kleine, baumähnliche Strauch, den Ted Rosmarinheide nannte. Um den Namen zu erklären, zupfte Ted einige der blassgrünen Blätter ab, zerrieb sie zwischen den Fingern und hielt sie mir unter die Nase.

»In früheren Zeiten hat man dieses Gewächs als Heilpflanze verwendet«, sagte er. »Und sehen Sie den blühenden Holunderstrauch da drüben? Menschen mit Anfällen brauten aus den Blüten und Beeren einen Trunk. Man sagt, Christus sei an einem Kreuz aus Holunder gestorben, deshalb schlagen wir in Kerry nie ein Tier mit dem Ast eines Holunderstrauchs.«

Wir liefen an einer alten Parzelle vorbei, die Ted selber umgegraben hatte. Man konnte dort, wo er sich durch die unterschiedlichen Torflagen bis zur darunter liegenden unterspülten Tonerde gegraben hatte, noch die Spatenstiche erkennen. Die aufgeschichteten Torfbriketts ähnelten den Stapeln auf Skellig Michael, auch sie erinnerten mich in ihrer Form an kleine Kapellen.

»Man schichtet sie so auf, damit der Wind zum Trocknen gut durchblasen und der Regen abfließen kann«, erklärte er.

»Es ist ein Kunstwerk«, sagte ich.

»Das ist ein *Lebenswerk*, Marie. Ich schichte seit meiner Kindheit Torf auf, die Bewegungen sind mir in Fleisch und Blut übergegangen. Aber ich glaube nicht, dass meine Kinder es tun wollen. Viele Leute heizen heute mit Öl. Torfstechen und Aufschichten braucht Zeit, und die hat heute keiner mehr. Wenn nach einem schlechten Sommer der Torf nicht getrocknet ist, ist es schon vorgekommen, dass ich das Ganze verflucht und davon gesprochen habe, auch auf Öl umzustellen. Aber ich liebe den Geruch des Torffeuers, ich würde es nicht eintauschen wollen.«

»Wie oft stechen Sie noch selber?«, fragte Dag ihn.

»Nie, *Doug*! Nie! Davon hab ich genug. Früher, bevor es Maschinen gab, hatten wir keine Wahl. Der Spaten hieß damals *slean*. Erst gruben wir uns durch die erste Sode, trugen sie ab wie eine Haut. Wir haben sie für unsere Reetdächer wie Dachpappe verwendet und das Reet direkt darauf gelegt. Das Zeug ist wirklich gut, es hält Jahre. Dann haben wir gegraben, dabei haben wir uns fast das Rückgrat gebrochen. Was eine Maschine jetzt in vier Stunden schafft, *Dougeen*, hieß früher vier Tage harter Arbeit für zwei Männer. In den Fünfzigerjahren konnte man für eine Torfladung mit dem Pony vier *shillings* und *sixpence* verlangen und damit konnte man zwei Kilo Zucker, ein halbes Kilo Tee und vielleicht einen Schweinskopf kaufen. Ah, es waren harte Zeiten.«

In einem Gebiet, das von mechanischen Torfstechmaschinen bearbeitet wurde, fand Dag ein ganzes Wurzelsystem einer Mooreiche und sägte ein Stück ab. Das Holz war schwarz, fest und sehr hart.

»Ich bin froh, dass Sie gefunden haben, was Sie suchten«, sagte Ted, obgleich er eindeutig über Dags große Freude verblüfft war.

Als wir wieder zum Haus zurückkehrten, stand Carmel auf der Eingangsstufe und erwartete uns bereits.

»Ich habe Speck, Eier und Blutwurst gebraten. Sie können nicht gehen, bevor Sie etwas gegessen haben.«

Wir saßen im Hinterzimmer der Praxis und machten eine Inventur der von Dag zurückgegebenen Medikamente, als Ann hereinkam. Sie lächelte.

»Dennis McCarthy braucht einen Tierarzt.«

»Dennis?«, fragte Dag. »Ich dachte, er wäre so stolz darauf, dass er seine Tiere immer selbst versorgt?«

»Eines der Ponys auf seinem Grundstück hat ein Problem. Er wollte mir nicht sagen, was es ist. Er besteht darauf, dass Sie sich darum kümmern, und er fragte, ob Ihre Frau auch mitkommen könnte. Ich glaube nicht, dass dem Pony etwas fehlt. Ich glaube, das ist nur eine Ausrede, Sie vor Ihrer Abreise noch einmal zu sehen.«

Dennis hatte uns nie zu verstehen gegeben, dass er unseren Besuch wünschte. Er achtete sehr auf seine Privatsphäre und ich hatte Bedenken gehabt, ihm uneingeladen einen Besuch abzustatten. Auf dem Weg durch die Stadt kauften wir eine Flasche Whiskey und eine Packung Zigaretten für ihn.

Die Zufahrt zu Dennis' Bauernhof führte an mehreren Gattern vorbei, sie hingen allesamt aus den Scharnieren und waren stattdessen mit Ballenpressschnur an den Pfosten befestigt. Wir erreichten eine Ansammlung baufälliger Stallgebäude neben einer großen Weide, auf der mehrere Kühe, zwei Esel, ein geschecktes Pony und sein Fohlen, einige Ziegen und ungefähr ein Dutzend Schafe mit ihren Lämmern friedlich nebeneinander grasten. Mehrere Weiden entfernt stand das, was wohl Dennis' Cottage sein musste, es war klein, weiß getüncht und hatte ein Blechdach.

»Dennis!«, rief Dag, aber es kam keine Antwort.

Der erste Stall, in den wir schauten, war voller Silofutterballen in schwarzen Plastikhüllen. Im Stall daneben standen eine Kuh, die man an der Wand festgebunden hatte, und vier schwarzgesichtige Schafe in einem hölzernen Koben. Eines der Mutterschafe hatte seine feingliedrigen Hufe auf die oberste Sprosse des Kobens gestellt und blickte uns neugierig an.

»Wo zum Teufel ist er?«, wunderte sich Dag.

»Hier ist er offensichtlich nicht«, sagte ich.

Doch als wir uns umdrehten, hielten wir vor Schreck den Atem an, denn da stand Dennis im Eingang und rührte sich nicht.

»Hab ich Sie erschreckt?«, fragte er. »Ich war bei dem Pony im hinteren Stall und hab es für Sie angebunden.«

Das braune Pony war erst ein Jahr alt und Dennis hatte es erst vor kurzem gekauft. Es war scheu und nervös.

»Es hat eine Entzündung an der Hüfte«, teilte Dennis Dag mit. Er zeigte auf eine kleine kahle Stelle, die kaum größer war als ein 2-Euro-Stück. Sogar ich konnte sehen, dass es sich um eine alte

Wunde handelte. Aber Dag unterzog sie einer gründlichen Inspektion und untersuchte das Pony dann noch nach weiteren Abschürfungen am Körper.

Schließlich sagte er: »Ihm fehlt nichts, Dennis.«

Dennis schloss die Stalltür und fragte: »Wie viel schulde ich Ihnen?«

»Nichts«, meinte Dag. »Aber wir haben etwas für Sie.«

Als ich ihm die Flasche und die Schachtel Zigaretten überreichte, zeigte sich eine stille Freude in seinen blauen Augen.

»Tja, nun. Das ist sehr freundlich von Ihnen. Trinken wir ein Schlückchen, bevor Sie gehen.«

Wir saßen auf einer Mauer und schauten auf die Weide mit den grasenden Tieren.

»Ich finde es toll, dass Sie all diese verschiedenen Tiere auf der gleichen Weide grasen lassen«, sagte ich zu ihm.

»Sie leisten einander Gesellschaft«, sagte er. »Früher hat man es immer so gemacht. Ich hab woanders noch mehr Tiere, wie Sie ja wissen. Ich hab hier ziemlich viel Land. Es ist wichtig für einen Menschen, seinen eigenen Boden zu besitzen. Jetzt hab ich erst mal genug. Das nächste Grundstück, das ich brauchen werde, ist 1,80 mal 1,20 groß und hat in der Mitte ein Loch. Aber bis dahin werd ich noch so manches Fläschchen trinken, jawoll.«

Ich war wieder an der Reihe, aus der Flasche zu trinken. Ich nahm einen Schluck und gab sie dann an Dennis weiter.

»Es tut mir Leid, dass Sie mich schon so schnell wieder verlassen müssen«, ließ er mich wissen. »Wir haben uns gut unterhalten, wir beide. Ich hoffe, Sie kommen beide bald wieder zu uns zurück.«

Er verschloss die Whiskeyflasche und verstaute sie in seiner Jackentasche. Dann stand er langsam auf.

»Vielen Dank, dass Sie gekommen sind. Ich muss mich jetzt wieder um meine Tiere kümmern, also werd ich mich von Ihnen verabschieden. Auf Wiedersehen.«

Er stand da und beobachtete uns, wie wir ins Auto stiegen. Dann beugte er sich durch mein offenes Fenster, sodass sein Gesicht ganz nah an meinem war, und sagte:

»Ich glaube, Sie werden noch an mich denken, wenn Sie wieder in Kanada sind.«

Es war bereits spät am Abend, als wir Dora in ihr neues Heim brachten. Während der Fahrt saß sie zwischen meinen Beinen und ihr Kopf lag auf meinem Schoß. Als wir die kleine Straße entlangfuhren, streichelte ich ihr die Ohren und fragte mich, wie sie bei unserem nächsten Wiedersehen wohl aussehen würde. Vor Peggys Haus spielte sich die altbekannte angeregte Szene ab: Die Katzen fauchten, die Hunde versuchten, Doras Gesicht abzuschlecken und Mikey stromerte in der Gegend umher. Vom Rücksitz nahmen wir die Tasche mit der Milchersatznahrung, Doras Fläschchen, dem Kraftfutter, an das ich sie nie hatte gewöhnen können, und die Flaschen mit Whiskey und Sherry, die wir Michael und Peggy als Geschenk mitgebracht hatten.

Peggy nahm Dora auf den Arm. »Gott, ist die schwer. Haben Sie sie schon entwöhnt?«

»Nicht ganz«, gab ich zu. »Morgens und abends will sie immer noch ihr Fläschchen.«

»Das macht nichts. Chloe war fast sechs Monate alt, als wir ihr das Gute-Nacht-Fläschchen endlich abgewöhnt hatten.«

In der Küche stellte Peggy vor uns einen kleinen Klapptisch auf und servierte darauf mit Butter bestrichene Kräcker, Biskuitkuchen, Sherry und Whiskey. Mikey ließ sich an seinem Plätzchen vor dem Kamin nieder, die Hunde legten sich in den Flur und Dora rollte sich hinter meinem Stuhl zusammen. Während wir plauderten, drehte ich mich einige Male zu ihr hin und kraulte ihr den Kopf.

»Auf dem Feld sind ungewöhnlich viele Frösche«, sagte Michael zu Dag. »Und unten bei Valentia hat man schon Delfine gesichtet. Das lässt auf einen langen heißen Sommer hoffen.«

»Wir können uns glücklich schätzen, wenn der Sommer nicht

schon vorbei ist«, sagte Peggy. »Sie beide haben das beste Wetter mitbekommen. Ich kann nicht glauben, dass Sie uns morgen schon verlassen. Die Zeit ist wirklich so schnell verflogen. Wie wollen Sie fahren?«

Erst nach Killarney, erläuterte Dag, und von dort quer durch Irland nach Dublin, dann mit der Fähre nach Wales, weiter nach Manchester und schließlich mit dem Flugzeug nach Kanada.

»Himmel, da haben Sie ja eine Reise vor sich. Wie lange dauert der Flug nach Kanada?«

»Ungefähr zehn Stunden«, sagte ich.

»Zehn Stunden! Das ist ja schrecklich. Ich bin nur einmal mit dem Flugzeug nach England geflogen, und das hat mir schon gereicht.«

Gegen halb elf meinte Dag, er würde gern noch ein letztes Mal die *East End Bar* besuchen.

»Wir bringen Dora ins Bett«, schlug Peggy vor. »Dann merkt sie nicht, dass Sie weg sind.«

Sie bereitete die Fläschchen für Mikey und Dora zu. Wir fütterten sie im Freien, unweit des kleinen Stalles, in dem die beiden schlafen würden. Als Dora fertig war, beugte ich mich zu ihr herab und schnupperte an ihrem Fell. Dann schubste ich sie vorsichtig in den Stall. Der Boden war mit frischem Heu bestreut und sie schnupperte recht zufrieden umher. Aber als Peggy Mikey dazustellte und die Tür schloss, brach Dora in ein wildes, verängstigtes Blöken aus. Sie warf sich gegen die Sperrholztür und versuchte mit aller Kraft herauszukommen. Ich starrte Peggy an, die mich völlig entgeistert ansah.

»Ich hätte nie gedacht, dass sie einen solchen Aufstand machen würde«, räumte sie ein. »Sie weiß tatsächlich, dass Sie sie zurücklassen.«

Das Blöken wurde lauter und unkontrollierter.

Bei unserem Abschied beruhigte Peggy mich: »Ich kümmere mich um sie.«

Dag legte seinen Arm um mich und bugsierte mich sanft in

Richtung Auto. Ich stieg ein, hielt mir die Ohren zu und saß da wie ein Häufchen Elend.

Es ist nur ein Schaf, tröstete ich mich stumm, als wir in die kleine Straße bogen. *Kein* Grund zum Weinen.

Als wir vor der *East End Bar* parkten, sagte Dag: »Den Abschied hast du aber ruhig hingenommen. Ich dachte, es würde dich ziemlich mitnehmen.«

Ich blieb stumm und folgte ihm in die Kneipe. Die Schankstube war laut, rauchig und belebt. Noreen hatte unseren Abschied bekannt gemacht und viele von Dags Lieblingsbauern hatten sich auf einen letzten Drink mit ihm eingefunden. Über die Köpfe der Gäste hinweg reichte man Pints an uns weiter, es gab große Sandwichplatten, die eine Armee hätten satt machen können: Weißbrotscheiben mit gekochtem Schinken und Käse für alle und auf Kosten des Hauses. Dag war mit eifrigem Händeschütteln und Plaudern über das Wetter und das neue Gras beschäftigt. Ich stand schweigend neben ihm und dachte an Dora. Obgleich ich wusste, dass sie in den besten Händen war, konnte ich das Gefühl, sie böswillig verlassen zu haben, nicht abschütteln.

Über den Lärm hinweg, fragte Ted Donnelly mich schließlich: »Haben Sie Ihr Hauslamm schon zu seinem neuen Heim gebracht?«

Ich nickte und schaute in mein Glas.

»Ah, nun seien Sie mal nicht traurig, Marie«, sagte er liebevoll. »Spätestens morgen Abend wird dieses Lamm wieder froh und total verrückt nach Peggy O'Sullivan sein. Wenn Sie es das nächste Mal sehen, wird es ein feines großes, wolliges Mutterschaf sein und vielleicht hat es dann schon ein eigenes Lämmchen, das es Ihnen zeigen kann.«

Neunundzwanzig

Früh am nächsten Morgen erwachte ich mit einem Ruck und dem Gefühl, dass irgendetwas nicht in Ordnung war. Es war die ungewohnte Ruhe, die meinen Schlaf gestört hatte: Das erste Mal seit zwei Monaten war ich nicht von Doras begehrlichem Blöken geweckt worden.

Wir ließen das Frühstück aus, stopften alle Taschen ins Auto, verschlossen das Cottage hinter uns und legten den Schlüssel unter die Matte, wo Peggy ihn später abholen würde. Dann standen wir einen Augenblick im langen, vom Morgentau durchnässten Gras im Garten, atmeten die liebliche frische Morgenluft und lauschten der Musik des Tals. In Fingerhut und Klee brummten die Bienen, Mutterschafe und Lämmer blökten, eine Kuh hustete und ein vorbeifliegender Rabe machte ein Geräusch wie ein Glockenschlag. Es fehlte nur der Ruf des Kuckucks, aber kurz vor unserer Abfahrt flog er aus dem Gehölz an den unteren Berghängen direkt an uns vorüber und brachte uns im Flug ein Ständchen.

Wir fuhren die kleine Straße entlang und ließen den Hafen hinter uns. Einige Schafe hoben ihre Köpfe, schauten von den Weiden auf, wo die frisch erblühende Natur mit ihren Farben in verschwenderischer Üppigkeit erstrahlte.

»Schade, dass wir die Montbretien nicht mehr blühen sehen können«, sagte Dag traurig.

Aus dem Schornstein von Peggys Haus kräuselte sich noch kein Rauch und die Eingangstür war verschlossen. Als wir an der Einfahrt zu ihrem Haus vorbeifuhren, kurbelte ich mein Fenster herunter und horchte auf Doras Rufe, doch ich hörte nur den Motor unseres Wagens und das Geräusch der schnell und immer schneller rollenden Reifen auf der kleinen Straße.

Danksagung

Mein grenzenloser Dank gilt, wie immer, Dag, der mich während der Arbeit an diesem Buch mit seiner Liebe, seinem Lachen und seiner Seelennahrung immer wieder aufrichtete, mit großer Geduld die Abschnitte über seine tierärztliche Arbeit überprüfte und ergänzte und die Arbeit am Manuskript stets mit wertvollen Ratschlägen begleitete.

Dank auch an Isabelle Gutmanis für ihre aufmerksame, einfühlsame Lektoratsarbeit; Carol und Mike Matthews, Alison Watt und Thora Howell, die mir allzeit mit Rat und Tat zur Seite standen; und an Joan Skogan sowie Karen Connelly, die als ebenso große Schaf-Fans wie ich stets großzügig mit Gedichten und bilderreicher Sprache aufwarten konnten.

Ganz besonders möchte ich meiner Verlegerin Kim Arthur – der witzigsten, muntersten und aufrechtesten von allen – und ihrer treuen Gefolgschaft in der King Street West danken. Es ist ein Vergnügen, mit ihnen zusammenzuarbeiten.

Für ihre Hilfe bei meinen Nachforschungen danke ich außerdem Maebhe Ni Bhrion vom *Department of Irish Folklore* an der University of Dublin, vor der ich meinen Hut ziehe, und dem freundlichen Personal der Stadtbücherei und des *Barracks Heritage Centres* in Cahersiveen.

Dankbar bin ich auch *Cascade Designs* und besonders Tom Myers für die *Seal-Line-Rain-City-Express*-Taschen, die meine ausgeliehenen Bücher auf den Hin- und Rückwegen zur Stadtbücherei in Cahersiveen trocken hielten.

Ich möchte dem *Canada Council* und dem *Cultural Services Branch* des *Ministry of Small Businesses, Tourism and Culture in British Columbia* für die finanzielle Unterstützung, die mich zur Fertigstellung dieses Buches befähigte, meinen Dank aussprechen.

Doch vor allem möchte ich mich bei den Einwohnern der Halbinseln Iveragh, Sheep's Head und Mizen bedanken, die während drei Lammungszeiten zu Nachbarn und Freunden wurden und deren Großherzigkeit uns immer wieder nach Irland zieht.

REISEN · MENSCHEN · ABENTEUER

NATIONAL GEOGRAPHIC
ADVENTURE PRES

Auf alten Pfaden

Karin Muller
Entlang der Inka-Straße
Eine Frau bereist ein ehemaliges Weltreich
ISBN 3-442-71164-9

Das Straßennetz der Inka, mit dessen Hilfe sie ihr Riesenreich kontrollierten, ist legendär – und wenig bekannt. Zu Fuß erkundet Karin Muller die alten Routen von Ecuador bis nach Chile. Ein Forschungs- und Reisebericht zugleich, packend und humorvoll geschrieben.

Eberhard Neubronner
Das Schwarze Tal
Unterwegs in den Bergen des Piemont
Mit einem Vorwort von Reinhold Messner
ISBN 3-442-71178-9

Nur eine Autostunde von Turin scheint die Welt eine andere zu sein: Aufgegebene Dörfer verlassene Täler in den piemontesischen Alpen. Unsentimental und doch poetisch schildert Neubronner die wildromantische Landschaft und die Menschen, die in ihr leben.

Jean Lescuyer
Pilgern ins Gelobte Land
Zu Fuß und ohne Geld von Frankreich nach Jerusalem
ISBN 3-442-71167-3

Eine Pilgerreise, die kaum zu überbieten ist: Zu Fuß von Lourdes nach Jerusalem, ohne Geld und mit viel Gottvertrauen.
Acht Monate Zweifel und Gefahren, aber auch beglückende Erfahrungen und berührende Begegnungen.

So spannend wie die Welt.

NATIONAL GEOGRAPHIC

GOLDMANN